Gushili De
Hunan Yinji

故事里的湖南印记

欧阳辉/著

人民出版社

责任编辑:洪　琼

图书在版编目(CIP)数据

故事里的湖南印记/欧阳辉 著. —北京:人民出版社,2024.6
ISBN 978－7－01－026562－9

Ⅰ.①故…　Ⅱ.①欧…　Ⅲ.①人物-先进事迹-湖南-近现代
　Ⅳ.①K820.864

中国国家版本馆 CIP 数据核字(2024)第 096440 号

故事里的湖南印记
GUSHI LI DE HUNAN YINJI

欧阳辉　著

人 民 出 版 社 出版发行
(100706　北京市东城区隆福寺街 99 号)

北京中科印刷有限公司印刷　新华书店经销

2024 年 6 月第 1 版　2024 年 6 月北京第 1 次印刷
开本:710 毫米×1000 毫米 1/16　印张:18.25
字数:290 千字

ISBN 978－7－01－026562－9　定价:69.00 元

邮购地址 100706　北京市东城区隆福寺街 99 号
人民东方图书销售中心　电话 (010)65250042　65289539

写在前面的话

　　2024 年 2 月中共中央印发的《党史学习教育工作条例》指出，开展党史学习教育，充分发挥党史以史鉴今、资政育人的作用，是党和国家工作大局中的一件十分重要的工作。着眼坚定历史自信、增强理论自觉、提高政治能力、强化宗旨意识、激发昂扬斗志、永葆初心使命，应该如何推进党史学习教育？就像一根横轴，一段时间以来，"横"在我心田。

　　乡愁是一种伟大情愫，更是一种文化表达，亘古至今，历久弥坚。常言道："一方水土养一方人。"离开故乡的日子久了，屡屡读到一些"新乡贤"情系桑梓、建设家乡的事迹，人总会想：何以回报那方养育过自己的水土与民众？这就像一根纵轴，一个时期以来，"竖"在我心间。

　　横轴与纵轴构成坐标系，两轴交汇的坐标原点何在？习近平总书记指出："一百年来，中国共产党弘扬伟大建党精神，在长期奋斗中构建起中国共产党人的精神谱系，锤炼出鲜明的政治品格。"伟大建党精神是中国人民坚定文化自信自强的精神支撑，也是中国共产党人用汗水和鲜血创造并形成的具有中国风格、中国气派和中国特色的先进文化。"惟楚有材，于斯为盛。"2020 年 9 月 17 日，习近平总书记在湖南大学岳麓书院考察调研时表示，"于斯为盛"首先指的是湖湘大地代有人才出,涌现出许多报效祖国的栋梁之材。湖南是伟人故里、将帅之乡,是一块红色热土。湘籍建党先驱和革命英烈忧国忧民的爱国情怀、坚如磐石的理想信念、赴汤蹈火的牺牲精神、敢为人先的文化性格,为锻造伟大建党精神和构建中国共产党人的精神谱系贡献了湖南力量。

一个国家的繁荣,离不开人民的奋斗;一个民族的强盛,离不开精神的支撑。找到并确定两轴交汇的坐标原点,关键是要把弘扬伟大建党精神作为推进党史学习教育的重要内容,把传颂湘籍建党先驱、革命英烈和先进典型的传奇人生、精彩故事、独特风范、血性精神,融入中国共产党人精神谱系宣传的日常,做到见人见事见精神,更好地鼓舞和激励党员干部群众弘扬光荣革命传统、赓续红色血脉,深刻领悟"两个确立"的决定性意义,增强"四个意识"、坚定"四个自信"、做到"两个维护",为强国建设、民族复兴凝聚起强大的精神力量。

一部中国近现代史,是湖湘子弟热血谱。如果说湖南人"吃得苦,耐得烦,不怕死,霸得蛮"的性格特征,与中国共产党人精神谱系有着必然的关联,那么,这一性格特征来自何方? 问渠那得清如许? 为有源头活水来。湖湘文化一向有一种"当今天下,舍我其谁"的"敢为天下先"的豪迈气概,如毛泽东面对风雨飘摇的旧中国大声疾呼"问苍茫大地,谁主沉浮";朱镕基准备一百口棺材,九十九口留给贪官,一口留给自己……正因为这一文化特质和高尚人格魅力,有人把湖南人与爱尔兰人、普鲁士人并称为世界上最倔强的三大种群。杨度曾写《湖南歌》:"中国如今是希腊,湖南当作斯巴达。中国将为德意志,湖南当作普鲁士。诸君诸君慎如此,莫言事急空流涕。若道中华国果亡,除非湖南人尽死。"

蔡元培在《论湖南人才》一文中写道:"湖南人性质沉毅,守旧固然守得凶,趋新也趋得很急。湖南人敢负责任。"在学习党史、摘抄笔记的过程中,笔者感同身受,真切体悟:"霸得蛮"既是湖南人的性格特征,也是湖湘文化的独特品质,在每个所谓"小南蛮"后裔的身上,均以不同形式、风格、气质和精神呈现。"霸得蛮"不是横行霸道、蛮横无理,而是一种敢闯敢干的韧劲和尽职尽责的担当,是"明知山有虎,偏向虎山行"的意志决心。正因如此,姑且把这本读书笔记称为《故事里的湖南印记》。文章是人写的,也是给人看的。如果诸君与《故事里的湖南印记》不期相遇,看得下去,读后有获,那就是笔者最大的心安和欣慰。

为向书中的人物和读者负责,《故事里的湖南印记》一书特别注意以下几点。

(一)主线和来源。该书着眼弘扬伟大建党精神、深入宣传中国共产党人精神谱系,传承红色基因、赓续红色血脉、突出"霸得蛮"这一主线和湖南印象,学习内容大都来自中央主流媒体和各级党委、政府主办新媒体上刊发的文章,以及湘籍建党先驱、革命英烈、知名人士等大量传记、回忆录等。为此,关于第一届全国人大代表齐白石、第一届全国人大常务委员会委员和全国政协第二、三届常委、第四届副主席李烛尘的故事,也以专题形式收入此书,充分彰显其爱国主义思想和情怀。

(二)人物和排序。湘籍建党先驱、革命英烈和先进典型,是一部读不完、写不尽的巨著。该书记录的50多位重要人物,均以出生年月为序。其中,涉及"一大家人"的,以主写人物的出生年月排序;涉及"同一类型人物"的,以第一个出场人的出生年月排序;涉及夫妻二人的,以丈夫出生年月排序。值得一说的是,绝大多数人物在不同历史时期的职务均未在书中出现,只着重讲述他们为党、国家、民族和人民作贡献的故事,以此激励"后来人"。

(三)形式和标准。该书注重突出3个三分之一,尽量做到每篇文章史料、故事、常识各占三分之一,努力尝试"文、史、哲、用"融会贯通,内容表现形式和话语表达方式多种多样。在摘抄笔记和修改文稿中,遇到疑惑和问题,均对标对表《人民日报》和2021年出版的《中国共产党简史》《中华人民共和国简史》《改革开放简史》《社会主义发展简史》。

马德里康普斯顿大学研究生欧阳纬柠,参加了《故事里的湖南印记》的资料收集和部分文稿的写作。由于水平有限,撰写该书过程中,难免挂一漏万,敬请读者指正,以期不断完善。

欧阳辉

2024年2月29日于北京金台园

目　录

一、补齐国画世界空白

亲爱的朋友:

最近获悉您将于近日接受国际和平奖金。

几年来,曾收到您的一些作品。其中一幅画挂在我的工作室里,我经常看到它,并习惯于通过它感到贵国人民的形象及文化人士的事业历历在目。

因此,国际和平奖金评议委员会今年决定给予您这个崇高的荣誉,我感到特别高兴。我谨向您表示祝贺,并对您的雄伟劲健而富有青春气息的作品以及对您热烈争取和平的活动,表示钦佩。

请接受我深切的友谊。

最诚挚的腓特烈·约里奥—居里

1956 年　巴黎

一代国画大师齐白石荣获 1955 年度国际和平奖金,世界和平理事会主席约里奥—居里给他发来贺信。齐白石不仅是获此殊荣的中国第一人,而且补齐了国画在这一世界领域内的空白。有人肯定会问:年届九旬的齐白石为何能、行、好?

1956 年 9 月 1 日召开授奖仪式大会,世界和平理事会国际和平奖金评议委员会副主席茅盾如是说:"把国际和平奖金授予齐白石先生的决定,不仅是根据这位画家在艺术领域中获得的高度成就,更重要的是由于他毕生颂扬的美丽和平的境界,以及人类追求美好生活的善良愿望,在全世界得到了共鸣。"阿根廷作家瓦列拉曾评价:齐白石是人类渴望彻底了解大自然和世界的代表者,这种渴望的目的是要把大自然和世界用所有的人——包括最普通的人都懂的语言表现出来。因此,在他独特的作品中,就能反映出全人类。而齐白石在致谢词中说:"正由于爱我的家乡、爱我祖国美丽富饶的山河土地、爱大地上一切活生生的生命,因而花了我的毕生精力,把一个普通中国人民的感情画在画里,写在诗里。直到近几年来,我才体会到,原来我所追逐的就是和平。"

一方山水育一方文化。富饶美丽的 21.18 万平方公里的湖湘大地,孕育出独具特色的湖湘文化。从"上下求索"的屈原,到造纸术的发明者蔡伦,从宋明理学之祖周敦颐,到奠定湖湘学派规模的张栻,从集理学之大成者王船山,到"睁眼看世界第一人"魏源,"求仁履实、通经致用"的湖湘学风、"体用合一、内圣外王"的湖湘学派、

"吃得苦、霸得蛮,扎硬寨、打硬仗"的湖湘精神,汇聚成经世致用、兼收并蓄、心忧天下、敢为人先的湖湘文化,成为中华优秀传统文化重要组成部分。

作为中国艺术的集大成者,齐白石以诗、书、画、印"四绝"闻名于世,其艺术感染力跨越国界与时代,1963年被世界和平理事会推举为全球十大文化名人之一。"村书无角宿缘迟,廿七年华始有师。灯盏无油何害事,自烧松火读唐诗。"读其《往事示儿辈》一诗就会发现,他把"霸得蛮"的品质写成苦学、苦练、苦干,用创造性劳动证明:艺术成就绝不能依靠取巧和偶然的幸运。

事非经过不知难。齐白石1861年生于湖南湘潭县,一生历经从农民到木匠、从文人画家到艺术巨匠。阅读《齐白石:从木匠到巨匠》,一个个生活场景浮现眼前:幼年好学,家境贫寒,8岁时,母亲将辛苦积蓄下来的一点零钱,买了纸、笔、书本,送他读书。未满一年时,却因家里需要劳动力而被迫停止上学。只得裁下旧账簿上的纸,用来画画和写字,其祖母感叹:"三日风、四日雨,哪有文章锅里煮;明天没有米,看你怎么办?"可他不怕吃苦,有点元代末年小王冕的劲头,总是把书本儿挂在牛角上,一边放牛,一边苦读。15岁学粗木工,16岁改雕花木工,孜孜不倦地苦干,靠手艺吃饭、真诚为人。27岁那年,他拜师学诗、学画,跟陈少蕃背记《唐诗三百首》,从胡沁园学工笔花鸟画,眼界渐宽,画艺渐长。57岁仍壮心不已,背井离乡、独闯北京,因画卖不出去,"始知余画过于形似,无超凡之趣,决定从今大变"。近花甲之年,他又用10年时间彻底否定自己的画法,从一座破庙搬至另一间陋室,辗转多处。唐代诗人杜甫在《曲江二首》中写道"人生七十古来稀",而古稀之年的齐白石,仍笔耕不辍,艺术逐步达到高峰,1953年被文化部授予"人民艺术家"称号。

　　"人民艺术家"齐白石荣获国际和平奖金的背后,重在创造性地继承发展古代和近代民族优秀绘画传统,坚持现实主义和浪漫主义相结合,走出一条借古开今的创作之路。实现中华民族伟大复兴,是近代以来每个中国人的梦想。而振兴中华文化是实现民族复兴的一个重要方面,自然也包括振兴中华传统艺术。1840年鸦片战争,使中国大门被迫打开,有的艺术家学习西方艺术,引西入中,尝试走出一条适应中国需求的中西融合之路。翻看《齐白石作品集》不难发现,并不拒斥吸纳西方文化的他,曾表示如果不是年纪大了,也要学习西方绘画。但在艺术创新上,他坚持植根于民族土壤,摆脱桎梏画家创造的因袭模仿之风,主张"删去临摹手一双"。

　　关于"删去临摹手一双",有人也许会产生疑惑:齐白石50岁之前,五次游历南北各地,凡五岳名山和长江巫峡、洞庭湖、珠江以及黄河流域等地,均有其行踪。他拜师交友、勤学苦练,画了很多山水,临摹大量作品,后又画了五十多幅册页,就是有名的"借山图卷"。中国艺术界素有"齐白石,傅抱石,老石少石,两石画坛同凹凸;许地山,欧阳山,前山后山,双山文苑互峥嵘"之称,日前读"少石"傅抱石1961年3月29日在《人民日报》的刊文得知,齐白石说过:"刻印不比学画,画可搬而印不可搬,画可不断临摹,而印必须独创"。理由十分简单:印由字组成,须受字的约束。加之书体的种类多、界限严,一些字是比较容易处理的,但也有很难下手的。例如,有的姓名可以全刻,有的非分家不可,这是每一个对篆刻稍有实践经验之人都会随时碰到的问题,也是对每一个篆刻家的严重考验。可是一到齐白石手上,就能化险为夷,得到很好处理。2019年,在山东济南趵突泉观李苦禅所画"荷花",笔者问一位画家:是写字易还是画画难?他说,画一笔没有画好可以改,而字一笔没有写好全废了。可见,"删去临摹手一双"应是对篆刻而言的。

齐白石的借古开今创作之路,主要表现为:对于秦汉工匠艺术家"天趣胜人"和"胆敢独造"的传统,他主张"学古人,更学到恨古人不见我";对于明清以来与时俱进的个性派写意画传统,他自称"青藤雪个远凡胎,老缶衰年别有才;我愿九泉为走狗,三家门下转轮来",洞悉其"外师造化,中得心源"的奥秘。综观世界各民族艺术的发展创新,虽有共同道理,但不存在统一风格。当代艺术具有适应时代发展的共同需要,但不存在必须依洋法炮制的统一模式。借古开今的创作之路已经表明:齐白石充分认识到继承传统是创新的重要基础,而创新是继承的必然发展。

人类的各种美德,像热爱和平、歌颂美好事物、打击邪恶行为等,常常由艺术家通过作品表现出来,如 1949 年西班牙画家毕加索的一幅以鸽子为主体的石版画,就被推荐为第一届世界和平大会的吉祥物,并印制成宣传画。齐白石的绘画之所以受到世界爱好艺术人士的欢迎,他的艺术成就之所以得到广大民众的肯定,就是由于其作品能以高超的艺术形式,表现出人们共同的情感。

关爱自然、讴歌和平,可称得上齐白石艺术的旨趣。出身贫苦农家的他,与大自然的山水草木、自由生息的花鸟鱼虫,有着十分密切的精神联系。在我国"天人合一"自然观的陶冶下,这种联系已经变成挚爱之情潜入灵魂深处,为其作品注入可以引发心灵悸动的赤子之心。他不仅画自由跳跃的青蛙被捕捉者拴住一足的焦虑不安,而且画老松饱受虫害的病态,并题写充满爱心的呼唤:"松针已尽虫犹瘦,松子余年绿似苔,安得老天怜此树,雨风雷电一齐来!"

齐白石说过:为万虫写照,为百鸟张神,只有龙未曾见过,不能大胆敢为也。他的学生胡絜青 1984 年 1 月 13 日在《人民日报》刊文:

1952年中国人民保卫世界和平委员会向齐老要一幅大画,指明要画和平鸽,命我前去伺候。鸽子就属于老人没有仔细观察过的,以前更没画过。但盛情难却,老人还是爽快地答应了。他不要别人的画稿,也不要鸽子的照片,叫人拿来几只活鸽子,装在笼子里,自己眼巴巴地看了好几天,掌握了鸽子的各种动态姿势,然后花了整整两天的功夫,完成了这幅巨作。对艺术创作的态度,齐白石从来都是认真、严肃的,决不苟且,这可视作他苦学、苦练、苦干的一个缘由!

几千年来,中国艺术界有一条传统信条:画画得"好"还不算数,还要画家有"品格",如元末明初画家杨铁崖所言"画品优劣,关于人品之高下"。所谓画品人品,都是根据人民的"尺度"来衡量的,宋代因卖国而杀了岳飞的秦桧,书法甚好,残害东林党后投降清朝的阮大铖,文字词曲均好,但多少年来谁也没有表扬其书法文词。在我国历史上的黑暗时期,艺术家往往在行动上表示对统治者的反抗和不合作,如宋代郑思肖画兰花,从不画土地,说土地早给外族抢去;元代的黄公望、王蒙、倪瓒、吴镇四大画家,画人物都不画元朝衣冠,以表示对统治者的消极反抗;清初的画家石涛、石溪、八大、七处等,不愿跟清朝合作,明朝亡后便都出了家,甚至整天装疯作哑。

身怀赤子之心、热爱和平的齐白石,大半辈子生活在列强问鼎中华的战乱中。围绕讴歌真善美、鞭挞假恶丑,他采取种种积极方式,或赞颂,或揭露,或劝诫,从而寄托歌颂民族精神的一片赤诚。比如,有的作品一针见血地揭露丑恶,题为"将汝忽然来打破,通身何处有心肝"的《不倒翁》,便是突出例证。再如,有的作品别具一格地歌颂劳作不止、自强不息的愚公精神,题有"以家器谱传吾子孙"的《柴耙图》,可以作代表。1937年日本侵占北平后,他辞掉北平艺术专科学校的聘请,即使在严寒无火的冬天,也把学校配发的煤火退回去,宁可受冻绝不接受敌伪政权的待遇,并在门口贴上一个"画不卖与官家"的字条。他痛恨同日本合作的人,曾以刻毒的文字题在画上,直斥这些人"鸬鹚不食鸬鹚肉"。

饱受动荡颠沛之苦的齐白石,一生历经晚清社会的积贫积弱、军阀时期的动荡不安、民国政府的黑暗统治、日寇入侵的铁蹄践踏。新中国成立后,毛泽东请他到中南海做客,老人抑制不住内心的喜悦,不仅多次书写"已卜余年见太平",还在号召全世界发动反对使用原子武器的签名活动大会上说:"我画了六七十年画,我画了好看的东西,我画了有生气的东西,我画了一个草虫都愿意它生机活泼,谁又怎能容忍美好世界遭受破坏!"这不仅彰显了"霸得蛮"的品质,更是对世界和平的呼唤与期待。

齐白石读不完,写不尽!他不趋时、不媚俗的艺术创作态度,让中国绘画艺术的优秀传统得以继承与发展。我国古代画家,要求作画"外师造化中法心源",强调一张好作品"形神兼备",齐白石注重消化融会,并变为自己创作的根据,使其作品充满生机活力。正因如此,他把一个善良艺术家的感情,卓越地表现了出来;也正因如此,他的作品对全世界的艺术爱好者具有湛深的感染力,代表着那个时代人类共同的爱好与愿望。

二、发挥烛照中华的光和热

如果说"窑洞对",让人认识黄炎培,那么"永久黄",让人认知李烛尘,两人均为中国民主建国会卓越领导人。李烛尘把"霸得蛮"的品质诠释为发挥烛照中华的光和热,过去、现在乃至将来,都是我国工商界学习的楷模。

湖南是一个多民族省份,世居的有汉族、苗族、土家族、侗族、瑶族、回族、壮族、白族、维吾尔族9个民族,成立有湘西土家族苗族自治州。由于笔者爱人为土家族的缘故,所以对湘西土家族的名人趣事多有关注,如著名的药物化学家和药学教育家彭司勋、中央纪律检查委员会原书记李昌。

还有一部著作《艽野尘梦》，值得一提。1909 年，英军入侵西藏，达赖十三世向清政府求援，湘西人陈渠珍跟随川边大臣赵尔丰旗下新军入藏，参加了工布江达、波密等地战役。后来，为逃离与藏军误解引起的内斗，他率部离藏，辗转于西藏高原和青海沙漠，历尽人世艰难，多次险被饿狼所吞，到达西宁时原来的 115 人队伍只剩下 7 人。在西藏生命之旅中，他遇到面容姣好、武功高强的藏女西原，在长达半年有余的高原、沙漠生死挣扎线上，她呵护着陈渠珍走出无边的苦海，在他们历尽千难万险回到西安时，西原却不服当地水土，一场暴病，重归西天之路。陈渠珍心如刀割，大放悲声，几欲共赴黄泉。20 世纪 30 年代赋闲在家的陈渠珍，将这次历时七八个月的"沙漠惊魂"写成《艽野尘梦》。为此，他被人称为打不死、杀不死、骂不死、穷不死、饿不死、跑不死、累不死、苦不死、气不死"九不死者"的"湘西王"。1950 年中共中央决定挺进西藏，《艽野尘梦》被贺龙指定为中国人民解放军 18 军官兵入藏的参考指南。

李烛尘，原名李华搢，土家族，1882 年生于湖南永顺县。19 岁考中秀才，但他决心求实学兴实业以救国，于是转入常德西路师范学堂读书。由于受到该校创办人熊希龄等的影响，经常与同窗挚友林伯渠讨论爱国御侮、实业救国的道理。1909 年来北京，正值清政府不稳，便转赴天津，后乘轮船至上海。目睹列强侵凌中华、清廷腐败的他，忧心如焚，泼墨挥毫："夷夏藩篱洞门开，美欧侵略亘朝昏。神州无限伤心事，总觉重洋是祸根。"

1912 年，李烛尘赴日留学。1918 年回国后，他以"烛尘"笔名投稿《盐政杂志》等刊物，抒发报国之志，并更名李烛尘。当时怀有实业报国理想的工商界人士范旭东，正在创办天津久大精盐公司，李烛尘受聘为该公司技师,与范旭东等人携手致力化工实业,开启人生"永久黄"之路。

阅读《李烛尘传》,笔者记下一句话:风雨与坎坷是人生和命运的伴生物,当选定自己的人生和命运后,即使身披风雨、脚踏坎坷,必须义无反顾地跋涉,因为命运只能在跋涉中去寻求,人生只能在跋涉中去完成。"永久黄"化工企业联合体的正式诞生,不仅标志着近代中华民族化工行业的奠基启航,而且印证了李烛尘跋涉的足迹。

1919年,他赴四川自流井、五通桥调查井盐资源,写下《四川自流井钾盐调查报告》;

1920年,他在久大盐厂文公信离职后继任厂长;

1921年,他赴内蒙古伊克昭盟(今鄂尔多斯市)等地考察天然碱资源;

1922年,经范旭东提议,他和侯德榜轮流值年担任永利碱厂厂长。

一分耕耘,一分收获。到1925年底,久大精盐公司的年产量达到6万余吨,"海王星"牌精盐市场影响力逐渐扩大。努力开创制碱业,在李烛尘等的共同努力下,中国首家制碱企业永利碱厂建成,改变了中国无法制碱的困局。1928年创办黄海化学工业研究社,标志着大名鼎鼎的"永久黄"化工企业联合体正式诞生。抗日战争爆发后,"永久黄"不仅积极转产生产硝铵、铁工等军工原料,支援抗战,服务国家,更是严词拒绝日本侵略者威逼利诱,决定将企业所属各厂由天津、青岛等地,南迁渝蜀。

或许受到《芜野尘梦》的影响,李烛尘在企业界率先反对日本军国主义的侵略,表现出高尚的民族气节和爱国情操。担任"永久黄"南迁总指挥的他,沉着指挥各地企业的数千名员工,将重要机器设备、关键仪表和上万张图纸等迅速完成搬迁。1938 年迁入西南后，他又在重庆设立华西办事处，组织企业复工复产，将 300 余名技术人员，除一部分安排在黄海化工社外，其他分别安排在分厂和分支厂的技术工作岗位上。这样既使得"永久黄"免于沦入侵略者之手，又让技术人员各得其所，才尽其用。

1943 年，李烛尘由新疆返回重庆，与受周恩来委派的徐冰建立联系，成为中国共产党忠诚可靠的朋友。一位长期工作和生活在国统区的民族工商业家，何以成为中国共产党的亲密朋友？

事出是有因的。1942 年，李烛尘去西北，经兰州、青海湖、河西走廊，进入新疆哈密，过七角井盐区，由三台到果子沟而至伊犁。沿路调查盐碱情况，不仅掌握了我国盐碱资源的丰富资料，而且开阔了眼界。回到重庆后，他积极参与社会政治活动，尤其是与徐冰的经常联系，让他看到了正确的前进方向。1943 年，他与许涤新、沙千里等创办"中国经济事业促进会"，既是对外联系的负责人，又担任"迁川工厂联合会"和"中国工业协进会"的常务理事，致力于抗战物资生产，可他的报国热情被愈加腐败无能的国民党政府频泼冷水。种种乱象之中，对时局不断失望的他看到，中国未来的希望在延安，于是他不仅大力支持后来成为新中国钢铁冶金专家的长子李文采为共产党服务，还与同窗挚友林伯渠取得联系，与当时在重庆的周恩来多有交往。1944 年，他应邀出席周恩来在重庆特园举行的工商界人士座谈会。

抗日战争胜利后，李烛尘任"全国工业界对敌要求赔偿委员会"常务委员和"工业复员协进委员会"负责人。范旭东去世后，继任国民参政会参政员和永利制碱公司副总经理、久大盐业公司总经理的他，发现中国并未迎来光明，国民党政府罔顾民营企业死活，不仅允

11

许美货倾销,更借"接收"敌伪财产等机会,侵吞民族工商业者资产,使民族工商业身陷困境。他多次向国民党政府交涉改善营商环境,均无功而返。1945年12月,黄炎培、胡西园等和李烛尘一道商议筹建工商业界自己的政治团体,以在和平建国中发挥作用,维护切身利益,这就是后来的中国民主建国会。

1945年,毛泽东赴重庆与国民党谈判期间,身为著名政治活动家、忠贞爱国者的李烛尘,在《大公报》和《新华日报》上发表文章和谈话,联合社会各界力量,呼吁和平,反对内战,主张国共合作。其间,毛泽东多次与李烛尘等工商界人士酬答交流,向他们介绍中国共产党和平建国基本方针、工商业政策和民族工商业发展道路等情况。在与毛泽东、周恩来等的接触中,他为共产党人的革命理想和人格魅力所感染,更清晰地认识到,未来振兴中华民族的领导力量只能是中国共产党。此后,他回到天津接管和复建"永久黄",并担任"民建"常务理事,还与天津中共地下党组织建立起联系。

不到3年时间,李烛尘的判断得到验证:国民党政府失尽人心,兵败如山倒。1949年初天津解放,他坚定支持并投身党和人民的解放事业,敦促天津的军政要员弃暗投明,不要与人民为敌,积极开展天津工商业界工作,恢复发展生产。这时党的工作重心已经由农村向城市转移,他对工商情况的介绍,丰富了中国共产党人对城市和经济工作的认识。作为产业界民主人士,他出席中国人民政治协商会议第一届全体会议,在历史转折中成为中国共产党忠实可靠的朋友。

有几位先驱不能忘,讲钢铁工业不能忘记张之洞,讲航运业不能忘记卢作孚,讲纺织业不能忘记张謇,讲化学工业不能忘记范旭东。1953年8月,毛泽东单独约见李烛尘时如是说。新中国成立后,李烛尘与毛泽东、刘少奇等的友谊愈加深厚,更加坚定私营工商业接受党的领导、走社会主义道路的认识。

1952 年，永利化学工业公司率先实现公私合营，李烛尘任合营后的"永久黄"公司董事长，发挥了民族资本主义工商业全行业公私合营的引领作用。1953 年，中共中央制定过渡时期总路线，开始社会主义改造，他深入天津民建、工商联基层广为宣传："我们要接受社会主义改造，首先得认识共产党的理想和作风。古人云：一夫不获是余之辜，如果天下还有一个人不能温饱，共产党是不会安心的，我认为这就是共产党的理想。"

就在这年 3 月，毛泽东指示李烛尘对中国工业的现状做一次深入的调查研究，然后提出建议。他迅速行动起来，深入天津 40 多家大、中、小工厂进行调查，4 月 19 日就拿出了一封长达 5000 多字的汇报信。李烛尘是一位秉笔直书、坦诚相见之人，正是在这封信中，他大胆提出在经济管理体制上应由国家成立企托公司，或由人民银行成立企托部。从第二天又给毛泽东的信中可以看出，他没有隐瞒自己的观点和看法："边想边写，写了五个钟头，字有些潦草，词句也有些生硬，请谅查，并请指示。"4 月 21 日，毛泽东复信："4 月 19 日及 20 日来信收到，阅悉，甚谢。你做了许多调查工作，你的建议对于解决现存问题是会有帮助的。我已将你的信发给许多有关同志去看了。"

1956 年 2—4 月，毛泽东通过听取国务院多部门工作汇报的形式进行调研，并于 4 月发表《论十大关系》的讲话，提出"适当地调整重工业和农业、轻工业的投资比例"。正是在这一背景下，毛泽东约李烛尘谈话时说："为适应经济建设的需要，要成立一个食品工业部，请你出任这个部的部长，还要听听你的意见。"他立即表态："党和毛主席对我的信任我很感激，交我这么重大的任务，恐不能胜任。"毛泽东接着说:"1945 年在重庆时,范旭东先生就推荐过你。况且,民以食为天,你对人民生活很关心,这件大事请你办是合适的,不要推辞了。"他真诚地回答:"我真的怕误事,要不我试试看!"毛泽东笑着说:"你肯定能办好!"

常言道:人生七十古来稀。1956 年 5 月 12 日第一届全国人大常委会第 40 次会议决定成立食品工业部,并任命 74 岁的李烛尘为部长。1958 年 2 月 11 日食品工业部和轻工业部合并为轻工业部,1965 年 2 月 21 日轻工业部改为第一轻工业部,李烛尘一直担任部长。忘我奉公,老骥伏枥,把"霸得蛮"的品质体现在继续发挥烛照中华光和热上的李烛尘,在其任职的 12 年间,北上黑龙江,南下海南,广泛调研,建议大力发展热带经济作物,为解决资金技术问题,创造性地倡议引进华侨资金,使得海南岛很快办起许多华侨农场。

"世味酸咸谁自信,人生声利古难全。"大意是说,人什么情况都会遇到,难保一生都能充满自信,人一生名利难以全部拥有。从资本家到红色资本家,从为共产党做事到全国政协副主席,几十年风风雨雨,李烛尘始终充满自信,为我国民族资本化工事业发展作出了卓越贡献。1968 年 10 月 7 日,他走完人生的跋涉之路,停止求索奋斗的脚步。从个人的"名与利"来看——他所怀抱的经世救国梦想,终于在中国共产党的领导下得以实现。

三、德高望重“三老”

纪念七七了，诸老各相邀。……农场牛羊肥，马兰造纸俏。小憩陶宝峪，青流在怀抱。诸老各尽欢，养生亦养脑。薰风拂面来，有似江南好。散步咏晚凉，明月挂树杪。

1942年7月，朱德与徐特立、谢觉哉、吴玉章、续范亭同游南泥湾并作诗。后来中央领导和机关干部借此诗，将董必武、林伯渠、徐特立、谢觉哉、吴玉章五位老同志，尊称为“延安五老”。

“延安五老”的排名顺序，既不是按姓氏

笔画,也不是照出生年月,那么标准何在? 笔者觉得应是德高望重,因为从他们对党和国家作出的重要贡献,以及从事革命和加入中国共产党的时间,都能够解释清楚。

早在1933年中央革命根据地时,"延安五老"就分别担任党和苏区政府的领导工作。1934年10月,除了吴玉章被党派往国外工作,其他"四老"均参加长征,历尽艰险。1937年到延安后,他们继续担任党和边区政府要职。新中国成立后,董必武先后任政务院副总理、最高人民法院院长、中华人民共和国副主席、中共中央政治局常委;林伯渠先后任中央人民政府秘书长、全国人大常委会副委员长;徐特立先后任中央人民政府委员,中共第七、八届中央委员;谢觉哉先后任中央人民政府内务部部长、最高人民法院院长、全国政协副主席;吴玉章先后任中国人民大学校长、中国文字改革委员会主任。

"延安五老"为何能做到? 日前,翻阅《林伯渠文集》《徐特立文集》《谢觉哉文集》,笔者觉得湘籍"三老"有个共同特征:活到老、学到老、用到老。

林伯渠1886年生于湖南安福县、今临澧县,1904年东渡日本,结识黄兴、宋教仁、蔡锷等革命家,1905年加入中国同盟会,后在湖南积极响应辛亥革命。五四运动后,他接受马克思主义,1921年1月参加上海共产主义小组,成为中国共产党最早的党员之一。

以"为人民服务,为世界工作"为座右铭的林伯渠,是第一次国共合作的组织者之一。他和毛泽东等协助孙中山改组国民党,执行和维护新三民主义,建立和发展革命武装,推动北伐战争。大革命失败后,有位国民党朋友曾劝其登报声明脱离共产党,他断然拒绝,并表明干革命就要干到底,决不计较将来个人的命运。

1927年,林伯渠参加八一南昌起义,后赴苏联学习,1932年回国,翌年到达瑞金。此后,在长征中,在由内战转入抗日、由抗日转入反对美蒋反动派等多次重大历史转折关头,他都站在正确路线方面。1937年,为促成第二次国共合作,他随周恩来等同国民党中央进行谈判。1944年重庆谈判期间,他首先提出废除国民党的一党专政、建立民主联合政府的主张。1949年,为筹备召开新政协、组建中央政府和各地政府,他同各界民主人士进行了广泛的接触和商谈。

林伯渠一贯主张政府的机构应该精干,具有高效能,并经常教育干部必须全心全意为人民服务,必须十分珍惜民力。从中央苏区到陕甘宁边区,他一直担负着理财的重任,对支援革命战争、活跃根据地经济生活、建立财政金融制度、培养财经干部等,均作出重要贡献。他历来主张保护民族资本主义工商业,在延安时就提出:"帮助民间游资转入有利可图的私营或合营企业,尤应尽可能争取边区外面的资本,到边区来从事有利可图的工业建设,他们可以单独经营或与政府合营,都给以法律的保障与可能的协助。"1959年,他还提出,编制计划"不从指标讲起,要从材料分配提出问题,先保证生产,后安排基建"。这些远见卓识,真谓切中时弊。

在半个多世纪的革命生涯中,林伯渠为何总能跟着进步的方向走;在危难关头,他为何总是和广大人民站在一起? 答案就在其日记里:遵守党章党纪,戒骄傲自满,必须有系统地进行监督,加强马克思列宁主义思想教育。

"活到老,学到老"的林伯渠,在自己虚岁六十寿辰时,专门请教毛泽东:"像我这样的人,应当如何学习?"毛泽东回答:"讲到底,我觉得还是三个问题。像你我这样的老党员,也还要在立场、观点、方法三个方面去努力。我们学习马列主义,最主要的还是学习分析问题和解决问题的立场、观点、方法。"他非常重视这一主张,1956年出席党的八大时说:"马克思列宁主义与中国革命实践的结合,不仅在过去,在资产阶级民主革命中,是重要的;在现在,在社会主义革命中,同样是重要的","只有在我们有了越来越多的人真正懂得马克思列宁主义,并且能够成熟地运用它的时候,我们社会主义建设的胜利,才算有了可靠的保证"。

徐特立1877年生于湖南善化县(今长沙县),1911年参加辛亥革命,1912年创办长沙师范学校。42岁那年,他赴法国勤工俭学,5年后回湖南,创办了长沙女子师范学校。

1927年在大革命遭受严重失败的白色恐怖中,徐特立毅然加入中国共产党,8月参加南昌起义。他1928年在莫斯科中山大学特别班学习,1930年回国后进入中央革命根据地,创办了列宁小学、列宁师范。57岁那年,他参加中国工农红军二万五千里长征,表现出大无畏的革命气魄。1940年,他创办了延安自然科学研究院。

"对自己是学而不厌"和"对别人海人不倦"的徐特立,辛勤地教育子孙后代共73年,培养了几代人,确实是桃李满天下,不愧为人民师表,不愧为革命党人和全体人民的模范。在其六十寿辰的时候,毛泽东在祝贺信中赞誉他,"你是革命第一、工作第一、他人第一"。中华人民共和国成立后,徐特立关注的第一件事,就是保持党的优良作风,认为自己作为一名老党员,一名党的高级干部,应该时刻不忘保持党的优良作风;关注的第二件事,就是发展社会主义的教育事业,并孜孜不倦地从事学术研究,发表了许多精辟的见解和深刻的论述。全党祝贺他七十大寿时,周恩来给其题词:"人民之光,我党之荣。"

1957年徐特立八十大寿时,《中国青年报》刊发毛泽东《为徐特立六十岁生日写的贺信》全文及其手迹。自此,"你是我二十年前的先生,你现在仍然是我的先生,你将来必定还是我的先生"。这几乎家喻户晓。一次,有人对他的小孙女说:"你爷爷是毛主席的老师。"徐特立听了,连忙摆手说:"快莫这么说,快莫这么说,毛主席是我的老师。毛主席年轻的时候,在湖南第一师范读书,听过我讲的课,我只是他的一日之师,而毛主席则是我终身之师。"

高贵品德不仅表现在政治生活中,而且表现在家庭生活里,朱德曾赞扬徐特立"当今一圣人"。徐特立夫妻七十年间同甘共苦,虽相聚日短、离别日长,但其对夫人的感情诚挚笃厚。他经常对子女们说:"你们对我怎样都不要紧,一定在生活上照顾好老太太,她没有文化,又是家庭妇女,容易有自卑感,不要叫她有思想负担。"1960年夫人病逝后,他把两人合影一直放在随身的衣袋里,寄托怀念之情。

谢觉哉1884年生于湖南宁乡县,1905年考中晚清秀才,1919年参加五四运动,1921年加入新民学会,1925年成为中共党员。大革命时期及其失败后的一段日子里,他在湖北、上海、湘鄂西苏区,主要从事党的宣传教育工作,先后任《大江报》《红旗》报和《工农日报》主编。1933年到中央苏区工作,主持和参加起草中国红色革命政权最早的《劳动法》《土地法》《婚姻条例》等法令和条例。

"为党献身常汲汲,与民谋利更孜孜",是延安人民赠予谢觉哉的诗句,更是其一生真实的写照。在内务部,他参与制定救灾救济抚恤政策,赴各地灾区访贫问苦,解决实际问题;作为最高人民法院院长,他不仅亲自办案、典型示范,还深入全国各地法院,查看案卷,纠正冤假错案,保护人民的正当权益。

"我是共产党人,你们是共产党人的子女,不许有特权思想。"1950年1月,谢觉哉给儿子们写下一封家书,虽只有258个字,但微言见大义。

子谷、廉伯：

儿子要看父亲，父亲也想看看儿子，是人情之常。

刻下你们很穷，北方是荒年，饿死人，你们筹路费不易，到这里，我又要替你们搞住的吃的，也是件麻烦事。如你们还没起身，可以等一下，等到今年秋收后，估计那时候光景会好一些。到那时来看我，是一样的。打听便车是没有的，因为任何人坐车，都要买票。

你们会说我这个官是"焦官"。是的，"官"而不"焦"，天下大乱；"官"而"焦"了，转"乱"为安。有诗一首：

你们说我做大官，

我官好比周老官（奇才大老官）；

起得早来眠得晚，

能多做事即心安。

问你母亲好。

父字

一月廿一日

"焦官"是湖南方言，指不挣钱的官。周老官是其家乡一位勤劳能干的长工，在村里以老实闻名。谢觉哉的意思是说，我当的是共产党的官，就是为人民服务的"长工"。

不谋私利、不图虚名，廉洁奉公、艰苦朴素，谢觉哉数十年如一日，甘做人民的公仆，与他一生追求学习和进步、不矜不伐是分不开的，正如林伯渠对其赞誉："清词如海复如潮，健笔春秋百万刀。"

1931年的一天，谢觉哉拟了一个会议通知，毛泽东看后竟全改了。他问："为什么我这样不会写了？"毛泽东只说了两个字："你学!"1942年,毛泽东在《整顿党的作风》的演说中强调:马克思列宁主义理论和中国革命实际,怎样互相联系呢?拿一句通俗的话来讲,就是"有的放矢"。这年11月11日,谢觉哉在《读学风文件随记》一文中写道:"弄到箭——学会马列主义的立场、观点、方法——是一件事;看清靶——研究现状、研究历史——是一件事;学会射——瞄准靶、手法稳——是又一件事。"他还说:"弄到箭,看清靶,射得准,合看是一件事的连续或发展,分看是三个步骤,也可说是三件事。"弄到箭,要求掌握马克思主义理论知识;看清靶,要求周密系统地研究周围的现实环境;射得准,要求不断提高理论实践能力。

谢觉哉晚年因病导致右手不能动,但仍坚持学习。夫人王定国曾劝他少费神,说在病中看了书,也用不上。他反驳道:"怎么用不上?有人来问,我可以讲。自己看得深一点,对人讲得就会透一点。"

老子曰:"仁者乐山,智者乐水。"仁者是稳重之人,智者是飘逸之人,靠山者尚勇,近水者多智。湖南三面环山一面临湖的地域特点,一方面使它成为南北要塞和往来枢纽,具有一定的开放性;另一方面又因山重水复阻隔其与外界的交往,具有相对闭塞和独立性。可谓一方水土孕育一方文化,一方文化影响一方人。观察近现代湖南人才的地域分布可发现:政治、思想方面的人才相对集中于湘中地区,如魏源、陶澍、曾国藩、左宗棠、黄兴、宋教仁和毛泽东、刘少奇、蔡和森等;军事人才大都来自山区,如彭德怀、罗荣桓、贺龙、粟裕、廖汉生、曾中生等;文化人才则多在靠近洞庭湖的平原地区,如周谷城、周扬、周立波、丁玲、田汉、廖沫沙等。

从林伯渠、徐特立、谢觉哉的出生地看,也基本吻合。"三老"一生倡导和践行的活到老、学到老、用到老,看似平凡一句话,实则是为学、做人、办事的大境界。

四、文艺界的南欧

　　20世纪20年代,中国政治界有"南陈北李"之称,南陈指陈独秀,北李是李大钊;时间转眼来到60年代,教育界有"南斯北霍"之说,即南京的斯霞和北京的霍懋征。其实先于二者之前,文艺界就有"北梅南欧"之谈,即北派梅兰芳与南派欧阳予倩。

　　1919年,我国著名实业家张謇为纪念梅兰芳和欧阳予倩南通相会,在新落成的"更俗剧场"设立"梅欧阁",并自题"南派北派汇通处,宛陵庐陵今古人"的对联,以宋代梅尧臣、欧阳修的籍贯,暗切梅兰芳和欧阳予倩的姓氏。可见在他的心目中,北派梅兰芳和南派欧阳予倩同为戏曲表演英杰。

既有"北梅南欧"之谈,为何人们多知梅而少闻欧?1989年5月2日,夏衍在《人民日报》刊文揭开了这个谜底:欧阳予倩是中国近现代史上声名卓著的文艺通才,他在话剧、戏曲、电影、舞蹈、教育等多领域都有开创之功、改革之功,为中国文化事业奉献出毕生心血,业绩丰厚。显然,梅欧齐名仅就舞台表演艺术的成就而言,梅兰芳十几岁开始登台演了一辈子戏,想要"贵妃"形象不醉迷好几代看戏人都很难。而演戏对于欧阳予倩来说,只是他的艺术人生一小部分而已。正如梅兰芳回忆舞台生涯时所讲述的:我们两个人一南一北,对排红楼戏,十分有趣。旁人看了,还以为我们在比赛呢!那欧阳予倩演谁最美?丁玲曾这样说,我们都满不在乎地欣赏着正处于盛年时期梅兰芳的风采……然而,我最喜欢的是欧阳予倩先生的《李师师》,他演得那么妩媚、自然,不是仙女,不是后妃,而是极平常的娇美的女性。

湖南浏阳历史悠久,人文荟萃,是世界闻名的花炮之乡,也是著名的革命老区,享有中国花卉苗木之乡、中国蒸菜之乡等美誉。翻看《欧阳予倩剧作选》《自我演戏以来》《电影半路出家记》《话剧、新歌剧与中国戏剧艺术传统》等著作,欧阳予倩走的虽是艺术路子,但浏阳人特有的精神气质在其身上体现得充分无遗。这或许正是一种地域文化的力量、影响和情怀,欧阳予倩把"霸得蛮"的品质诠释为个性张扬、敢为人先。

欧阳予倩1889年出生,祖父欧阳中鹄是谭嗣同、唐才常的恩师。1904年,他赴日留学,先后就读于明治和早稻田大学,课外时间参加春柳社活动,自看了李叔同演的话剧《茶花女》后,便动了演戏心思,从此义无反顾地走进当时不为亲人和社会理解的坎坷而辉煌的艺术人生。留日学生"流落风尘"当"戏子"？欧阳予倩曾回忆,"我搞戏,家里人一致反对自不消说,亲戚朋友有的鄙视,有的发出慨叹,甚至于说欧阳家从此完了。我妻韵秋受了各方面的压力,写信劝我回家,我回信说挨一百个炸弹也不灰心"。从这不难发现,有的艺术者之所以能成为"泰斗"或"一代宗师",都不是偶然的,而是拥有一个共同点:当他们决心从事这一专业的时候起,就坚持不懈地进行刻苦的学习和锻炼,当他们认定立志专攻的方向后,真是百折不挠地勇攀高峰。

才华横溢、学贯中西的欧阳予倩,编、导、演俱能,是著名的戏剧大师和剧作家、表演艺术家、电影艺术家,一生创作、改编话剧40余部,导演话剧50余出,创作、改编、修改戏曲剧本近50部,编导影片13部。他是公认的中国话剧的主要奠基人之一,《忠王李秀成》《黑奴恨》是其创作的代表作。他先后编导《玉洁冰清》《天涯歌女》《木兰从军》《关不住的春光》等著名影片,并在一些影片中亲自饰演角色。更难能可贵的是,他毕生从事戏剧教育,早年在南通办过伶工学校,在广东办过戏剧研究所,在桂林办过广西艺术馆。新中国成立后,他创办和主持中央戏剧学院,重视戏剧的基础教育,重视台词训练,曾亲自制定形体教材、任台词教研组组长、为学生示范排演,言传身教、诲人不倦,为新中国造就出大批戏剧人才。他一生追求真理、热爱祖国,在年近古稀时加入中国共产党。

一个人一生建树如此之大,自有天纵其才的因素,但欧阳予倩是一个普通的戏剧工作者,厥功甚伟,来自脚踏实地、埋头苦干的艰辛与勤劳。他曾在《自我演戏以来》中讲述:我对于演剧自问颇忠实,作一个伶人大约可以无愧。

　　"霸得蛮"的品质也表现为要强、要赢,要把事情做得大气、做到极致,因而特别能吃苦、特别能耐劳。欧阳予倩一生便是用这种品质"搞戏",戏剧成为他终生的追求,成为其生活方式和生命之全部内容。他曾撰有自寿放歌:

　　我诞丑年湖南牛,毕生苦干不抬头。食草挤奶一无惜,惟有穿鼻之绳不可留。穿鼻之绳何所似?譬如尘封故纸压心头。少年尽跃向真理,垂老愈为牛步忧,五十年来何惨怛,浮沉磨折无自由!愿为川上桥,愿为渡口舟。彼岸风光和且丽,夕景未云短,何妨继之烛,尚堪与君携手共遨游。

　　自谓"平淡伶人",实则有点庄子所言"圣人"之味,别看欧阳予倩闯荡事业时就像初生牛犊无所畏惧不信邪,但其骨子里头很是传统。当然,传统不是保守。他追求事功像牛一样勤勉不息,爱真理爱自由要挣脱各种束缚,但这只是一方面,另一方面并不汲汲于功名富贵,更不目空一切、万事以我为中心,而是有一种以天下为己任、心怀万物悲悯苍生的仁者情怀。他爱国,一生以戏剧为武器为国家尽心效力。他爱家,12岁时祖父替他做主订婚,结婚后一辈子同甘共苦相濡以沫、彼此忠贞不渝,"虽然是旧式婚姻,爱情之深厚,并不输于自由恋爱,且有过之"。他爱同事和学生,带剧团办戏校,向学生宣布的信条为:确认戏剧为正当而重要之事业;认清目标,决定志向;要作有思想、有学问的演员;要注重学校的纪律;台上台下两样生活,均宜分清;不从事非正当的娱乐活动;每天坚持读书。

　　具有与时代脉搏相通的进步倾向,是欧阳予倩剧作的一个显著特征。比如,1913年创作的《运动力》,是在辛亥革命后对"革命新贵"的嘲弄;又如,五四运动时期的《回家以后》《泼妇》和《屏风后》,均表现出强烈的反封建主题,或揭露旧道德的伪善,或宣扬妇女解放和个性解放,艺术构思多姿多彩。话剧中含有戏曲精华,戏曲中蕴含话剧特色,导演风格细腻、严谨,他一生重视改革,注重汲取外来经验,善于吸取古今中外一切精华。与其说欧阳予倩一生执着地追求戏剧,不如说他是终生在这条道路上执着地追求真善美,也难怪其戏剧被同仁视为"欧阳予倩真戏剧"。

"我诞丑年湖南牛,毕生苦干不抬头",而十分有趣的是,"我只是一匹不知疲倦的老马",却出自欧阳山尊之口。春秋时期的左丘明在《左传·僖公四年》中曰:君处北海,寡人处南海,风马牛不相及也。欧阳予倩这头"丑牛",与欧阳山尊这匹"老马"毫无相干吗?

答案十分明确,被誉为中国话剧"活化石"的欧阳山尊,自幼年过继给伯父欧阳予倩那一刻起,与话剧的姻缘就已经写定。早在中学时代,他开始参加学校组织的各种话剧创作演出活动,经常为欧阳予倩的戏剧担任舞台监督。抗日战争爆发后,他毅然投身抗日救国的洪流中,在杭州"五月花"剧社出演《都市之角》《雷电》等剧目。1931年九一八事变后,他与宋之的、崔嵬一起,用八路军办事处给的100块钱买来一辆旧自行车,骑行800多里,于1938年赶到延安。

1939年,欧阳山尊被贺龙调到战斗剧社。1941年,他带领精兵强将组成游击剧团,从根据地到敌占区,转战在晋中敌占区的边沿地带,一场场充满喜剧风格的话剧成为一柄柄利剑,直刺敌人的心脏。1942年,他参与延安文艺座谈会,提倡创作反映敌后斗争生活的戏剧,受到毛泽东的高度肯定。当年,他策划并执导了《虎列拉》《求雨》《打得好》3个独幕剧的演出。1952年,他参与北京人艺的创建,与焦菊隐、梅阡和夏淳一块，探索中国话剧与戏曲的相互融合，执导的《春华秋实》《日出》《带枪的人》等剧作，成为百年话剧的经典之作。

"战斗性、民族化和现实主义是中国话剧的优良传统"，欧阳山尊说，中国话剧是伴随着国家命运和民族兴亡而诞生的，伴随着时代的风雨而兴衰沉浮，走过了一条曲折的、不平凡的道路。他要求话剧创作与时俱进，倡导"戏剧应该回到生活中，回到大众中去，不能站在大众头上指手画脚，自命不凡。如今有些戏观众看不懂，只是一些人的孤芳自赏，不是大众化，而是'化大众'，这样的戏剧脱离了群众。话剧需要打开局面，要靠文艺人的精神和追求"，要坚持提高与普及结合、专业与业余结合、城市与乡村结合。晚年的欧阳山尊，不无感慨地说：目前对于大多数人来说，话剧就是普及阶段，要通俗；话剧本来就是从业余起家，如果今天依旧能在工人、农民、学校、机关发展业余剧团，话剧怎么会不发展？

斯人已逝，斯言犹在："中国话剧诞生于 1907 年，我出生于 1914 年，可以说是中国话剧的同龄人。我这一辈子经历了数不清的风风雨雨，却从来不曾离开过话剧。我的生命是属于话剧的，我愿做中国话剧最忠实的守望者。"作为北京人艺晚辈的濮存昕，至今难忘最后一次与欧阳山尊同台演出："那是话剧百年的一台纪念演出中，当年93 岁的山尊老师坐在轮椅上朗诵完鲁迅的《过客》后，竟然起身大踏步走下台去。大家在老人的背影中，看到的是中国话剧生生不息的战斗精神。"为何欧阳山尊能说到做到？答案就在导演李六乙的话里：我跟山尊老师是忘年交，他比我的父辈还要大，但他艺术生命的年轻是出乎人们意料的。可以说，他是一个童心未泯的老人，也是一个"很老的年轻人"。

曾有人问:"桃花不疑盒"这颗寿山石印章是什么意思?现在哪里?欧阳予倩曾引用唐代志勤禅师见桃花彻悟之偈作答:"三十年来寻剑客,几回落叶又抽枝;自从一见桃花后,直到如今更不疑。"但问者心知肚明,他彻悟不疑的不是佛法之道,而是革命真理。

1989年4月,欧阳敬如在《人民日报》刊发《桃花依旧笑春风——写于父亲欧阳予倩诞辰一百周年》一文,讲述了欧阳予倩的"桃花情结":京剧《桃花扇》首次演出在上海,当时"八一三"日本侵略者的炮火砸开了上海的门户。父亲挺身参加抗敌救亡工作,和田汉、夏衍、阳翰笙等组成上海戏剧界救亡协会,他负责京剧部,只用三天的时间就把京剧《桃花扇》突击推上舞台。桂剧《桃花扇》经常是在空袭警报时间排练的,母亲在岩洞中帮着画布景、设计服装头饰。田汉1939年为桂剧《桃花扇》赋诗一首:"无限缠绵断客肠,桂林春雨似潇湘。善歌常羡刘三妹,端合新声唱李香。"

1958年,欧阳予倩重新整理京剧《桃花扇》,对于侯朝宗是褒是贬,专家们有着不同的看法。但戏剧究竟不是历史著作,剧中人物未必完全符合历史真实。1964年,周恩来说:"欧阳到晚年还把侯朝宗翻案,否定侯朝宗,很有勇气。"这是对"南欧"的肯定,更是对个性张扬、敢为人先的"霸得蛮"品质的赞赏。

五、零陵出马克思主义

中国共产党成立101周年的当天，收到人民出版社快递来的《〈实践论〉〈矛盾论〉解说》《唯物辩证法大纲》，笔者迫不及待地翻开，作者简介跃于眼帘：李达，"杰出的马克思主义理论家、宣传家和教育家，中国共产党的主要创建者和早期领导人之一"。联想他为传播发展马克思主义奋斗不息的一生，呈现"霸得蛮"的品质。

湖南是一个内陆省，北以洞庭湖与湖北接壤，南以五岭与广东、广西为邻，东以幕阜、连云、武功诸山对接江西，西以云贵高原缘连贵州。一方面,因崇山峻岭、地僻民穷等原因,使历代湘楚人在"筚路蓝缕、以启山林"的艰苦创业中,铸造了倔强、执着的地方性格和独特民风。另一方面,自两宋后,湖南成为"理学之邦",儒家思想成为湘楚士人的基本信念,让湖湘文化性格得到升华。正如国学大师钱基博所说:湖南"重山叠岭,滩河峻激,而舟车不易交通。顽石赭土,地质刚坚,而民性多流于倔强","抑亦风气自创,能别于中原人物以独立,人杰地灵,大儒迭起,前不见古人,后不见来者,宏识孤怀,涵今茹古,罔不有独立自由之思想,有坚强不磨之志节"。永州市地处湖南南部,是怀素、黄盖、周敦颐、李达、陶铸等历史名人的故乡。唐宋八大家之一的柳宗元被贬至永州时,留下《永州八记》,其中"永州之野产异蛇,黑质而白章"的《捕蛇者说》,可谓尽人皆知。

"山沟里出马克思主义,零陵出马克思主义"。前一句可谓毛泽东的"夫子自道",后一句则指1890年生于零陵县,今永州市冷水滩区的李达。怀着"教育救国"的理想,李达1909年考入北京京师优级师范学堂,后图"实业救国"于1912年考入湖南工业专门学校,1913年和1917年又两次东渡日本学习理科。1918年5月,他参与组织中华留日学生救国团,罢课回国发起向北洋军阀段祺瑞政府示威请愿的学生运动。

李达和李大钊"两李",都是马克思主义在中国最早的传播者。一心想着"实业救国"的李达,28岁那年为何弃学理工科而选择马克思主义?

2018年4月,因武汉大学在《人民日报》刊发"新书评介"之故,笔者翻阅20卷900余万字的《李达全集》方知:他研究、传播、发展马克思主义的根本目的,就是要用马克思主义改造中国,探寻和回答"中国向何处去"的时代之问。

马克思主义在中国的早期传播,可以从两个阶段来看,第一阶段是五四运动至大革命失败,称为启蒙传播阶段;第二阶段是1927年至20世纪30年代中期,称为系统传播阶段。

第一阶段,是对马克思主义哲学的系统传播,主要是唯物史观的传播。五四运动后,李达在《觉悟》副刊上撰文介绍欧洲各社会主义政党情况,翻译《唯物史观解说》等著作,出版专著《现代社会学》。曾有学者认为,李达以社会学名义做马克思主义研究是囿于时势,因此有了这部以社会学之名研究唯物史观的著作。目前,细读《现代社会学》序言,有句话发人深思:聊欲应用唯物史观作改造社会科学之一尝试而已,非敢谓于社会学上自标新帜也。马克思未尝著社会学,也未尝以社会学者自称,李达为何敢著《现代社会学》?他的回答是:马克思提倡社会主义,首先根据他的唯物史观学说,说明社会革命的发生及其经过。显然,李达把"唯物史观"冠以《现代社会学》,不完全是时势所迫,而是用马克思主义哲学分析社会现象,解决社会问题。《现代社会学》在当时是对唯物史观最为系统的阐释,代表着马克思主义哲学在中国启蒙传播阶段。

第二阶段,中国马克思主义者开始高度关注马克思主义哲学中的唯物辩证法,李达是这场唯物辩证法运动的"主将",集中体现在对马克思主义中国化的体系建构上。1929年至1932年,他翻译出版多部关于唯物辩证法的著作,其中《辩证法唯物论教程》对唯物辩证法作出系统阐述。他的《社会学大纲》于1937年出版后,毛泽东不仅认真阅读,作出详细批注,还称赞这部著作是"中国人自己写的第一本马列主义哲学教科书"。

毛泽东曾当面称赞李达是理论界的鲁迅。笔者为此还写过一篇"千字文",此时一读,有点"泛泛而谈"之味。细一琢磨,还是胡绳在纪念李达百年诞辰大会上提到的两个鲜明特点"聚焦"。他说,李达的早期著作第一个特点是发挥马克思主义的批判的作用,第二个特点是理论联系实际。五四运动后,李达刊发《张东荪现原形》《讨论社会主义并质梁任公》等文章,不仅同各种非马克思主义思潮进行斗争,而且批判第二国际中的机会主义者对马克思主义的背叛,阐明无产阶级专政的一系列重大问题。

百年大党正青春。当今马克思主义在中国的地位,与建党之初虽然发生翻天覆地的变化,但绝不能因此忽视马克思主义批判的功能,或以轻率态度对待批判工作。马克思主义学者应该以科学研究为基础,与实际问题相结合,深入批判资产阶级的种种思想,敢于并善于同社会上的各种错误思潮作斗争。

1921年7月,李达作为"13个代表"的成员,出席中国共产党第一次全国代表大会,并当选为中央局宣传主任,成为党的主要创始人和早期领导人之一。有人会问:他对党的创建作出过哪些主要贡献?

1920年夏,怀着"回国找寻同志来干社会革命"的理想,李达从日本回到祖国,积极参加上海共产党早期组织的创建工作,并推动或影响北京、武汉、长沙等地的早期组织,于1920年秋至1921年春相继成立。这期间,为指导各地建党活动的顺利开展,上海于1920年11月创办《共产党》月刊,由李达担任主编。马克思说过:批判的武器当然不能代替武器的批判,物质力量只能用物质力量来摧毁;但是理论一经掌握群众,也会变成物质力量。《共产党》月刊虽只出版6期,但它是党的历史上第一份党刊,最多发行5000余份,被各地早期党组织列为必读材料。1921年1月21日,毛泽东在写给蔡和森的信中称赞《共产党》:颇不愧"旗帜鲜明"。

作为中共一大的主要筹备者和组织者,李达为党的诞生作出特殊重要的贡献。1921年6月初,共产国际代表马林和尼克尔斯基先后到达上海,李达、李汉俊两人很快同他们建立联系,经过讨论,一致认为应该尽快召开全国代表大会,正式成立中国共产党。两人又立即同陈独秀、李人钊通过书信进行商议,决定在上海召开党的一大。随后,他们写信通知北京、武汉、长沙、济南、广州和旅日的党组织,各派两名代表到上海出席会议。

1921年7月下旬,党的一大在上海秘密召开。身为上海党组织的实际负责人,李达不仅参加大会文件起草等工作,而且负责解决代表住宿、会场安排等问题。当大会临近结束,会场突然遭到租界巡捕搜查,致使会议无法继续在上海举行,他又和夫人王会悟设法把代表们转移到浙江嘉兴南湖的一条游船上继续开会,保证了大会圆满闭幕。

作为党中央分管宣传的领导人,为党的宣传事业作出了开创性贡献。李达1921年创办的第一个出版社——人民出版社,掀起党的历史上第一个出版马克思列宁主义著作的高潮。他主办上海平民女校,使之成为党培养妇女干部的摇篮;热心指导《妇女声》的编辑出版,使之更好地向广大妇女进行革命宣传。

1923年秋,由于在党的有关政策问题上与陈独秀发生激烈争执,李达中断与中共中央的联系。为此,如何正确看待1923年至1949年,李达"从组织上离开了党,但思想上一直没有脱离马克思主义"这个问题,对于回答好"长期坚持研究和宣传马克思主义,李达始终为中国革命事业而战斗",至关重要。

出版大量有影响的马克思主义著作尤其是哲学著作,不仅让李达成为负有盛名的马克思主义理论家,而且使其著作成为中国共产党人理论创新的一个组成部分。大革命期间,他出版的《现代社会学》,曾14次再版,影响了大批革命志士。大革命失败后,他开办昆仑和笔耕堂书店,冒着极大的风险,出版了《社会科学概论》等著作。1929年出版的《中国产业革命概观》,以翔实的数据对中国近现代经济发展过程进行分析,证明中国社会的半殖民地半封建性质和中国革命的必由之路,论证了大革命失败后共产党领导人民群众继续开展革命的必要性和合理性。

坚守马克思主义的理论阵地,为许多青年学生走上革命道路指明方向,对扩大共产党和马克思主义的影响作出贡献。自1923年起,李达先后在湖南法政专门学校、上海法政大学、暨南大学、北平大学、广西大学、中山大学和湖南大学,指点江山,激扬文字,在国民党统治区长期进行教学活动。在"三尺讲台"上,他向广大青年学生讲授马克思主义哲学和政治经济学,分析中国革命问题,利用一切条件扩大马克思主义理论宣传阵地。

与党组织保持密切联系,始终坚持为党工作。20世纪30年代,受党组织委托,李达先后两次去做冯玉祥的工作,对他走上与共产党合作的道路起到重要影响。九一八事变后,他旗帜鲜明地拥护党的抗日救国主张。1934年,由共产党通过中华民族武装自卫委员会筹备会提出,宋庆龄、何香凝等1700余人签名发表了《中国人民对日作战的基本纲领》,李达便是10名领衔签名者之一。解放战争时期,他因积极参与湖南大学师生开展的反饥饿、反内战、反迫害"三反运动"和学生罢课、教授罢教、职员罢职、工人罢工"四罢运动",被列入国民党军警逮捕的黑名单。参与策动程潜和平起义行动,湖南和平解放也有他的一份功劳。

李达脱党后,身不党心在党。1948年毛泽东致信李达,"吾兄系本公司发起人之一,现公司生意兴隆,望速前来参与经营",肯定李达在党的创立中的贡献,召他重回党的怀抱。

新中国成立后,李达先后任湖南大学、武汉大学校长,为高等教育事业发展辛勤劳作的同时,还致力于毛泽东思想的宣传普及和马克思主义哲学研究。《实践论》和《矛盾论》相继重新发表时,他在编写《〈实践论〉解说》和《〈矛盾论〉解说》的过程中,就一些问题专门写信向毛泽东请教,均得以复信,下为其中一封。

鹤鸣兄:

　　九月十一日的信收到。以前几信也都收到了。爱晚亭三字已照写如另纸。

　　《矛盾论》第四章第十段第三行"无论什么矛盾,也无论在什么时候,矛盾着的诸方面,其发展是不平衡的",这里"也无论在什么时候"八字应删,在选集第一卷第二版时,已将这八个字删去。你写解说时,请加注意为盼! 顺候

　　教安

毛泽东

一九五二年九月十七日

李达主编的《马克思主义哲学大纲》,更是突出毛泽东哲学思想对马克思主义的发展和创新,体现马克思主义哲学理论与实践的统一、党性与科学性的统一、世界观与方法论的统一。

西汉刘向《说苑·谈丛》载:万物得其本者生,百事得其道者成。这揭示出万事万物成长与发展的规律,让人去思考:零陵为何出马克思主义? 李达毕生研究、传播、发展马克思主义,撰写、翻译和出版的

马克思主义理论著作，在哲学、经济学、政治学、史学、法学、社会学、教育学等领域均取得开创性的成就，实现对马克思主义理论的整体探索和综合创新。

六、为有牺牲多壮志

邓小平说过,没有毛主席,至少我们中国人民还要在黑暗中摸索更长的时间。出于对毛泽东的敬仰,对毛泽东思想的喜爱,翻阅《毛泽东选集》等书籍,成为个人近年来学习和工作的一部分,感悟越多,感情越深,感想越丰。仅拿九大卷的《毛泽东年谱》来说,就让人联想翩翩,百读不厌。

《毛泽东年谱(1893—1949)》的"出版说明"中写道:这部年谱"反映了他对中国革命的丰功伟绩,特别是多侧面多角度地体现了他的科学思想体系,包括他的理论观点、战略思想、政策和策略以及关于思想方法和工作方法的论述等,展示了他的思想发展轨迹,反映了他作为中国共产党第一代中央领导集体的核心把马克思主义的普遍原理同中国革命的具体实践相结合的具体过程,并尽可能地表现他的胸怀、情操、气度和风貌"。

《毛泽东年谱(1949—1976)》的"出版说明"中写道:"毛泽东为中华人民共和国的建立和发展,为中国社会主义制度的确立,作出了重大的贡献,对中国社会主义建设道路进行了艰苦的探索。这一探索经历了复杂而曲折的过程。年谱如实地反映这一探索过程……从这部年谱中,还可以了解毛泽东在这 27 年间是怎样工作和生活的,具体到几乎是每一天的情况。"

两个"出版说明",对毛泽东到底是个什么样的人,对毛泽东思想的成因,均作出简介,真可谓简洁、朴实、精准!

知党爱党,知史爱国。毛泽东对于中国的革命和建设功莫大焉,那他是如何做到的,为什么他能做到? 习近平总书记在纪念毛泽东同志诞辰 130 周年座谈会上指出:"毛泽东同志把自己的一生献给党和人民,留下了永志后人的崇高精神风范。"

中国古人主张"知人论世",如孟子有言:"颂其诗,读其书,不知其人,可乎? 是以论其世也,是尚友也。"

> 别梦依稀咒逝川,故园三十二年前。
> 红旗卷起农奴戟,黑手高悬霸主鞭。
> 为有牺牲多壮志,敢教日月换新天。
> 喜看稻菽千重浪,遍地英雄下夕烟。

不时背诵《七律·到韶山》,笔者不仅能强烈感受到毛泽东"天行健,君子以自强不息",为理想信仰百折不挠、无坚不摧的革命精神,而且被一代伟人"地势坤,君子以厚德载物",对同志、于至亲的人性人情所征服。青年毛泽东就"书生意气,挥斥方遒。指点江山,激扬文字",既怀"问苍茫大地,谁主沉浮"的舍我其谁的凌云壮志,又抱"到中流击水,浪遏飞舟"的拼搏精神,而且激励亲人们为理想为革命勇于献身。毛泽东之所以能为中华民族和中国人民建立不朽功勋,本人以为其中一个重要原因在于:把"霸得蛮"的品质书写成至诚、至真、至善。

1959年6月25日傍晚,毛泽东回到阔别32年的韶山冲,直到翌日黎明4点,才吟成这首《七律·到韶山》。在毛泽东的启发、教育和带领下,家人们一个个走上革命道路,抛头颅、洒热血,先后牺牲六位亲人。正是一人引路,满门忠烈!作家周立波在《韶山的节日》中写道:"这个可敬的家庭集中地表现了中国人民的智慧、义烈和敢于降龙伏虎的无畏气概。由于这一种精神,我们的亲爱的祖国终于打退侵略,摆脱了压迫,扫灭了一切害人的精怪,像巨灵一样地屹立在宇宙之中。"

伟人也是血肉之躯,有七情六欲,毛泽东一定会想起自己的父母和6位相继牺牲的亲人。从当晚设便宴招待乡亲们就能看出些端倪,毛泽东微笑道:今天各位父老乡亲都到齐了,就只差"干娘",没有来呢!顿了顿,他又用商量的口气说,是不是还要等呢?乡亲们都感到奇怪,他的干娘七舅妈死了30多年,怎么又冒出个"干娘"?毛泽东也不解释,只说:大家喝吧,我们不等啦!其实,毛泽东所说的"干娘",是母亲文素勤给他认的一个"石观音"。在他的前边,文素勤生过两个男孩,不知何故,均已夭折。为保住毛泽东的生命,就做了认"干娘"的事儿,给他起名为"石三伢子"。从《祭母文》和给好友邹蕴真的信中不难看出,"干娘情结"是毛泽东对母亲的无限爱戴,"世上共有三种人:损人利己的人,利己而不损人的人,可以损己而又利人的人。我的母亲该属最后一种人。"

"出生入死闯险关,革命火种撒南湘。夫妻碧血染云霞,一代女杰留芬芳。"这歌颂着一对英勇的夫妻——陈芬、毛泽建。1923年,毛泽建加入中国共产党,后经毛泽东牵红线、搭鹊桥,1925年与陈芬结婚后,一同前往耒阳从事革命活动。1927年后,毛泽建化名毛达湘。1928年,她参加湘南起义,带领游击队员刺探敌情、打击敌人,成为远近闻名的"女游击队长"。1929年8月,她高呼:乡亲们,杀了一个毛达湘,千万个毛达湘会站出来! 当闻讯过继来的胞妹毛泽建英勇牺牲时,毛泽东想起母亲的嘱咐,自责"未能照顾好妹妹"。唐代杜甫《朱凤行》诗云:"君不见潇湘之山衡山高,山巅朱凤声嗷嗷。"被当地人称为"衡山朱凤"的一代女杰毛泽建,同丈夫陈芬一起为革命事业谱写了一曲壮丽的战歌。

阅读《毛泽东年谱》,3个看似巧合的"29",让人潸然泪下。杨开慧牺牲时29岁,在她牺牲后的第29个年头,毛泽东回乡并写下《七律·到韶山》;毛岸英1922年10月24日出生,1950年11月25日牺牲于朝鲜,29虚岁。

"我失骄杨君失柳,杨柳轻飏直上重霄九。"20世纪60年代初,毛泽东应子女请求,重书《蝶恋花·答李淑一》,以作纪念。当他提笔把"我失骄杨"写成"我失杨花"时,大家以为是笔误,可毛泽东缓缓地说:称"杨花"也很贴切。1921年中国共产党诞生后,杨开慧就成了最早的党员之一。大革命失败后,她带着三个孩子回到板仓,从此再未能"重比翼,和云翥"!"念兹远行人,平波突起伏",她在《偶感》中最牵挂的是,毛泽东"足疾是否痊,寒衣是否备? 孤眠谁爱护,是否亦苦"?

1983 年发现的杨开慧牺牲前密藏在墙壁里手稿,更是催人泪下:我有一个新意识,我觉得我为母亲所生之外,就是为了他。假设有一天母亲不在了,他被人捉住了,我要去跟着他同享一个命运。

伟人的人格无法在平庸中养成,卓越的成就无法在舒适中取得。在"天阴起朔风,浓寒入肌骨"的日子,杨开慧依然参与组织和领导长沙、平江、湘阴边界的地下武装斗争,努力发展党的组织。1930 年被捕后,她大义凛然地说:死不足惜,但愿润之革命早日成功! 因"失"之痛,毛泽东写下"开慧之死,百身莫赎"的沉重句子,留下"女子革命而丧其元,焉得不骄"的动人赞语,谱下《蝶恋花·答李淑一》这首绝唱。

"埋骨何须桑梓地,人生无处不青山。"毛岸英和成千上万的烈士们一样,永远留在异国他乡。周恩来评价说:毛岸英入朝一个月零三天就牺牲了,他吃过苦、留过学、打过仗,又经过农村和工厂的锻炼,在和毛岸英同龄的一代青年中,像他那样受过良好教育和多种锻炼的人是不多的。

多年后,毛泽东向好友周士钊说:你说我不派他去,他就不会牺牲,这是可能的。但你想一想,我作为党中央的主席,作为一个领导人,自己有儿子,不派他去抗美援朝、保家卫国,又派谁的儿子去呢?他曾深情地说:"谁叫他是毛泽东的儿子呢!"一语千金,其间滚滚流淌的人格何其高尚、人性何其圣洁、人情何其深沉和丰富!

1990 年,中央办公厅警卫局全面清理毛泽东留下的遗物,出人意料地发现,在仓库的一个柜子里有几件衣物。平时对个人生活物品不上心的毛泽东,却把毛岸英留下的两件棉布衬衣、一顶蓝色军帽、一双灰色沙袜、一条毛巾叠得整整齐齐放在身边,悄悄地珍藏了

26 年。这期间，毛泽东多次搬家，但身边的工作人员从未发现过这些衣物。一位细心的老人是否在那些辗转难眠的夜里，像每一位失去孩子的父母一样，把这些衣物一件件拿出来，轻轻抚摸。在这些衣物上，是不是也浸染过这位老人的泪水？

1927 年春，毛泽覃、周文楠夫妇从广州来武汉，同兄长毛泽东、毛泽民两家作邻居。这年 6 月，毛泽民回湖南组建党的地下组织，身怀六甲的周文楠，随兄嫂一起返回长沙，9 月 8 日生下儿子毛楚雄。谁曾想，毛泽覃和毛楚雄这对未曾谋面的父子，均为革命英年早逝。

毛泽覃 1923 年加入中国共产党，1927 年参加南昌起义，1928 年 3 月率特务连前往湘南与朱德、陈毅联络，4 月参加毛泽东、朱德领导的井冈山会师。1932 年，他与邓小平、谢唯俊、古柏等人，同党内"左"倾错误进行坚决斗争。1934 年中央红军主力长征后，他坚持在南方进行游击战争。1935 年 4 月 26 日，毛泽覃为掩护战友转移英勇牺牲。

毛楚雄 1945 年 9 月在湖南参军，1946 年 6 月参加中原突围。1947 年参与护送张文津、吴祖贻等赴西安参加和平谈判，前往路途中被国民党部队截留，惨遭杀害。由于国民党反动派的欺骗，对于毛楚雄等被害的经过和地点众说纷纭，莫衷一是。直到 1984 年 12 月才弄清事实真相，李先念 1985 年撰写《纪念张文津、吴祖贻、毛楚雄三烈士》等文章，高度赞扬他们大无畏的英雄气概。

被称为"红色大管家"的毛泽民，是中国红色金融事业的开拓者和奠基人之一。1921 年随兄长毛泽东参加革命，同年底加入中国共产党。1931 年进入中央革命根据地，在较短时间内，他解决了金融人才严重缺乏、没有准备金、多种货币混乱流通等难题。1934 年中央红军被迫长征，苏维埃中央政府财政部和国家银行组成第 15 大队,毛泽民任大队长。15大队被称为"扁担上的国家银行",长征途中解决了运输、打土豪、筹粮筹款、保障供给等任务。1938年,受党中央派遣,毛泽民化名周彬,到新疆做统战工作。1942年,反动军阀盛世才在新疆捕杀共产党人,9月毛泽民等共产党员被捕。在狱中,他坚贞不屈、视死如归:决不脱离党,共产党员有他的气节。1943年9月27日,毛泽民被敌人秘密杀害。光阴不老,岁月不居,一代代共产党人会永远记住那一张张青春的面孔和永远炽热的灵魂。

人生易老天难老。1976年9月9日,毛泽东逝世。在拟订亲属守灵名单时,女儿李敏哭着说,怎么没有我哥哥贺麓成的名字?贺麓成又名毛岸成,1935年出生刚三个月父亲就牺牲了,由老乡抚养长大。41岁的他终于见到大伯父,只可惜毛泽东已紧闭双目。本来,他有一次面见毛泽东的机会,那是在1959年8月29日李敏和孔令华的婚礼上。原来,在拟定邀请嘉宾名单时,毛泽东对李敏说:你的哥哥在北京,你应该邀请他嘛!遗憾的是,贺麓成正在参与我国第一颗导弹研制,李敏几次电话都没能找到他。这位隐姓埋名数十载的导弹专家,直到1983年民政部门给毛泽覃颁发烈士证书,其真实身份才为同事所知。

走笔至此,倏忽想起毛泽东的两句箴言:读点哲学,读点历史。这与至诚、至真、至善的"霸得蛮"品质是相通的。伟人远行,哲思永存。哲学是管总的,哲学通则一通百通。历史是最好的教科书,可以增知识、生智慧、辨是非、强硬气、固定力。

七、瞧"这一大家人"

第一次世界大战期间,法国曾向中国大量招募华工。1915年蔡元培、吴玉章等组织留法勤工俭学会,以"勤于作工,俭以求学"为目的,号召青年去法国半工半读。1919年至1920年,我国赴法勤工俭学的青年达1600多人。其中,有"这一大家人"格外耀眼:葛健豪、蔡和森、向警予、李富春、蔡畅。

关于留法勤工俭学,湖南《大公报》曾称赞:最钦佩的还是两位,一是徐君懋恂(徐特立),二是蔡君和森之母。1919年12月,上海杨树浦码头,55岁的葛健豪和蔡和森、蔡畅一起登上法国邮船,同行的还有向警予等30余名学生,经过35天的海上颠簸,终于到达法国巴黎。母爱似水。蔡畅后来在谈到母亲赴法勤工俭学时,称赞这是一个惊世之举,"葛健豪老当益壮的英勇形象,在很长一段时间内成了鼓舞我们青年一代艰苦奋斗的榜样"。

蔡和森是明确提出成立中国共产党的第一人,为革命呕心沥血,直至生命最后一刻。正如毛泽东所说:一个共产党员应该做的,和森同志都做到了。他就像漫漫黑暗中的一颗夜明珠,以自己的智慧和行动,照亮积难深重的旧中国星空,找到了一条救国救民的道路。

蔡和森1895年生于上海,4岁随母回到家乡湖南双峰县。他1913年考入省立第一师范学校,与毛泽东开始"恰同学少年"的新生活。当时,湖南先进青年称"润之是实践家,和森是理论家",杨昌济更是称赞:二子海内人才,前程远大,君不言救国则已,救国必先重二子。1918年,毛泽东、蔡和森等组织新民学会,创办《湘江评论》,以革新学术、砥砺品行、改良人心风俗为宗旨,得到社会各界广泛赞同。

"世乱吾自治,为学志转坚。从师万里外,访友人文渊。"1918年,蔡和森由湘赴京、船过洞庭时,在《少年行》中写下此诗句。五四运动爆发后,他在北京组织湖南籍学生,参加反帝反封建运动。

阅读《蔡和森文集》就会发现,他远赴法国勤工俭学的真实意图:真正的革命党,如无革命的理论是不行的,故一个革命党不仅要有好的组织、好的政策,尤其要有革命的理论来把思想统一,然后才能领导革命到正确之路。1920年2月抵达巴黎后,他"猛看猛译"上百种介绍马克思列宁主义和俄国革命的书籍,与周恩来、赵世炎等筹组中国共产党旅欧早期组织。他认为救国救民,就要走俄国十月革命的道路,建立起一个革命政党,并两次致信毛泽东,第一次提出"明目张胆正式成立一个中国共产党",第一次系统阐释建党理论和建党原则。毛泽东在复信中说:见地极当,我没有一个字不赞同。

1921年回国不久的蔡和森,加入中国共产党。他参与起草党的二大宣言,筹备创办中央机关报——《向导》周报;1923年参加党的三大,强调在国共合作的统一战线中应当保持党在政治上组织上的独立性。1925年参与领导五卅运动,展现出领导群众斗争的卓越才能;同年冬,赴莫斯科参加共产国际执委会第六次扩大会议。1927年在党的五大上当选为中央政治局委员、常委的蔡和森,面对四一二反革命政变后的危机局势,主张反抗国民党反动派的进攻;七一五反革命政变后,提议党中央"重新号召土地革命"。在八七会议上,他力荐毛泽东进入中央政治局,提议举行秋收起义;会后,参与组建和领导北方局的工作。1928年在党的六大上,他发言总结党领导大革命及土地革命初期的经验教训,探讨中国革命的重大问题。

"匡复有吾在,与人撑巨艰。忠诚印寸心,浩然充两间。"1931年被捕,蔡和森用生命践行了自己的誓言。周恩来曾说:和森同志是永远值得我们怀念的。

向警予1895生于湖南溆浦县,1912年考入省立第一女子师范学校,1916年创办男女兼收的溆浦女校,现为警予学校。溆浦女校以"自治心,公共心"为校训,倡导"人生价值的大小是以人们对社会贡献的大小而定"的价值观,反对"驰骤之若牛马"的奴性教育。

1936年,毛泽东在延安与美国记者埃德加·斯诺追溯党的创建历史时说,向警予是"唯一的一个女创始人"。她1919年秋参加新民学会,10月和蔡畅等组织湖南女子留法勤工俭学会。1920年到法国后,她学习马克思主义经典著作,参加工人运动实践,支持蔡和森的建党主张,参与建党工作。正是这一年,蔡和森、向警予在法国举行婚礼,两人结婚照是并肩坐着阅读《资本论》,并把互写的诗作印制成一本《向蔡同盟》,以表达对马克思主义的坚定信仰。

周恩来说过,向警予是党的第一个女中央委员,中央第一任妇女部长。1922年回国后,向警予正式办理入党手续,开始领导中国妇女运动。1923年,她在《告丝厂劳苦女同胞》中写道,"只有团结奋斗是唯一的武器",只要有了团体就能"万众一心,步伐不乱",达到最后的胜利。她1924年组织上海闸北丝厂和南洋烟厂大罢工,1925年领导上海妇女界参加五卅运动。

钢铁不淬火难以成真钢,红梅不傲立风雪难以成品性。"武汉三镇是我党重要的据点,许多重要负责同志牺牲了,我一离开,就是说我党在武汉失败了,这是对敌人的示弱,我决不能离开!"1927年,从莫斯科东方劳动者共产主义大学学习回国的向警予,看到大革命失败后,党的大部分领导先后转移,主动要求留在武汉坚持地下斗争。她担任《大江报》主笔,带头撰文激励革命群众进行斗争。

鲁迅说过,我们自古以来,就有埋头苦干的人,有拼命硬干的人,有为民请命的人,有舍身求法的人。向警予就是一位"为民请命"之人,1928年3月20日不幸被捕后,面对敌人逼供,她坚定地说:"革命者不会在你们的屠刀下求生。等着吧,你们的末日,就在明天!"这年的"五一"国际劳动节显得格外悲壮,向警予毅然走向刑场,一路高呼革命口号,宪兵慌忙往她的嘴里塞石头,最后残忍将其杀害。蔡和森闻讯后写下《向警予同志传》:伟大的警予,英勇的警予,你没有死,你永远没有死!

1939年,毛泽东在纪念三八妇女节大会上说:"要学习大革命时代牺牲了的模范妇女领袖、女共产党员向警予。她为妇女解放、为劳动大众解放、为共产主义事业奋斗了一生。"1985年9月,蔡畅在《人民日报》刊文《妇女运动的杰出领导者——向警予》:作为她的学生、战友、亲人的我,回忆起许多往事,当年她那为实现伟大的共产主义理想奔走呼号、不避艰险、英勇献身的高大形象又浮现在我的眼前。

斯人已逝,风范长存。今天,警予学校的师生每周升旗仪式后,都会面向五星红旗,高唱向警予创作的校歌——愿我同学做好准备,为我女界啊,大放光明!

日前,笔者在网易上看到一篇文章——《爸爸是正国级,妈妈是副国级,她却扎根北大荒,晚年献身扶贫工作》,出于好奇,用心读完:李特特其实从内里非常像李富春和蔡畅,心怀大爱;她虽然出身显赫之家,但吃尽了苦头,也看遍了人民群众的苦,把一生都奉献给了党和人民。

李富春、蔡畅和李特特的"心怀大爱",与蔡畅笔下母亲的"惊世之举",均具有鼓舞青年一代艰苦奋斗的作用。二者有哪些相同与不同,李富春、蔡畅又是如何做到的?

2000年5月22日,时任国务院总理朱镕基在纪念李富春、蔡畅同志诞辰100周年座谈会上说,李富春同志是我们党和国家的卓越领导人、我国社会主义经济建设的奠基者和组织者之一,蔡畅同志是我国妇女运动的先驱和卓越领导者、国际进步妇女运动的著名活动家。这对同年同月诞生的终生革命伴侣,是久经考验的忠诚的共产主义战士、杰出的无产阶级革命家,为中国革命和建设事业作出了不可磨灭的贡献。

李富春1900年生于湖南长沙县,比蔡畅早两个月赴法勤工俭学,做过钳工和火车司机。1920年,他和李维汉等将"勤工俭学励进会"改名"工学世界社",并确定"以实行社会革命为宗旨"。1922年,他参与发起建立旅欧中国少年共产党,不久转为中国共产党党员。由于共同的信仰和志向产生真挚感情,李富春、蔡畅1923年结为伉俪。两人相濡以沫，把深厚情感融入对真理的孜孜追求和为崇高事业的不懈奋斗中，成为党内外的楷模。

谈到"心怀大爱"，笔者觉得一个重要的衡量标准，就是对生前死后之事，看得通透、早有安排。

婚后不久，蔡畅怀孕，性格倔强的她，宁愿放弃做母亲的权利，决然选择"革命家"这一危险而神圣的职业。其实，不是她不想要孩子，而是害怕他们的事业会造成孩子的不幸。考虑再三，她果断地作出人工流产的决定，一连找了好几家医院，可当时法国的法律是禁止堕胎的，只好闷闷不乐地回到家里。

葛健豪却非常高兴，因为她极力反对蔡畅冒险流产。1924年，蔡畅在巴黎剖腹生下一个女孩，葛健豪兴奋地说："很像她爸爸呢。蔡畅两个字的法文字母开头都是'特'音，就给她起名特特吧。"蔡畅两口子觉得女儿是在特殊条件下来到人世的，起名"特特"很有纪念意义，于是欣然同意。

为表达自己为革命奋斗终生的决心，蔡畅在产床上便做了结扎手术，一心参加革命事业，可见她牺牲很多。后来，因工作任务需要，她和李富春甚至不能相见，但这并没有冲淡两人感情，他们始终心系对方，53年一直惺惺相惜。

以实干家在党内外著称的李富春，是我国社会主义经济建设的奠基者和组织者之一。在长期领导经济工作中，他注重调查研究，强调"了解经济情况，一方面要系统地搜集资料，另一方面要有目的有计划地下去深入调查"。他作风民主，主张"领导、专家、群众三结合"，遇到问题让大家畅所欲言，如有分歧尽量协调，求得一致。蔡畅在妇女工作的领导岗位上，常常深入基层调查研究，了解妇女的疾苦和困难，帮助她们解决实际问题。

"岁寒松与柏,忠贞照千古",是赵朴初为李富春题写的诗句,也是其一生的真实写照。李富春德高望重,功勋卓著,但待人谦和,从不居功自傲。既从严要求自己,也严格要求女儿和亲属,始终保持人民公仆的本色。李富春在弥留之际与蔡畅相约,在他去世后,将两人生前的全部积蓄作为党费上交。为响应党中央废除干部领导职务终身制的号召,蔡畅曾多次向党中央写报告,请求辞去一切领导职务。从1978年到1982年,她先后卸去全国妇联主任、全国人大常委会副委员长、中共中央委员等职务。她病中留下遗嘱,后事从简,不举行遗体告别仪式,不开追悼会。

唐代刘禹锡有诗:"莫道桑榆晚,为霞尚满天。"1943年,毛泽东得知葛健豪去世后,提笔写下"老妇人,新妇道;儿英烈,女英雄"的挽联。1985年,全国人大常委会副委员长许德珩题诗:豪杰蔡家多,儿女万人歌;堪为烈母颂,留学创先河。

为何豪杰蔡家多,儿女万人歌?诚然,在"这一大家人"中,既有"母仪是式,亮节高风"的示范,又同人们把湖南人比作"普鲁士人""斯巴达人"有关,强悍、无畏、直率、执着的"霸得蛮"品质,既充满原始的血性,也种下坚韧、勤奋、自强的种子。

八、风吹浪打不回头

现在,革命到了危急关头,摆在我们面前的出路有三条:第一条是把队伍解散,大家都回老家去。这条路行不行? 不行! 第二条是跟着蒋介石、汪精卫去干反革命,屠杀工农兄弟。这条路行不行? 不行! 第一条路是死路,自杀的路;第二条路是当反革命的路,也是自杀的路,我们绝不能走。我贺龙不管今后如何危险,就是刀架在颈子上,也绝不走这样的路。我要跟着共产党走革命的路,坚决走到底!

1927年7月17日，贺龙在国民革命军第20军连以上军官大会上发表慷慨激昂的讲话。作为北伐军高级将领且不是共产党员的他，为何放着高官厚禄不要，宁愿冒着掉脑袋的危险，跟着共产党走一条生死未卜的革命之路？

只有共产党才能救中国，跟着共产党干革命，风吹浪打不回头。这是贺龙在探索革命真理中得出的深刻认识，也是在长期具体实践中始终遵循的最高准则。毛泽东曾称赞他："忠于党，忠于人民，对敌斗争狠，能联系群众。"按照这一主线，阅读邓小平题写书名的《贺龙传》，可以把"霸得蛮"的品质理解为忠义、忠勇、忠诚。

千里走单骑，过五关斩六将，夜读春秋，刮骨疗毒，水淹七军，每次读到红脸关公的故事，就会想到他的忠义和忠勇，联想起"两把菜刀闹革命"的贺龙。1896年生于湖南桑植县的他，早年参加孙中山领导的中华革命党，1916年率乡邻捣毁芭茅溪盐局，夺取枪支组织讨袁护国军；1917年在两水井以菜刀再次夺得枪支，建立农民武装，参加护法援鄂战争；1918年后任湘西靖国军团长、巡防军支队司令、四川"讨贼军"旅长等职，1926年参加北伐。

"我来拜访你，不是礼节性的。开门见山，我是找你商量起义计划的。我们立刻就谈行吗？"1927年7月28日，南昌起义前敌委员会书记周恩来紧紧握住贺龙的手说。贺龙连连点头说："好极了，我洗耳恭听！"周恩来大笑道："洗耳恭听是不够的。你是大将军，光动耳朵怎么成？还是要动手动脚动枪动炮呢！"接着，他讲了南昌起义的基本计划。贺龙说："我完全听共产党的命令，党要我怎么干就怎么干。"周恩来点点头说："共产党对你下达的第一个命令就是党的前委委任你为起义军总指挥！"贺龙一怔，有些讷讷地说："我还没有入党……"周恩来说："你看，你刚刚讲过完全听共产党的命令，怎么第一个命令就不听了?"贺龙说:"好,我服从。"7月31日,贺龙列席周恩来主持在第20军军部召开的会议。8月1日凌晨2时,在周恩来、贺龙、叶挺、朱德、刘伯承等领导下,2万余人的革命武装举行起义。经过4小时激战,起义军完全控制南昌城,歼灭守敌3000余人,缴获机枪800余挺、步枪4000余支、子弹70余万发。

八一南昌起义,打响了武装反抗国民党反动派的第一枪,在中国共产党历史上开辟了一个新的时期。正如周恩来所说:"八一起义在共产党领导下,向国民党反动派打响了第一枪,这在大方向上是对的。这次起义像一声春雷,使千百万革命群众在经历了一系列严重挫败后,又在黑暗中看到了高高举起的火炬。中国共产党领导下的人民军队,便是在这次起义中诞生的。"

"我贺龙找真理,找个好领导,找了半辈子,现在总算找到了,就是把我脑壳砍了,也要跟共产党走到底。我贺龙革命革定了!"1927年8月末的一天,在江西瑞金的一座学校里,由周逸群、谭平山介绍,贺龙加入中国共产党。从此,无论形势多么险恶,斗争多么残酷,甚至在濒临绝境的时候,他始终保持着旺盛的斗志和革命的乐观主义精神,为党和人民的事业奋斗一生、奉献一生,鞠躬尽瘁、死而后已。

忠于党,忠于人民,是高度一致的,重在坚持党的原则,竭诚维护党的团结和统一。1932年,王明"左"倾路线执行者在湘鄂西革命根据地进行大规模的"肃反",后又提出解散党、团组织和所谓创造新红军的主张。贺龙对此做了坚决的斗争,并尽己所能努力保护了一批红军骨干,还义正词严地说:共产党的军队,能没有党团组织吗?取消了党组织,谁来领导?把支部建立在连队上,这是中央肯定过的啊!1933年12月,蒋介石派政客熊贡卿到湘鄂西革命根据地游说,劝贺龙投降,他丝毫不为诱惑所动,迅速将情况报告湘鄂西中央分局,处决了说客。

1936年7月2日,贺龙、任弼时等率领的红二、六军团,与红四方面军在四川甘孜胜利会师。当晚,朱德把红一方面军与红四方面军会师的情况、分歧以及张国焘另立"中央",分裂党、分裂红军的活动,详细告知贺龙等人。第二天召开庆祝大会,张国焘刚起身准备讲话,贺龙就半开玩笑地跟他说了一句悄悄话:国焘啊,只讲团结,莫讲分裂,不然,小心老子打你的黑枪。贺龙后来说:我哪里会打他的黑枪,他自己心里有鬼嘛! 在这场反分裂主义斗争中,贺龙旗帜鲜明、态度坚决、立场坚定,为红军主力胜利会师作出了重大贡献。多年后,朱德说:贺老总对付张国焘很有办法,不争不吵,向他要人要枪要子弹……张国焘对弼时、贺龙都有些害怕呢! 一起北上会合中央,贺老总是有大功的!

对敌斗争狠,贵在坚持原则、疾恶如仇,在枪林弹雨的战场上,有股子拼命精神,哪里战斗最激烈,就在哪里指挥。贺龙指挥作战多谋善断、英勇顽强、坚定沉着、机智灵活,率领部队打了许多恶仗、硬仗、巧仗,立下了赫赫战功。

土地革命战争时期,贺龙与周逸群等领导和创建湘鄂西苏区,是红军独当一面的著名军事统帅之一。他从敌强我弱、敌大我小的实际出发,创造出一系列游击战、运动战的战略战术,指挥部队打了许多漂亮的战役战斗,威震敌胆,名扬四方。1929年夏,采用诱敌深入、迫敌背水作战的打法,赢得著名的南岔、赤溪战斗。在反"围剿"作战中,运用示弱诱敌的谋略,取得龙家寨战斗的胜利;围城打援、攻其不备,取得忠堡战斗的胜利;制造假象、兵团设伏,取得板栗园战斗的胜利。

"会师,会师,就是会见教师!"1934年10月始,贺龙和任弼时率红二、红六军团主力展开湘西攻势。面对国民党军尾追,主动空出县城,诱敌深入,设伏迎敌,取得"十万坪大捷";随后率部回师永顺,扫清残敌;继而挥师东进,攻战桃源,包围常德,直逼长沙;接着回攻慈利,解放大庸。一连串的作战行动,杀敌如卷席,威震三湘四水,有力策应中央红军的战略转移。长征途中,贺龙指挥红二、红六军团先在湘东南兜圈子,拖得敌军人困马乏,尔后掉头直插贵州,在乌蒙山回旋作战1个多月,突然飞兵直扑云南,佯攻昆明,巧渡金沙江,一举将约20万国民党追兵远远地甩在身后。这一系列作战行动,被毛泽东称为"了不起的奇迹"。

抗日战争时期,贺龙深入敌后,放手发动群众,扩大抗日武装,广泛开展游击战争,取得雁门关和收复晋西北7座城等重大胜利,开辟晋绥抗日根据地,使之成为保卫陕甘宁边区的屏障和联系华北其他抗日根据地的纽带。在党中央确定"巩固华北"的战略方针后,他与关向应率领第120师主力由晋绥山区挺进冀中平原,指挥部队进行100多次战斗,巩固了冀中抗日根据地。1939年9月,他率部由冀中转战晋察冀边区时,采取诱敌深入战术,选择有利地形夹击日军,取得陈庄战斗胜利,打出了八路军的威风。1940年8月至1941年1月,他率部参加著名的"百团大战",沉重打击了日军的"囚笼政策"。在一次战斗中,贺龙身先士卒,冲入敌阵,中了毒气仍坚持指挥作战,表现出与敌人血战到底的英雄气概。

抗日战争胜利后,贺龙与聂荣臻共同组织绥远战役,收复绥东、绥南广大地区,粉碎了国民党军控制平绥路、夺占张家口的企图。解放战争进入战略追击阶段,他率领第十八兵团进军西南,创造性地运用中央军委制定的大迂回、大包围的作战方针,将西南地区敌人主力胡宗南部几十万大军拖在秦岭山区,配合刘邓大军将敌歼灭于成都平原,保证了大西南的顺利解放。西南地区解放后,他又与邓小平、刘伯承一起组织昌都战役,促成了西藏和平解放;并组织部队进入西藏,粉碎了帝国主义和西藏反动分子分裂祖国的企图。

20世纪60年代,主持军委日常工作期间,贺龙同军委其他领导一起,共同指挥我军胜利地进行边境自卫反击作战,捍卫了国家主权和领土完整。同时,粉碎了国民党军队对东南沿海的袭扰破坏。只有平时操练多吃苦,打起仗来才能少流血。1964年,他同军委其他领导一道,积极推广"郭兴福教学法",推动了全军群众性练兵运动的开展。

能联系群众,恒在以人民公仆的姿态,一直勤奋工作。上马是将、下马为民,贺龙一有空就给老百姓挑水、劈柴、烧火、抱小孩,在湘西人民中,至今流传着一首歌:高山顶上云套云,园中竹子根连根,河里鱼儿不离水,贺老总和人民心连心。

1952年出任全国体育运动委员会主任的贺龙,积极推动群众体育、竞技体育、国防体育发展,14年间培养和造就何振梁、傅其芳等一大批优秀管理骨干、教练员和运动员,是新中国体育事业当之无愧的开拓者、奠基人。得知我国乒乓球队在第28届世界锦标赛上荣获五项世界冠军后,毛泽东之所以说"你们又打了一次胜仗",是因为在26届世界锦标赛上赢得了男子团体、男女单打三项世界冠军,这可是我国运动史上从未有过的荣誉。

1959年主管国防工业后,贺龙在进行大量调研的基础上,提出一系列建设国防工业的政策和措施。他坚持独立自主、自力更生和质量第一的方针,贯彻"抓尖端,带一般和军民结合"的原则,强调"要有独创精神,发展新产品"。呕心沥血,克服种种困难,他为建立独立完整的国防工业体系,为我国原子弹、导弹等尖端武器的研制成功,为加速我军武器装备的现代化,作出不可磨灭的贡献。

近代民主革命家徐锡麟有名句:只解沙场为国死,何须马革裹尸还。1935 年 11 月 19 日,贺龙率部告别父老乡亲后,再未回过桑植。可每次忆起大姐贺英,他总会说:"她为革命贡献了一切,保护了一批子弟,不少娃娃经过长征、抗日战争、解放战争,都作出了各自的贡献。"1955 年被授予中将军衔的廖汉生,就是其中的一个杰出代表。1930 年后,在红军几度转移、国民党军频繁"围剿"的形势下,他跟随贺英游击队在湘鄂边苏区坚持开展反"围剿"斗争,在敌人严密封锁、缺衣少食的艰苦斗争环境中迅速成长起来。

"洪湖水呀浪呀么浪打浪啊,洪湖岸边是呀么是家乡啊⋯⋯"听着这首《洪湖水浪打浪》经典民歌,影视片中的贺龙不时浮现眼帘:风吹浪打不回头,他把"霸得蛮"的忠义、忠勇书写成忠诚——把党的利益置于个人利益之上,把全局利益置于局部利益之上。正如任弼时所说,贺龙同志的伟大之处,"在于他对革命、对党的一贯忠诚"。

九、统战和民族工作典范

新中国成立后,在统一的多民族国家内,是实行民族区域自治还是联邦制? 1949 年新政协筹备会第一次全体会议期间,毛泽东就这个问题征求李维汉的意见。李维汉认为我国同苏联国情不同,不能实行联邦制,建议在统一的中华人民共和国内,在少数民族聚居区,实行民族区域自治的政策和制度。

谈到个中缘由,李维汉讲了五点:其一,俄国十月革命前,俄罗斯民族是典型的压迫民族,而中国包括汉族人民在内的各民族,都是受欺凌的被压迫民族。其二,俄国少数民族人口占总人口的 50%,而当时中国少数民族人口只占 5%左右。其三,俄国少数民族聚居集中,联系密切,中国少数民族大都同汉族或其他少数民族杂居或交错聚居。其四,俄国经过二月革命和十月革命,许多民族实际上已经分离为不同国家,不得不采取联邦制把各个国家联合起来;而中国是在中国共产党领导下,由平等联合进行革命,到平等联合建立统一的中华人民共和国。其五,中国抗日战争时期,特别是 1947 年内蒙古自治区成立后,已经对实行民族区域自治取得宝贵的经验。这一具有重大现实和深远历史意义的建议,是坚持实事求是,经过大量调查研究而得出的。

湖南最大的资源是文化,确切地说,是湖湘文化孕育出来的人。陈独秀说过:"不能说王船山、曾国藩、罗泽南、黄克强、蔡松坡,已经是完全死去的人,因为他们桥的生命都还存在。"正是这种桥的生命存在,湖南出思想家、文化大家的传统一直没有中断。

李维汉 1896 年生于湖南长沙县,1916 年考入省立第一师范学校,1918 年同毛泽东、蔡和森等组织新民学会,1919 年赴法国勤工俭学,1922 年与周恩来、赵世炎等组建旅欧中国少年共产党,同年回国,并加入中国共产党。1923 年至 1927 年,他在湖南积极发展党的组织,建立坚强领导核心;帮助国民党改组,发展以国共合作为中心的革命统一战线;组织民众开展反帝斗争,领导驱赵恒惕和反吴佩孚运动,打击军阀势力;领导工运、农运、青运、妇运,组织工农群众支援北伐战争。

"有一时期我从中央苏区的《红色中华》和《斗争》杂志上,看到有罗迈的文章",萧克将军 1996 年在《忆李维汉同志》中说,"后来,任弼时同志来到湘赣苏区。他告诉我,李维汉在八七会议前是中央政治局 5 位常委之一,参与决策了发动南昌起义、秋收起义和召开中央紧急会议这些事"。作为党早期领导者的李维汉,与罗迈是什么关系? 其他4位常委都是谁,历史和人民为什么会选择他们?

从1924年起,李维汉就经常以罗迈的笔名,在《湘江》和《新民周报》等报刊上写文章,宣传马克思主义基本理论,揭露帝国主义的侵略行径和反动军阀的卖国罪行,总结工人运动中的经验教训,鼓励青年学生投身革命实践。1927年大革命失败后,中共中央7月12日改组,李维汉与张国焘、周恩来、张太雷、李立三组成中央政治局临时常务委员会,并作出举行南昌起义、秋收起义和召开中央紧急会议的决定。8月7日,中共中央紧急会议在汉口召开,李维汉代表中央常委报告会议筹备经过,参与讨论和作出一系列重大决策。1928年3月,共产国际同意在苏联境内召开中共六大,李维汉和任弼时等留守国内主持中央日常工作。李维汉1931年赴莫斯科学习,1933年到中央革命根据地,参加了二万五千里长征。

毛泽东1939年在《〈共产党人〉发刊词》中指出:统一战线,武装斗争,党的建设,是中国共产党在中国革命中战胜敌人的三个法宝。作为统一战线和民族宗教工作的卓越领导人,早在1935年瓦窑堡会议召开前,李维汉就代中央起草《关于改变对富农策略的决定》,强调联合整个农民,造成广泛的农民统一战线,并争取实现党在统一战线中的领导权。他先后起草的《关于回回民族问题的提纲》《关于抗战中蒙古民族问题提纲》,成为党开展回族、蒙古族工作和建立抗日民族统一战线的指导性文件。1946年,他参加国共谈判和政治协商会议,参与草拟"五五宪草修正案",积极联络各方面人士,为宣传党的主张、扩大党的影响,做了许多有效工作。

1948年9月,中央城工部改名为中央统一战线工作部,从此李维汉主管统战和民族工作至1964年底。他善于将马克思主义基本原理和中国具体实际相结合,围绕党和国家中心任务,提出适合党情国情的理论观点和政策原则,为党和国家的统战、民族、宗教工作在理论和实践上均作出了卓越贡献。

1949年6月15日,新政协筹备会第一次全体会议在北平召开,会议选举产生新政协筹备会常务委员会,李维汉负责商定参加新政协的单位及代表名额和名单。按照筹备会确定的原则,他协助周恩来广泛接触各方面人士,深入调查研究,经常为一个代表人选的确定而多方协商、再三斟酌。同时,他向要求参加新政协的党派、团体和个人反复进行说明解释,做了大量协调工作。经过3个多月的酝酿,确定了一份包括党派、地区、军队、团体和特别邀请5个方面23个单位662位代表的名单。这个名单具有广泛的代表性,表明中国共产党领导的多党合作已为各方所接受,体现全国人民在爱国主义基础上的空前大团结,被毛泽东称赞为"一本包罗万象的天书"。周恩来在总结新政协筹备工作时评价说:"维汉同志出力最大。"

统一战线的根本任务,是广泛团结一切可以团结的人,调动一切积极因素,为党的中心工作服务。中华人民共和国成立后,李维汉认真贯彻党中央制定的统一战线方针政策,创造性地开展工作。新中国成立初期,他提出统一战线要为土地改革、镇压反革命、抗美援朝三大运动服务。社会主义改造期间,他创造性地向党中央提出的"经过国家资本主义和平改造资本主义工商业"的建议,成为运用和平赎买政策完成对资本主义工商业进行社会主义改造的创举。社会主义改造完成后,他强调统一战线的主要任务是为社会主义建设服务,及时把统战工作中心转移到教育和学习方面,向中央建议创办社会主义学院、政治学校和工商讲习班,广泛组织各民主党派和民主人士学习关于社会主义的基本理论,大大调动了他们为社会主义建设服务的积极性。

孔子曰："其身正，不令而行；其身不正，虽令而不行。"李维汉模范贯彻执行中国共产党同民主党派长期共存、互相监督的方针，支持和帮助民主党派整顿组织，明确指导思想，协商确立各自分工活动的主要范围和特点，要求共产党员主动团结非共产党人士，让党外人士有职、有权、有责。他倡导的"神仙会"，是正确处理人民内部矛盾，调动民主党派和工商界为社会主义服务积极性和进行自我教育的好方法。1959年底到1960年初，针对反右派斗争扩大化造成的不利影响，他建议中国民主建国会、中华全国工商业联合会的负责人，实行自己提出问题、自己分析问题、自己解决问题的"三自方针"和不打棍子、不戴帽子、不抓辫子"三不主义"的方法，继续进行自我教育，增强了统一战线内部团结，受到周恩来、邓小平等的充分肯定。

李维汉不仅是民族区域自治制度的倡议者和执行者，而且是党的民族工作方面的著名理论家和领导者。李维汉之所以能在统战和民族、宗教工作方面，创造性地提出一系列重要决策，并取得巨大成绩，是因为具有高度的马克思主义理论修养和政治水平，善于思考，勇于探索，敢于创新。

鉴于少数民族地区严重缺乏干部的实际情况，李维汉1950年主持制定《培养少数民族干部试行方案》《筹办中央民族学院试行方案》，大力培养少数民族干部，有力推动民族地区各项事业的发展。藏族是中华民族大家庭中的一个重要成员，西藏是中国不可分割的一部分。1951年，他作为中央人民政府首席全权代表，同西藏地方政府代表进行和平解决西藏问题的谈判。经过大量卓有成效的工作，庄严地签订了《中央人民政府与西藏地方政府关于和平解放西藏办法的协议》，简称《十七条协议》。1952年，他在总结推行民族区域自治经验的基础上，主持制定《中华人民共和国民族区域自治实施纲要》。这是我国第一部关于民族问题的立法。他还撰写了一系列关于我国统战、民族、宗教问题的著作，如20世纪60年代初撰写的《关于民族工作中的几个问题》《中国人民民主统一战线的特点》等文章，科学地阐述我党统一战线和处理我国民族问题、宗教问题等重要政策，在党内外产生巨大影响。

对党、对人民、对革命无限忠诚，任何时候都把党和人民事业放在第一位。1962年和1964年，李维汉两次受到错误批判，十年"文革"被关押8年之久。1978年重新工作后，他感到有做不完的事情，而考虑得最多的问题是怎样为党工作。与邓小平的长谈中，他倾吐自己的心愿：我年岁大了，不能为党为人民做其他的工作，但是我的脑子还好用，还能写东西，我要把经历过的事情写出来，留给后人。

阅读《回忆与研究》，笔者觉得李维汉回忆录具有一个显著特点：坚持实事求是的精神。他不是把自己的活动作为主线来写，而是着重写当时党的集体活动，总结党在工作中的经验教训，并重新认识自己，不隐讳或推卸自己历史上的缺点和错误，字里行间充满批评和自我批评的精神。

延安整风时期，李维汉坚决贯彻党中央关于整风的正确方针，对自己的错误不回避、不掩饰、不诿过，在许多场合直言不讳地讲述自己犯错误的教训和改正错误的努力。党的七大召开前，他致函毛泽东，主动要求不参加中央委员会，表现出一名共产党员的宽广胸怀和磊落气度。

针对我国封建社会历史长、封建主义思想影响深的特点，"文化大革命"结束后，李维汉提出在政治思想领域反对资产阶级思想的同时，要补上反对封建主义思想残余这一课。他指出，"我国经过长期的革命战争,在政治上彻底粉碎了封建统治,在经济上改变了地主所有制,这是伟大的胜利。但是,没有进一步去清算封建主义思想和习惯势力"。他还郑重地向邓小平提出这个建议,后被写入《关于建国以来党的若干历史问题的决议》。

1979年3月16日,李维汉首次提出"统战工作包括党派工作、民族工作、宗教工作都是一门科学,有它的理论,有它的规律",并号召大家认真总结经验,找出统战工作的规律,有所发现,有所创造,有所前进。1983年4月,得知中央统战部要召开新中国成立以来第一次统战理论座谈会后的他,非常高兴,不顾86岁高龄和身体虚弱,仍坚持撰写提纲,并到会作了长达3小时的理论报告——系统地阐明了统一战线是一门科学,科学总结了具有中国特色的统一战线的基本规律。

十、首先是一个革命家

　　"成仿吾是新文化运动的重要代表、著名的教育家、社会科学家,但他首先是一个革命家。"1997 年 8 月 26 日,在中共中央党校纪念成仿吾诞辰 100 周年座谈会上,常务副校长汪家镠如是说。如果这是从"家"的层面来评价,那就"人"的成长规律而言,宋任穷说过:他是由"文化人"成为"革命人"的典型之一。

　　成仿吾究竟是个什么样的人? 作家丁玲未跟他谋面前,产生过一系列"合理想象":

在文学上,他主张浪漫主义,创造社最早就是这样主张的;他是从日本留学回来的,一定很洋气,很潇洒,因为曾见过一些傲气十足的诗人,趾高气扬,高谈阔论;他在国外学军械制造,或许是庄重严肃之人;他在黄埔军官学校担任教官,一定有一种军人气概;他曾经跟鲁迅进行过革命文学队伍内部的文学论争,写过火气很重的文章,是不是有点张飞李逵式气质呢?

成仿吾到底洋气、潇洒、傲气、严肃与否?在陕北初次见面时,丁玲第一个感觉是"我想象的全错了"。他是一个"土里土气、老实巴交的普通人",她十分后悔:"为什么我单单忽略了他是一个经过长征的革命干部、红军战士、一个正派憨厚的共产党员呢?"他是一个尊重别人、热情、虚心、平等待人之人,呈现"霸得蛮"的品质。

北宋文学家司马光有首《西江月》:"宝髻松松挽就,铅华淡淡妆成。青烟翠雾罩轻盈,飞絮游丝无定。相见争如不见,多情何似无情。笙歌散后酒初醒,深院月斜人静。"也许正因如此,互联网上有句流行语:相见不如怀念。显然,这不符合唯物辩证法。说成仿吾是新文化运动的重要代表、著名的教育家、社会科学家,那先得看看他早年的求学和工作经历。

历史上第一个流传下来的伟大湘人——蚩尤,早年欲平定中原,毅然冒险北伐,黄帝用指南车,陷他于迷雾中。蚩尤大败,逃至梅山,作九黎王,繁衍后代,成为湖南土著三苗的祖先。尚武、好斗的蚩尤山人部落呈现血性,近代注入先进思想后,则添加担当、尚德等理性成分。湘中之地的娄底,既承袭博大精深的荆楚文化,又辅以铁血意志的梅山文化和儒家思想浸润的耕读文化,血性与理性流淌。

翻阅《成仿吾传》,1897 年出生的他,12 岁考入设在新化县城的高等小学堂,13岁随兄长留学日本。出于富国强兵的愿望,他学的是兵器工程专业。临近毕业时,国内传来消息:泰东图书局拟聘他为文学主任。1921年回到上海,谁知消息并不真实,他只好回长沙兵工厂工作。

学工科出身的成仿吾,五四运动后却走上一条文艺革新之路。他与郭沫若、郁达夫等在日本和国内从事反帝反封建的革命文化活动,在上海建立著名的革命文学团体——创造社,1920年创作处女作《一个流浪人的新年》,1922年创作小说《深林的月夜》,1923年发表《国学运动之我见》。1926年,他来到当时的革命中心广州,任教于广东大学,兼职黄埔军校兵器处代处长,接触上毛泽东、周恩来等共产党人和鲁迅等革命文化人士。大革命失败后,他经上海,过日本,流亡欧洲,坚持革命,学习马克思列宁主义。1928年,他在巴黎加入中国共产党,主编中共柏林、巴黎支部机关刊物《赤光》。1931年回国后,他参与中国左翼作家联盟活动,11月到达鄂豫皖根据地。

说成仿吾首先是一个革命家,汪家镠交出的第一份答卷是:他总是站在革命斗争的最前列,坚定沉着完成党交给的一切任务。这有必要讲讲成仿吾与中央党校的不解之缘——一生为传播马克思列宁主义尽心竭力,为党的教育事业忠诚奉献,远到1934年担任马克思共产主义学校专职教员,近到1984年去世前担任中共中央党校顾问。

中央党校的前身是马克思共产主义学校,成仿吾1934年来校任教,主讲《共产党宣言》和社会发展史,传达和讲解党的决议和共产国际文件。除了教学,他还组织马克思主义研究会,张闻天、刘少奇等都来讲过专题报告。第五次反"围剿"开始后,中央领导人工作忙、时间少,他成了学校唯一的教员。

在战火中办学,条件异常艰苦。当时学员没有课本,全凭听记和讨论,成仿吾想出一些新方法,如讲解社会发展史,就把有关图书、资料中的插图找出来,绘图并编排,用形象画面说明人类进化过程,并进行展览,以达到教学效果。

1934年10月,中央红军踏上茫茫长征路,成仿吾继续担任政治教员,行军途中抓住有利时机上课。1935年11月,红军到达陕北瓦窑堡不久,中央决定党校恢复办学,正式定名"中共中央党校"。当时中央党校仍只有三个班,成仿吾是教务主任、高级班的班主任和政治常识课教员,另外两个班主任是习仲勋和冯雪峰。1936年初,红军抗日先锋军宣告"为实现抗日,渡河东征",他率学员在水头、双池、川口一带宣传抗日救国,组织群众打土豪。这次为时近4个月的随军东征,大大促进了学员理论学习与社会实践的结合。

1936年6月,中央党校由瓦窑堡迁至保安任家坪村。当时党校办学条件依然十分艰苦,成仿吾对此有过回忆:学员共分七八个班,集中上课比较困难,我们就采取"小先生制",把班主任们集中起来,先给他们讲;他们作详细记录,然后再回去给学员讲。

党校在任家坪村时,原红四方面军的党校合并到中央党校。奉命到甘肃接学员来保安的途中,有的学员病了或走不动,成仿吾就把自己的马给学员骑,与学员们同吃同住。不久,中央党校从保安迁到定边,再到延安,这时党校有了很大的发展。除领导全校的教学工作外,他还讲授马克思列宁主义、历史、地理等课程,甚至为文化基础差的补课,学员深受感动。

再续中央党校缘,时间指针指向1974年7月:成仿吾给毛泽东写信,谈马克思、恩格斯原著的翻译问题,认为诸译本中错误很多,表示自己愿意从事这方面的工作。见信后,毛泽东很快作出指示:调成仿吾来京,在中央党校或社会科学院安排一个位置,配几个助手,让他专门从事马克思主义经典著作的校译工作。

与中央党校注定具有不解之缘,成仿吾同红色教育结下半世情缘。37年后的一天,他来中央党校任顾问,迁到党校院内居住。随后,中央党校抽调王亚文、李逵六、马其静、郑伊倩等,组成成仿吾校译小组,重新校译《共产党宣言》等著作。

1977年,胡耀邦主持中共中央党校工作,成仿吾参加党校的领导工作。校译马克思列宁主义著作,组织学员座谈,到各地调研……从瑞金到延安,再到北京,他长期致力于宣传和捍卫马克思主义,为中央党校的发展倾注大量心血,作出重要贡献,不愧为伟大的"红色教育家"。

提到"红色教育家",笔者想多说几句,近来读到一些关于红色教育家的报刊文章,有的"学术味"实足,却让主人公显得党性不足、革命性不够。这是不合适的,没有党性和革命性,又哪来"红色教育家"和革命教育家?

说起革命教育家,有必要谈谈成仿吾离开中共中央党校后,所走的教育之路。他先后在陕北公学、华北联大、华北大学、人民大学、东北师范大学、山东大学工作,留下许多动人的故事。

"妈妈校长"的称赞,传颂半个世纪。1937年7月,受中央委托,成仿吾创办党的第一所高等学校——陕北公学。1939年,陕北公学与其他几所学校合并成立华北联合大学后,担任校长的他,挺进敌后到晋察冀边区办学,培养出成千上万的干部。他重视人才,请国内知名教授任教,开设为抗战服务的新课,组织学生参加社会实践,增长才干。他爱学生如子弟,和学生一起上早操,一起参加讨论,到了夜晚,总忘不了到学生宿舍去转转看看,嘘寒问暖……学生上课递条子给他说:"你是我们的妈妈。"

陕北公学是中国人民大学的前身,新中国成立后,成仿吾协助吴玉章主持中国人民大学的日常工作。2017年9月,在中国人民大学图书馆大厅,笔者见到汉白玉雕成的成仿吾半身雕像,得知1978年已过杖朝之年的成仿吾,不顾年迈体弱,主持人民大学的复校工作,做到当年复校、当年招生。

东临黄海/南望泰山/这儿是我们学习、劳动的乐园/共产党和人民给了我们一切/教我们发展德智体……

2018年10月,到山东大学威海校区后,笔者方知《山东大学校歌》由成仿吾填词、他的学生郑律成谱曲。

日前,有幸读到《人民日报》2003年刊发的《成仿吾与新译〈共产党宣言〉》,作者写道:一次午饭时,一个目光炯炯、脸面黑瘦、腰板挺直但个子矮小的老者来到食堂,挨着桌子询问伙食怎么样,有什么意见或建议,跟随其后的几位干部忙不停地做笔录。有人小声告诉我,看,那就是我们的校长。高年级同学知道的事情毕竟多一些,不无自豪地说:我们的校长就是当年陕北公学的校长!

学生吃饭之类的小事,用得着校长过问吗?然而,成仿吾不仅问了,而且管了,更是把问题解决了。学生的生活,无非"三点一线":教室—食堂—宿舍。民以食为天,吃饭非小事。

说成仿吾首先是一个革命家,汪家镠交出的第二份答卷为:他还长期致力于马克思主义的宣传工作,先后翻译和校订了《共产党宣言》《哥达纲领批判》等6部经典著作。

博学多才的成仿吾,精通德、英、日、法、俄5种语言,是我国卓有成就的翻译家。在十分困难的条件下,他曾3次将德文版《共产党宣言》译成中文。

1929年,蔡和森从莫斯科给在柏林的成仿吾写信,让他把《共产党宣言》译成中文。译文脱稿后,几番辗转,委托一位将去莫斯科的德国共产党党员带给蔡和森。然而,当这位党员到达莫斯科时,蔡和森已经回国,不久壮烈牺牲。这部珍贵的译稿,也随之杳无音信。

1938年的一个偶然机会,成仿吾和徐冰在延安拾到一本德文版《共产党宣言》。这年8月,译稿作为《马克思恩格斯丛书》第四集交付延安解放社出版发行。大约在1939年的秋季,他在前方看到《共产党宣言》的"延安版",发现有人根据俄文做了大量修改,虽然不满意,但无法补救。

"一花独放不是春,万紫千红春满园。"1974年中央党校成立"成仿吾小组",着手翻译的第一部经典著作就是《共产党宣言》。历时整整两年后的一天,90岁的朱德欣慰地对成仿吾说:"你们重新校译的《共产党宣言》,我昨天一口气看完了,很好懂,主要问题都抓住了。"

唐代李商隐是个多愁善感之人,其诗作中多有"忆"字,如"此情可待成追忆,只是当时已惘然"。受其影响,笔者忆起2011年在空军某部任职,当时特招来一些地方院校大学生,3月不到,有的就走了。"所发必正言,所履必正道,所居必正位,所迎必正人",与其说是成仿吾成为革命家之道,不如说是"霸得蛮"的品质。当年,有的特招大学生不理解军人,弃军营而去,与缺少这种优秀的品质不无关系。莫道草根无英雄,有了理想信仰和优秀品质,正如孟子所言:"人皆可以为尧舜"。

十一、戏剧大师为时代放歌

文如其人,大意是说,一件文艺作品无不是作家、艺术家独特个性的表现。毛泽东十分重视个性,曾将个性区分为两种类型:建设性的个性和破坏性的个性。建设性的个性与党性相一致、相吻合。诚然,由于艺术创作是一种复杂的精神劳动,有时可能会出现艺术家的个性和党性发生矛盾的情况,作家的个性必须以服从党的最高利益为原则。阅读《田汉全集》,勇于并善于为时代放歌的他,坚持个性服从党性,努力做到和谐统一。

浏览田汉生评,眼前呈现一些数字"8":

生于 1898 年的他,1928 年与徐悲鸿、欧阳予倩组建南国艺术学院,成立南国社;1938 年到武汉,在国民政府军事委员会政治部第三厅负责艺术宣传工作;1958 年前后连续出版三幕话剧《名优之死》、六场京剧《西厢记》和十三场话剧《关汉卿》等剧本,以及《月光曲》剧集和《田汉选集》的戏剧集;1982 年,第五届全国人民代表大会第五次全体会议确定他作词的《义勇军进行曲》为中华人民共和国国歌。读懂与这些"8"字相关的事,便会懂得为什么说田汉是中国话剧运动的奠基人、戏曲改革的先行者、中华人民共和国国歌以及许多革命歌曲歌词的作者和诗人。

田汉原名田寿昌,儿时的他,除了爱好学习,还喜欢看戏。那时,只有逢年过节和红白喜事,才请木偶皮影戏或湘剧团来乡下演出。只要有演出,不管有多远,他都要去看,每次回家后就自编自演,初步显露创作灵感和文艺特长。湖南有一句乡下话——鱼大塘小。由于聪明好学,12 岁的时候,他经人介绍考上长沙选升学校。他和玩得好的同学柳之俊、陈剑五、张伯陵,都怀着报效祖国的决心,四人决定从"英雄怀汉"中各取一字,各自改名为柳英、陈雄、张怀、田汉。

14 岁那年,田汉考入长沙第一师范学校,成为徐特立的学生,和毛泽东是同学。当时时局混乱,他参加"学生军",在那里吃饭不要钱,晚上看戏也不要钱。有一次,他看了湘剧《三娘教子》,感触很深,于是挑灯夜战,铺纸写戏,把《三娘教子》改为《新教子》,没想到剧本几天后发表在《长沙日报》上。他 1916 年赴日留学,后加入李大钊等组织的少年中国学会,开始发表诗歌与评论;1921 年与郭沫若等组织"创造社",倡导新文学;1922 年回国后,受聘于上海中华书局编辑所。

20 世纪 20 年代,田汉便是一位热情的浪漫主义诗人和戏剧家。

他和郭沫若、宗白华以《三叶集》为名出版的通信集,以新锐的观点和纵横的才气,为人们所注目。他还同我国一些早期的共产主义者相交往,为张闻天等翻译的爱尔兰作家奥斯卡·王尔德的《狱中记》写过序言,是英国戏剧家威廉·莎士比亚作品的最早翻译者之一。这一时期,他在文学道路上既是一个反帝反封建的爱国主义者,又注重吸收西方的各种文艺思潮。

中国古典戏曲具有悠久的灿烂历史,出现过光照千古的元明戏曲时代,可近代落伍了。20世纪初才开始有话剧,称为"文明戏",曾在辛亥革命前后发挥过一定的积极作用。此后,由于它逐渐脱离时代,脱离人民群众,又趋于衰落。正是在此情形下,富于幻想而勇于创造、一再失败而百折不回的田汉等,重新开拓了我国话剧的新路。

精通日文的田汉,原本每天只需花上三分之一的时间用来翻译,便可以从中华书局获得优厚的稿费,生活得好一些,可他宁愿身上一文不名,和一群青年一起睡地铺,吃大锅饭,把全部时间与精力贡献给进步戏剧运动。他1920年写作《咖啡店之一夜》,1924年创作独幕剧《获虎之夜》,1926年与唐槐秋等创办南国电影剧社,1927年创作话剧《苏州夜话》……以狂飙精神推进新戏剧运动,团结和培养了一批艺术人才。

田汉的早期剧作主要在于宣扬个性,洋溢着强烈的时代气息,富于爱国主义精神和革命情操,反映了人民的愿望和民族的呼声,扩大了话剧在人民群众中的影响。这表现为:一方面,无情地揭露当时社会和传统势力剥夺人的自由与幸福的罪行;另一方面,着力表现人们面对黑暗现实所产生的苦闷、思索和对光明的热烈追寻。应该说,这一主题贯穿他的所有剧作中,以《咖啡店之一夜》《名优之死》为主要代表。《咖啡店之一夜》通过盐商之子李乾卿对纯真爱情的背叛与亵渎,揭示带有浓厚封建主义色彩的资产阶级市侩的丑恶嘴脸;而《名优之死》主要通过刘振声与强大的邪恶势力的斗争,让人感到振奋与鼓舞。

20世纪30年代,田汉已经完全接受马克思列宁主义,个人立场逐渐转向贫苦工农一边。抗日战争爆发后,他响应时代召唤,创作出一批宣传抗日战争的戏剧,鼓舞人们奔赴前线为国家和民族流血斗争。曹禺曾动情地说:田汉的一生,就是一部中国话剧发展史。他对中国话剧的主要贡献表现在:第一,他是中国话剧运动的卓越组织者和领导者;第二,他在中国话剧历史上,是一位具有开拓性的剧作家和中国话剧诗化现实主义艺术传统的缔造者。

态度决定思想,思想决定行为。也许有人会问,田汉的态度何以发生如此快、如此大的变化? 答案就在于,他1930年3月参加中国左翼作家联盟成立大会,被选为七人执行委员会成员之一;4月发表《我们的自己批判》,否定自己之前“造梦”的电影观,转而面向民族解放战争和国内的阶级矛盾。在创作主题上,他加入为人民群众和青年知识分子指明正确奋斗方向的内容,如《梅雨》等作品,主要描写工人的生活与斗争,描绘他们苦难的生活,借此歌颂和赞扬其反抗压迫剥削的精神。即便许多年后,他坚持深入新老艺人中间访问,去工厂、农村、学校体察民情,为祖国和民族的前途写戏,为英勇将士冒着炮火冲锋前进礼赞,为战斗的生活、壮丽的人生、美好的明天抒怀。

在这里,我们有必要了解左翼文化运动的内涵和意义。1930年3月2日,经中国共产党的建议和筹划,由党内外作家组成的中国左翼作家联盟,简称左联,在上海正式成立;10月,各左翼文化团体又共同组成中国左翼文化总同盟,简称文总。这支左翼文化新军,积极从事马克思主义宣传和革命文艺创作等活动,先后创办《萌芽月刊》

《拓荒者》《文化月报》《北斗》《文学》等几十种刊物,创作和发表了大量为群众所欢迎的作品。

> 起来! 不愿做奴隶的人们! 把我们的血肉,筑成我们新的长城! 中华民族到了最危险的时候,每个人被迫着发出最后的吼声。起来! 起来! 起来! ……

田汉作词、聂耳作曲的《义勇军进行曲》,不仅呐喊出了中华民族的满腔愤怒,而且是左翼文化运动的一个缩影和生动事例。

两位相差 14 岁的"忘年交",为何能实现"强强联合"?九一八事变爆发后,33 岁的田汉和 19 岁的聂耳,在明月歌剧社相识,共同的音乐追求,让两人一见如故。1932 年田汉加入中国共产党,1933 年由田汉介绍,聂耳入党。1934 年,田汉接手创作《风云儿女》,并在剧本原稿的最后一页写下《义勇军进行曲》的初版歌词。但歌词写完后不久,他被国民党当局逮捕入狱,去监狱里探监的同志,辗转带出田汉写在香烟盒包装纸背面的歌词,这就是《义勇军进行曲》的原始手稿。

当时,聂耳正准备去日本避难,得知电影《风云儿女》有首主题歌要写,便主动要求为歌谱曲。1935 年 5 月 24 日,电影《风云儿女》上映,主题歌《义勇军进行曲》迅速传遍大江南北。令人遗憾的是,那一天田汉还在狱中,聂耳远赴重洋,两位创作者均未能听到这第一声"呐喊"。

随着《风云儿女》影片公映,无数进步青年高唱着《义勇军进行曲》投笔从戎,奔赴抗日前线。《义勇军进行曲》成为爱国主义的象征和民族精神的体现,不仅是中国军民的抗战歌曲之一,而且被当作民族之魂来高唱。在第一次全国政治协商会议上,它被定为中华人民共和国代国歌,继续沿用原词原曲,一字未易。时至今日,作为国歌的《义勇军进行曲》,依然激励着一代代人投入国家建设与民族复兴之中。

中国戏曲历史长,剧种多,剧目多,在亿万人民群众中有着重要影响。可五四运动后,不仅一些资产阶级代表人物蔑视诋毁戏曲,即便革命的、进步的文化人也不同程度地轻视戏曲。作为中国戏曲改革先行者的田汉,却看到中国戏曲艺术的丰富的宝藏,看到它同广大人民群众的密切联系,认为进步的、革命的戏剧,决不应该丢弃戏曲,而应当团结戏曲工作者,共同努力。七七事变后,他奔赴抗日前线,直接感受到中国军队抗战的英雄气概和气壮山河的民族精神,创作出五幕话剧《卢沟桥》,并举行劳军演出。这年11月上海沦陷后,他回到长沙,并到武汉等地,从事戏剧界抗日统一战线工作,创作和改编不少戏曲剧本,积极进行戏曲内容和形式的革新,为旧戏注入新的血液。

20世纪40年代,田汉到重庆与欧阳予倩创办《戏剧春秋》,后到桂林领导组建新中国剧社,京剧、湘剧和民间抗日演出团体。这一时期,他承受着沉重的工作负担和生活上的困苦。1943年9月25日,桂林《大公报》对其一家的生活情景有过这样的记述:

> 说来真有点黯然,田汉的笔尖挑不起一家人口的生活负担,近来连谈天的豪兴也失掉了。一家人吃饭,一点辣子,一碗酸汤……就是这样,他还要帮助那些生活有困难的剧团。有时竟无米下锅,家里人问他怎么办,他总是泰然地回答慢慢来。因此,"慢慢来"在当时戏剧界传为热词。

　　戏曲改革可谓意识形态领域的巨大变革,亟须清理历史留下的浩如烟海的戏曲遗产,使之适应新时代人民的需要,成为社会主义先进文化的重要内容。周恩来说过:"田汉同志在社会上是三教九流、五湖四海,无不交往。他关心老艺人,善于团结老艺人,使他们接近党,为党工作,这是他的一个长处。"新中国成立之初,党和国家非常重视并致力于戏曲改革事业,成立由田汉主持的专门机构,进行了大量的工作。

　　戏曲改革既包括文学语言的改革,又包括舞台艺术和戏曲音乐的改革。20世纪50、60年代,田汉坚决贯彻"百花齐放,推陈出新"的方针,团结广大戏曲工作者,做了许多有益的工作。在繁忙的社会活动和行政工作之余,他还创造性地改编了《白蛇传》《谢瑶环》《西厢记》等优秀作品。不仅注重人物形象的塑造,而且唱词优美;既增强了戏曲剧本的文学性,又提高了戏曲艺术的地位。

　　"不大地方可家可国可天下,寻常人物能文能武能鬼神。"1956年回到阔别已久的家乡,田汉特意来到李公庙,看看自己儿时念过的这副对联,既了却心中的一缕乡愁,也呈现爱国主义的革命激情、追求自由光明的坚定意志、顽强不屈的斗争精神,赤诚、坦荡、热烈、豪爽、浪漫的诗人气质,体现"霸得蛮"的品质。

十二、犟脾气造就大将军

　　大将军和犟脾气，都是毛泽东对彭德怀的评价。到底是犟脾气造就大将军，还是大将军生来就有犟脾气？曾有人在互联网上晒出最有代表性的 10 位湖南人：伟人毛泽东，智人魏源，圣人曾国藩，能人左宗棠，猛人谭嗣同，奇人黄兴，军人蔡锷，完人刘少奇，直人彭德怀，好人雷锋。阅读《彭德怀自述》，笔者觉得答案清晰可见：性格直爽的犟脾气造就公正刚直的大将军。

　　"山高路远坑深，大军纵横驰奔。谁敢横刀立马？唯我彭大将军！"1935 年 10 月 20

日凌晨,时任红军陕甘支队司令员的彭德怀与毛泽东正商议行动计划时,突然得报,宁夏军阀马鸿宾部和东北军白凤翔部3个骑兵团进犯,形势危急。21日,彭德怀指挥对敌猛烈袭击,一举击溃敌军三个团,这就是著名的吴起镇战役。这既是中央红军二万五千里长征中粉碎敌人围追堵截的最后一战,也是在陕北立足的奠基之战。毛泽东得悉胜利消息,十分高兴,便吟成这首六言诗电复彭德怀,并风趣地说:步兵追骑兵,作战史上创造了个奇迹!

综观历史,无论是汉代封狼居胥的霍去病,还是唐代诗人李贺"男儿何不带吴钩,收取关山五十州。请君暂上凌烟阁,若个书生万户侯"中的凌烟阁二十四功臣,凡是横刀立马的大将军,对自己被树碑歌颂,大多习以为常。彭德怀却不然,1962年在《彭德怀自述》中写道:在红军到达陕北吴起镇时,击败追敌骑兵后,承毛泽东同志给以夸奖:"山高路险沟深,骑兵任你纵横,谁敢横枪勒马?唯我彭大将军!"我把最后一句改为"唯我英勇红军",将原诗退还毛主席了。

1947年8月1日,晋冀鲁豫军区政治部主办的《战友报》第三版以"毛主席的诗"为题,首次刊登此诗。细心的读者可能已经发现,毛泽东赞彭德怀的这首六言诗怎么会有两个版本,总共24字为何竟有9字不同?1981年,《彭德怀自述》编辑组在"出版说明"中说:由于《彭德怀自述》中大部分章节是彭德怀同志在被"审查"期间写的,手头没有可供参考的资料,有的叙述与史实有出入,已加脚注说明,个别事件情节,有待进一步研究。笔者细查《彭德怀自述》的注释,关于"两个版本"并无说明。1986年,人民文学出版社出版的《毛泽东诗词选》收录了《六言诗·给彭德怀同志》:山高路远坑深,大军纵横驰奔。谁敢横刀立马?唯我彭大将军!

"昨天下午接到你的信,也高兴得睡不着,你这个人有个犟脾气，几年也不写信，要写就写八万字”，这出自《彭德怀自述》附录二“毛主席与彭德怀同志的谈话(摘录)”。文中所说的“昨天”，是指1965年9月22日。

犟脾气多指固执，一意孤行。毛泽东嘴里的犟脾气，应是湖南人那种常有的“霸得蛮”——强硬不屈。笔者理解为敢于和勇于追求真理，因为正是在这次谈话中，毛泽东说：也许真理在你那边。联想起《彭德怀元帅》等影视作品，敢于并善于打大仗、硬仗、恶仗、难仗的彭德怀，总是双眉紧锁、噘着张嘴，一副“宁为玉碎，不为瓦全”的倔强样子，让大将军不言自威、霸气十足。

记得小时候在湖南乡下，看到一些脾气倔强固执的孩子，常被大人骂成臭脾气，说什么小时候不改，将来定会吃大亏。事实果真如此吗？那犟脾气从何而来，能否改之？读《彭德怀自述》，看《彭德怀全传》，犟脾气因贫困所逼、生活所迫，是对时势的反抗，对真理的追求。

乌石峰高，湘江水长。彭德怀原名彭得华，生于1898年，因父病母死，8岁开始肩负家庭生活的重担，上山打过柴，下水捉过鱼，给富农家放过牛，到煤矿挖过煤。1913年，乌石大旱，田土无收，穷人无米为炊，他因带头闹粜、团防局抓捕，连夜逃至位于洞庭湖南滨西林围当堤工。既当炊事员，又挑土垒堤，辛辛苦苦做了两年半工，仅得三担半米的工资。他不胜感叹：所谓洞庭湖区是湖南米仓，就是这些堤工的血汗和骨肉累积起来的。心中充满对豪富者的仇恨和对贫苦大众的同情，令他的性格越来越倔强。

1922年，彭得华报考湖南陆军讲武堂，改名为德怀。好友郭得云问“德怀”是何意？他解释道：怀是想念贫苦人民，德是为贫苦人奋斗，为国家富强而奋斗！当看到一批从保定军官学校来的年轻军官,初来时满腔热血,伴随自身地位和薪金的提高,却追求升官发财和贪图安逸享乐后,彭德怀十分鄙视,坚决不与他们为伍,结交了黄公略等20多个真正具有爱国热忱的士兵,秘密组织"救贫会",相约以救国救民为宗旨,不做坏事,不贪污腐化(包括不刮地皮,不讨小老婆),不扰民。

1926年攻打武昌,彭德怀结识共产党员段德昌,向他讲述了自己的经历和救国救民的愿望。针对彭德怀向往的"耕者有其田",段德昌说:一个真正的革命者,也不应当停留在耕者有其田,而应当变生产资料私有制为公有制,由按劳分配发展为按需分配的共产主义制。1928年4月,彭德怀加入中国共产党,7月领导平江起义参加红军,后任红五军军长。1930年6月任红军第三军团总指挥,8月红三军团与红一军团会合,组成红军第一方面军。在中央苏区五次反"围剿"斗争中,在二万五千里长征中,在红军长征到达陕北后的作战中,他不仅打了许多硬仗、恶仗和胜仗,而且在重大的原则问题上无私无畏,旗帜鲜明,犟脾气一上来,十头壮牛拉不动。张爱萍曾回忆:"长征到达阿西、巴西,张国焘搞突然袭击,妄图武装挟制毛泽东及党中央南下。一天夜间,彭总突然来到我们团宿营地,对我们传达了这一情况,要我们团立即在巴西河岸上布防,掩护中央机关北上。他亲自率领一个团护卫中央机关秘密撤走。"1998年,杨尚昆在《追念彭大将军》一文中写道:"在黑水芦花,他(张国焘)第一次见到彭德怀时就极力挑拨彭、毛之间的关系,说,'从江西出发以来,你的队伍打得很苦,损失很重。我给你三个师,听你指挥'。彭德怀同志立刻驳斥了张国焘的这些胡言乱语。当天晚上,他把上述情况告诉我时,还余怒未消地说:'张国焘这个东西,把我彭德怀看成什么人了?把我当军阀。我要当军阀,就不当红军了。真是岂有此理'。"

被誉为一代战神的彭德怀,可以说是革命战争的化身,他的经历是中国共产党领导的人民革命战争的缩影。在抗日战争、解放战争时期,乃至抗美援朝战争,他都慷慨赴命,指挥军队英勇奋战,为党和人民立下赫赫战功。抗美援朝战争结束后,彭德怀硬气地说:"西方侵略者几百年来只要在东方一个海岸上架起几尊大炮就可以霸占一个国家的时代,已经一去不复返了。"抗美援朝的胜利,迫使敌方联军总司令克拉克和他的僚属说:"美国上将在一个没有打胜的停战书上签字,这在美国历史上是第一次。"

在中华人民共和国的十大元帅中,彭德怀是最不苟言笑的一位,从他那棱角分明的脸上,总能让人感到一种不怒自威的力量,人们常用严厉、严格、严肃"三严"来形容他。然而,真实的彭德怀属于典型的暖水瓶性格,外表看似冰冷,内心却炽热暖人,他爱战友、爱士兵、爱孩子、爱人民,他的爱是一种朴实、炽烈、厚重、深沉的大爱。

1949年10月1日,当毛泽东向全世界庄严宣告,中华人民共和国中央人民政府今天成立了时,在万众瞩目金碧辉煌的天安门城楼上,为何找不到彭德怀的身影?

此刻,彭德怀正率领几十万官兵浩浩荡荡向新疆挺进。新疆和平解放后,彭德怀来到迪化(乌鲁木齐)市,激动的人群敲锣打鼓、载歌载舞,他走着走着,忽然眉毛拧了起来,一个箭步冲过去,挡住几个抬着画像游行的人,并指着画像说:"这个人模样太难看,你们就不要举着他过街了!"抬画像的人一怔,还没等他们反应过来,彭德怀竟伸手一把扯掉了画框上的画像。抬画像的人气愤至极,一把揪住他,大声叫道:"你知道我们抬的是谁吗?这是第一野战军司令员、常胜将军彭德怀!"

时下,有的党员干部植了一棵树、捡了一个烟头,都会在媒体上大书特书,有点"不占头条不罢休"的味道。论作为,恐怕超过彭德怀的并不多,但为何"排场"这么大? 是不是政绩观出了问题? 是不是党性不强所致? 很是值得反思与深思,有则改之,无则加勉。

1958年,彭德怀到河北、甘肃、青海、陕西等十多个省份检查工作,对各地宣扬的亩产稻谷几万斤、红薯几十万斤的"高产典型"十分怀疑,就回到自己的家乡看个究竟。一个晚上,在老家召开的座谈会上,他见社员说话吞吞吐吐,干部报的产量差别很大,感觉大家没有反映实情,便在会后来到田边,打着手电蹲下数禾蔸。他对同去的干部说:"你们看,禾蔸这么小,禾苗香棍子粗一根,会有几千斤一亩吗? 我们那时在家作田,一亩扮(湖南方言将收割称为'扮禾')上500斤就算好禾咧!"干部们这才承认,亩产数字是喊出来的,都怕说少了被扣上右倾保守的帽子。彭德怀叹了口气说:"说大话、讲假话,把共产党实事求是的传统作风丢光了!"美国记者埃德加·斯诺在《西行漫记》中写道:"我必须承认彭德怀给我的印象很深。他谈话举止里有一种开门见山、直截了当、不拐弯抹角的作风,很使我喜欢,这是中国人中不可多得的品质。"

"我这个人,拿共产党员十条标准来衡量,还很不够。但有一条我是做到了,就是敢讲真话,实事求是。"1959年庐山会议上,彭德怀遭到错误批判,闲居于北京西郊吴家花园住地。明知历史不能假设,但有人仍在假设:彭大将军懂点"中庸之术"该有多好?! 非常时期,做事与说话,必须多思多想、多听多看、谨言慎行,当当老好人、置原则于脑后,做做和事佬、搅拌一下稀泥,岂不是没有如果只有结果,也不至于落个像湖南乡下老人所说的"犟脾气,小时候不改,长大后吃亏"的后果。

其实,在假设历史的同时,更要比较历史,在说到"中庸之术"的时候,更要想起"忠恕之道"。面对一位尽心为人、推己及人的大将军,应当更多想到他的刚正不阿、横刀立马,悟到他对"霸得蛮"的另一番诠释:树起一种"硬汉"的标准。当然,"硬汉"只是他的外在形象,"硬汉"的背后则是一个真正的共产党人,一个完全抛弃了个人私利彻底地为人民服务的共产党人,一个为党和人民的事业无私无畏奋斗的共产党人。

读懂"犟脾气造就大将军"还应看到,彭德怀是一个有天赋的军人,在旧军队凭他的条件,获得高官厚禄是毫无疑问的。而他之所以选择革命,是因为看到那个旧的社会制度已经让人民活不下去。在发动平江起义前,他的部队要么为虎作伥去镇压贫苦农民,要么革命。彭德怀选择革命道路的过程,生动地回答了那个时代中国共产党为什么要领导人民革命的问题。他不但选择了革命的道路,而且百折不回,虽九死其犹未悔,只因为彭德怀懂得革命的崇高价值,懂得为劳苦大众奋斗的伟大意义,愿意为之拼搏、为之献身。

十三、融革命与学术于一炉

学史明理,学史增信,学史崇德,学史力行。阅读《吕振羽史论选集》,弥漫着"学史论战"的味道。为挽救中华民族,为开拓中国马克思主义新史学,吕振羽戎马倥偬、转战疆场,荷笔学林、耕耘不辍,融革命与学术于一炉。

漫漫求学之路。吕振羽生于 1900 年,1915 年进新式学堂武东中学读预科,1916 年入武冈县立中学,因敬仰谭嗣同等志士,立志以救国为己任。五四运动爆发,他集合 3000 多人举行游行示威,发传单,贴标语,呼口号,查抄日货。1920年中学毕业后,他产生实业救国思想,认为工业发达、国家富强,列强就不敢欺辱。1922年考入湖南省公立工业专门学校电机系,他联络本校家在武冈县东部四区的同学,想在东四区建立一个没有统治者、没有剥削、人人劳动、人人饱暖的"极乐园",进而改造武冈县、湖南省、中国和世界。1923年除夕,得知遭团防局逮捕的消息,他连夜逃回长沙,无政府主义的泡影宣告破灭。

天无绝人之路。在参加学生运动中,吕振羽结识省学联领导人夏明翰,听从他的建议,去湖南大学听李达讲授的"新社会学",并与李达结下师生缘。他1926年投笔从戎参加北伐军,1927年东渡日本入明治大学。1928年3月,因经济困难回国的吕振羽,6月出版《中国外交问题》一书,直言南京政府修约运动是"换汤不换药",实际上是承认列强在中国的权益。7月到北平任《村治月刊》编辑后,他阅读《共产党宣言》等书籍,把马克思主义与三民主义、空想社会主义理论进行比较,开始倾向马克思主义。

走上光明之路。1930年1月,吕振羽与中共党员郑侃等创办《新东方》月刊,10月成立东方问题研究会。他撰写的《中国国民经济的三条路线》等论文,力求运用马克思列宁主义去研究帝国主义、资本主义,指出"中国资本主义前途无望",社会主义是必经阶段。九一八事变后,他积极宣传抗日救国,撰写的《中日问题批判》,揭示了日本侵略者的帝国主义本质,抨击了国民党政府的妥协政策;出版的《最近之世界资本主义经济》,论述了资本主义危机的根源和"资本主义之灭亡的必然性",介绍了苏联的社会主义制度。

首创殷商奴隶说和西周封建说,吕振羽在社会史论战中登台亮相,形成历史研究的独特风格。在中国古代社会史分期问题上,他认为殷商是奴隶制,西周到春秋是早期封建制,即领主封建制,战国以后是后期封建制,即王权专制下的地主阶级剥削制度。这一论点的提出,实则事出有因。1933年春,经李达引荐,受中国大学之聘的吕振羽,讲授中国经济史、农业经济、计划经济和社会科学概论。而在这一时期,国民党御用学者陶希圣到北京大学讲授中国思想史和哲学史,并出版四卷本的《中国政治思想史》,兜售反动的哲学思想。针对此情况,与李达商量后,吕振羽开设中国哲学史课程,也取名"中国政治思想史",与陶希圣展开针锋相对的斗争。他系统运用唯物史观,讲授中国社会发展史和哲学史,给学生们很大影响,有的走上革命道路,人们称之为"红色教授"。

早在1932年3月,吕振羽在《丰台旬刊》上发表的《中国革命问题研究》,就认为中国农村仍然是封建经济占优势地位,但已经开始资本主义化,中国的民族资本受宗主国的支配。1933年前后,他开始比较明确地使用"半殖民地半封建社会"的概念。之后,中国社会性质的论争发展到社会史的论战,主要是关于亚细亚生产方式、中国历史上有无奴隶制社会、秦汉后中国社会性质等问题,其实质是马克思主义关于社会发展史的理论是否适用于中国的问题。陶希圣等歪曲中国社会性质,以反对马克思主义和中国共产党领导的民主革命。对此,吕振羽先后写成《中国社会史纲》的第一分册——《史前期中国社会研究》和第二分册——《殷周时代的中国社会》,分别于1934年和1935年出版,认为原始社会经历母系时代和"男系"(父系)时代,殷商时期进入奴隶制社会,西周开始进入封建社会,并提出中国封建社会末期已出现"资本主义因素",其中对中国原始社会的系统研究具有开辟性质,西周封建说为中国史学界首次提出并论述。

"万物昭苏天地曙,要凭湖南一声雷。"当年日军进攻长沙,蒋介石认为长沙无险可守,乃四战之地,命令守军撤退。但时任守军偏不信邪,硬要打一打,1939 年至 1944 年,长沙成为抗日战争的主战场之一,中日双方以长沙为中心进行四次极为激烈的战役,史称长沙会战。在第三次会战中,长沙军民击毙日寇 5 万余人,成为太平洋战争爆发后同盟国军队的首次胜利记录。英国《泰晤士报》曾评论:同盟军唯一决定性之胜利,系华军之长沙大捷。

观看电视连续剧《长沙会战》,热血沸腾过后,留给笔者的是冷静思索:走出书斋,创办素有"南方抗大"之称的塘田战时讲习学院,既是吕振羽革命生涯的光辉一笔,也为长沙会战载入中华民族史册埋下"伏笔"。从建议、筹办到开学,千头万绪、困难重重,吕振羽事必躬亲、席不暇暖,何来这般大的感召"魔力"?

马克思有句名言:哲学家们只是用不同的方式解释世界,而问题在于改变世界。1937 年,吕振羽发现湖南抗日救亡宣传活动虽声势浩大,但中国共产党的全面抗战主张,并未得到很好的宣传和贯彻。于是,他向中共湖南省工委和徐特立建议,由我们党办一所像延安"抗大"一样的学校,以培养抗战干部。徐特立和省工委非常赞成,并及时向毛泽东和张闻天汇报。不久,便得到党中央同意的回复。

延安"抗大"就是中国人民抗日军政大学,1936 年 6 月 1 日"中国人民抗日红军大学"在瓦窑堡成立,1937 年 1 月迁至延安,并正式更名为"中国人民抗日军政大学"。为使塘田战时讲习学院顺利办起来,吕振羽建议聘请国民党湖南省参议会议长赵恒惕出任董事长,并请时任国民党湖南省政府主席张治中担任名誉董事,以使学院合法化。1938 年 9 月,到校学员 120 余人,有共产党员,也有国民党员,还有印刷工人、小学教师等,以青年学生居多。这所学院大力宣传共产党的全面抗战路线,遭到消极抗日、积极反共的国民党顽固派的敌视。1939 年 4 月,国民党军分三路包围该学院,并贴出布告:如有抗拒事情,准予格杀勿论。

塘田战时讲习学院虽然只存在 8 个月,但为党培养出一批抗日和地方工作骨干,壮大了革命队伍,播下了革命火种,推动了全省抗日救亡运动,在湖南省抗战史上写下了光辉的一页。更难能可贵的是,这是中国共产党在国统区创办的唯一抗战军政大学。

始终关注各种思想理论问题,捕捉那些带有倾向性的错误理论进行研究和揭批,是吕振羽开拓中国马克思主义新史学的一个鲜明特点。1939 年,在周恩来安排下,吕振羽到中共南方局担任写作和联络工作。当时,重庆理论战线的斗争十分激烈,周恩来对他说:"调你来重庆就是参加战斗。"

那个时期的思想舆论战,主要是揭批日本学者的法西斯史学理论。日本帝国主义侵华前后,史学家秋泽修二出版《东方哲学史》和《中国社会构成》两本书籍,大张旗鼓地为侵华张目。秋泽修二的主要观点是:中国社会具有"亚细亚的停滞性",而这种停滞性,中国自身无法克服,只有外国入侵,尤其是日本侵华才"给予中国社会之特有的停滞性以最后克服"。

为深入揭批和有效反击这种侵略学说,吕振羽出版《关于中国社会史诸问题》一书后,又陆续刊发《中国社会史上的奴隶制度问题》《"亚细亚生产新方式"和所谓中国社会的停滞性问题》《创造民族新文化与文化遗产的继承问题》等文章,对"亚细亚生产方式"、中国的奴隶社会问题、封建社会长期性原因、文化思想上继承与创新等问题进行论述,明确指出鸦片战争前中国已经出现资本主义萌芽,"若不是为清朝统治者及欧美资本帝国主义的侵入所绞杀,中国社会已经开始准备了转入资本主义的条件"。他还完成《简明中国通史》的上半部,对青年进行正确的历史知识和爱国主义教育。1948

年9月大连光华书局出版的《简明中国通史》下册,全面地集中论述了明朝中叶后中国资本主义萌芽的状况。

历史研究与中国革命重大理论问题的探讨紧密结合,坚持研究历史为现实服务。1943年3月,国民党掀起反共逆流,先是出版《中国之命运》,宣扬封建法西斯主义,歪曲中国历史,声称"没有中国国民党,那就是没有了中国",诬蔑中国共产党是"新式军阀",搞"割据",要在两年内消灭之;继而掀起马克思列宁主义不适合中国,取消中国共产党,取消边区的舆论浪潮。针对此舆情,这年8月,吕振羽撰写的《国共两党和中国之命运——驳蒋著〈中国之命运〉》一文,经集体讨论修改后,发表于《解放日报》。这篇文章论述了国共两党的历史,尤其是国共第一次合作和抗日民族统一战线形成和抗日以来的历史;并指出中国之命运的光明面是寄托在共产党身上的,凡与之合作的人,就与它共同负起了争取中国光明前途的任务。

重视民族关系史的研究,是吕振羽开拓中国马克思主义新史学又一鲜明特点。在民族关系处理上,他非常注意避免封建正统观念和大汉族主义思想的影响,比较客观地描绘各民族间的相互关系,以及各民族人民在中国历史上所作出的贡献,揭示了民族融合、民族团结的历史主题。除了《简明中国通史》贯彻这一精神以外,他1947年出版的20多万字的《中国民族简史》,对汉族、满族、蒙古族、回族、藏族、维吾尔族、苗族等民族的历史和现状,作出了梗概性的叙述。1958年至1962年,他连续发表了《论我国历史上民族关系的基本特点》《关于我国历史上的民族融合问题》《从远古文化遗存看我国各民族的历史关系》等重要论文。

中华人民共和国成立后,吕振羽相继担任大连大学、东北人民大学(吉林大学前身)领导工作,强调"理论与实际一致"是"教育的基本方针",人才培养必须适应大规模开展的国家经济建设需要,为新中国教育事业作出重要贡献。他带领全校师生员工坚持正确的教育方针和办学思想,主持制定《东北人民大学校章》,对学校的性质、任务、培养目标、机构设置、职责分工等作出明确规定。正是在他的正确领导下,吉林大学成为东北地区最有影响的文理学科兼备的新型综合大学。

集革命家和学者于一身的吕振羽,之所以能成为中国马克思主义新史学的早期拓荒者,笔者觉得关键在于具有科学的历史观及其方法论。他将强烈的现实的历史使命感和尊重历史的科学态度相结合,对中国古代和近代历史遗产始终采取科学的态度。这是"霸得蛮"品质的体现,正如史学家侯外庐所说:振羽同志卓具史识,深知史德,刚直不阿,秉公持正,从不会拿原则做交易,更不把历史当商品。

十四、革命理想高于天

回雁峰居八百里衡山七十二峰之首,故称南岳第一峰。"阵断衡阳暂此回,沙明水碧岸莓苔,相呼正喜无缯缴,又被孤城画角催",笔者2018年经广州来衡阳,站在潇湘古八景之一的回雁峰下,念着北宋米芾的诗作,想到理学家周敦颐从小在衡州成长,思想家王夫之生于回雁峰下,忆起2012年初次到衡阳爬祝融峰累得气喘吁吁的情形,不禁自问:为什么说回雁峰高于祝融峰?

日前,阅读夏明翰在狱中写下的三封诀别信,倏忽有所悟:革命理想高于天。具有崇高的革命理想，就没有比脚更长的路、比人更高的山，体现"霸得蛮"的品质。之所以说回雁峰高于祝融峰，或许更多的是一种信仰信念和思想境界。

为真理，为信仰，夏明翰无惧屠刀，在给母亲的信中写道："亲爱的妈妈，别难过，别呜咽，别让子规啼血蒙了眼，别用泪水送儿别人间。儿女不见妈妈两鬓白，但相信你会看到我们举过的红旗飘扬在祖国的蓝天！"

"同志们曾说世上惟有家钧好，今日里才觉你是巾帼贤。我一生无愁无泪无私念，你切莫悲悲凄凄泪涟涟。张眼望，这人世，几家夫妻偕老有百年。"在给妻子的信中，夏明翰表现出坚定的革命意志和视死如归的精神境界。信写完后，他抑制不住对妻子、对女儿的强烈爱恋和思念，用嘴唇和着鲜血，在信纸上留下一个深深的吻印。

青春换得山河壮，碧血染将天地红。在给姐姐的信中，夏明翰说道："大姐为我坐监牢，外甥为我受株连，我们没有罪，我们要斗争，人该怎么做，路该怎么走，要有正确的答案。我一生无遗憾，认定了共产主义这个为人类翻身解放造幸福的真理，就刀山敢上，火海敢闯，甘愿抛头颅、洒热血。"

信仰是对于世界和人生的总看法总方针，称为主义；信念是有关社会和人生的基本信条和奋斗目标，称为理想。革命理想是共产主义远大理想和中国特色社会主义共同理想相统一，高于天就是高于个人、团体、物质和利益等一切的目标和追求，无与伦比、不可替代，需要几代人十几代人甚至几十代人的接续奋斗。夏明翰的革命理想从何而来，为何能高于天，用什么标准来衡量？

2021年，笔者写过一篇《红旗飘扬在祖国蓝天》的"千字文"，讲述一个故事：一天晚上，夏明翰打破窗子，跳了出来。临走时，他还砍倒一棵被祖父看作官运亨通、家庭兴旺象征的桂树。为此,何叔衡写诗相赠:"神州遍地起风雷,投身革命有作为。家法纵严难锁志,天高海阔任鸟飞。"

对于从封建迷信中寻找精神寄托、不信马列信鬼神之人来说,这简直是"大逆不道"。事实却是为何?用现代网络流行语来回答:夏明翰是个"官三代"。1900 年,夏明翰出生于父亲夏绍范的任职地——湖北秭归县。夏绍范 1902 年加封三品衔,进封资政大夫,代理秭归知州。

夏明翰 3 岁时,夏绍范以正品资政大夫的身份,被清政府派往日本考察。回国后,他写下《日本官职志》《东游笔记》,由妻子陈云凤帮助整理出版。辛亥革命后,他主动归附革命,热心为新政服务,并希望子女们学习先进科学技术,以振兴中华和强国富民。

毛泽东曾高度赞扬,"夏明翰有一个好母亲"。夏明翰的母亲陈云凤,是清翰林院编修、民国第二届国会参议院议员陈嘉言的女儿。这是一位传奇而伟大的女性,博学多才,思想开明,1922 年任衡阳县议员,生有四男四女,夏明翰排行第三。母亲的一言一语、一举一动,对夏明翰幼小的心灵起着潜移默化的作用。有一次,他随母亲途经汉口,见滔滔长江上悬挂外国国旗的船舰横冲直撞,心中无比愤慨,当即写下"国耻恨难消"的诗句。

12 岁那年,夏明翰随父母回到祖籍湖南衡阳县。父亲不幸于1914 年猝然病逝,家中大局由祖父夏时济主持。夏时济在清朝做过户部主事,当过江西、江苏督销局和两江营务处总办。辛亥革命后,他拒不留任,思想顽固,带着全家回祖籍地。

不以"夏府少爷"自居,经常做些本人认为该做的事情,还尽自己的能力接济穷苦人。1917 年春,夏明翰违背祖父心愿,进入省立第三甲种工业学校机械科读书。五四运动波及湖南,夏明翰、蒋先云等响应省学联的号召,开展声势浩大的爱国宣传活动。他不仅带头宣传、抵制日货,还将家中藏的所有日货统统拿出来烧毁,以实际行动在自己的封建家庭中来了一次"革命"。祖父骂他是个"败家子",夏明翰却斩钉截铁地说:这样的家不败,这样的东西不烧,我们的国就不能保,更不能兴!

不坚定的理想不是理想,不执着的信念难言信念。夏明翰坚定而执着的理想信仰,源于一次次的斗争与实践。驱张运动颇具代表性,他曾写下诗作:"张督心藏刀,治湘一团糟。杀人又放火,民众怨声高。吾辈齐奋起,驱张胆气豪。张毒如老鼠,夹起尾巴逃。"

1919年秋至1920年夏,湖南民众在毛泽东等领导下,开展声势浩大的驱张运动,夏明翰积极投身这场轰轰烈烈的斗争。通过湘南学生联合会,组织爱国学生把军阀张敬尧祸湘的罪恶事实和各地驱张运动的消息进行广泛宣传。在民众的愤怒声讨和各方合力驱逐下,张敬尧不得不仓皇逃出湖南。

1920年秋,在何叔衡引见下,夏明翰第一次见到毛泽东。此后,他经常去毛泽东处,虚心请教,聆听教导,从而对革命有了新的思考、新的追求。在毛泽东、何叔衡的培养和介绍下,他1921年冬加入中国共产党,从一个充满爱国热情的学生,成长为一名先锋战士,走上了马克思主义革命道路。1922年,湖南劳工会领导人黄爱与庞人铨惨遭杀害,夏明翰等率领群众游行示威请愿,声讨赵恒惕政府的罪行。

"世间惟有家钧好,天下谁比明翰强。"夏明翰、郑家钧结婚时,好友们送上这副对联。在掩护夏明翰领导罢工斗争的时候,湘绣女工郑家钧右臂中弹受伤。真正的共产党人具有坚定的理想信仰,也懂得人情世故。夏明翰经常来看望郑家钧,两人在接触的过程中畅谈理想,交流革命体会,互生爱慕之情。

共产党人对待同志和朋友,贵在思想上指导、工作上帮助和生活上关心。1926年的一天,毛泽东来到夏明翰房间,见他正在洗衣服,颇有感触地说:"明翰,该找个伴侣啦! 郑家钧对你不是很好吗?"夏明翰回答:"家钧好,家钧好!"毛泽东高兴地说:"你们俩有共同的理想和情操,情投意合,道同志合,早点成家吧!"经毛泽东牵红线、搭鹊桥,夏明翰和郑家钧在长沙清水塘一间简陋的民房里举行了婚礼。当时来贺喜的人中,还有李维汉、何叔衡、谢觉哉。婚后,两人搬到长沙望麓园1号,与毛泽东、杨开慧同住一个院子。

大革命时期,夏明翰是毛泽东领导农民运动的得力助手。1927年1月4日至2月5日,他陪同毛泽东步行1400多里,不仅实地考察了湘潭、湘乡、衡山、醴陵、长沙5个县的农民运动情况,而且承担了大量的组织协调、调查研究、文书起草等工作。不久,夏明翰接到毛泽东的来信,让他去协助开展全国农民协会和中央农民运动讲习所的工作。到武昌后,他协助毛泽东制订农讲所教学计划,组织编写农民运动教材,并到农讲所上课。在农讲所里,他还协助毛泽东训练来自湖南、湖北等10多个省的900多名优秀农民代表,后成为农民运动的领导骨干。

1927年大革命失败,夏明翰奉调回湖南。八七会议后,他积极参加组织秋收起义,带领暴动队,智取浏阳北圣仓的团防局,夺得40多支步枪。1928年1月,中共中央调夏明翰到湖北工作,因女儿夏芸出生仅两个月,只好离妻别女独自前往。临行前,他特意从街铺买来一颗红珠,赠予妻子,并以诗明志:"我赠红珠如赠心,但愿君心似我心。善抚幼女继吾志,严峻考验不变心。"

1928年3月18日，由于交通员宋若林的叛变，夏明翰在汉口东方旅社被捕，敌人妄图在这个共产党的"大官"身上搜出重要的机密文件，或者捞点好处，结果只搜到一个手电筒、一块怀表和一副近视眼镜。

"明翰同志品质的优美，永远是党员的模范，也永远是人民的模范"，谢觉哉曾这样评价。夏明翰被捕后，主审官问他："你姓什么？"夏明翰不假思索地回答："姓冬。""你明明姓夏，为什么说姓冬！简直是胡说！""我是按国民党的逻辑讲话的。你们的逻辑是颠倒黑白、混淆是非的，你们把杀人说成慈悲，把卖国说成爱国。我也用你们的逻辑，把姓'夏'说成姓'冬'，这叫以毒攻毒。"

在狱中，虽然连续遭受酷刑，但夏明翰坚贞不屈。3月20日清晨，刽子手将夏明翰押赴刑场，他昂首挺胸，一路高唱《国际歌》。行刑前，敌人问他还有什么话要说，夏明翰大声道："有，给我拿纸笔来！"于是，他挥毫写下一首气壮山河的《就义诗》："砍头不要紧，只要主义真。杀了夏明翰，还有后来人！"

夏明翰壮烈牺牲后，谢觉哉等组织人将他的遗体偷运出来，安葬在鹦鹉洲上。新中国成立后，郑家钧专程到汉阳凭吊忠魂，作七律一首："闻君就义汉江城，慷慨高歌主义真。气吞山河遗篇在，血溅沙洲浩气存。白骨推波卷巨浪，丹心永照后来人。喜见今朝乾坤赤，英魂含笑看朝晖。"

"楚虽三户，亡秦必楚"，早在中国古代，荆湘楚人就彰显出一种强烈的民族自尊和自信。有人说，一部中国近代史，广东人革命，浙江人出钱，湖南人流血。也有人说"湖南人流血不流泪，重才不重财"，主要是能吃辣椒会革命。生在湖北，长在湖南，奔波在两湖的夏明翰一家皆忠烈，先后有4人为革命流血牺牲：四妹夏明衡组织过湘南妇女运动,在夏明翰牺牲后 3 个月,遭到反革命武装的搜捕,牺牲时年仅 26 岁;五弟夏明震领导湘南起义,组建工农革命军独立第7 师,建立郴县苏维埃政府,夏明翰就义的第二天,年仅 21 岁的他英勇牺牲;七弟夏明霹是湘南学联的骨干成员、衡阳游击斗争领导人,1928 年组织衡阳暴动不幸被捕,就义时不到 20 岁;外甥邬依庄 1930年参加红军,在执行任务中牺牲,年仅 19 岁。

行文至此,关于理想信念的衡量标准应有了答案:在革命年代,主要看能不能为党和人民事业舍生忘死、冲锋陷阵。中国特色社会主义进入新时代,主要看在重大政治考验面前是否有政治定力,是否能树立牢固的宗旨意识,是否能对工作极端负责,是否能在急难险重任务面前勇挑重担,是否经得起权力、金钱、美色的诱惑,等等。

没有千磨万击,信仰如何闪光? 没有奋斗乃至牺牲,理想如何实现? 湖南是红色基因富矿,有着丰厚的革命精神钙源,全省革命遗迹2000 多处,全国爱国主义教育示范基地 27 处,产生了罗盛教、欧阳海等一大批时代英模。潇湘红色故事汇讲述的"半条被子""陈树湘断肠明志"等,感人泪下、催人奋进。

理想之光不灭,信念之光不灭。2005 年,夏芸从江西给夏明翰故居写来书信:在和平年代,要当好"后来人",只有堂堂正正为人,踏踏实实工作……永远保持光荣传统,爱国爱民,廉洁奉公,呈现"霸得蛮"的品质。

十五、又见岭上开遍映山红

夜半三更哟盼天明

寒冬腊月哟盼春风

若要盼得哟红军来

岭上开遍哟映山红

……

　　翻看《何长工回忆录》，想着喜爱映山红的何长工，电影《闪闪的红星》中的插曲《映山红》涌上心头。一年一度那满山遍野的映山红，象征着何长工对祖国和人民的一片赤诚，也象征着人民群众对他的无限思念。

"洞庭天下水,岳阳天下楼。谁为天下士,饮酒楼上头。"明朝魏永贞诗中的岳阳楼,有水有楼有墨客。屈原选择汨罗江作为生命的归属,从此"日夜江声下洞庭"的汨罗江驰骋着一股悲壮的英雄气概。杜甫瞻仰"屈原祠",登临岳阳楼,写下名篇《登岳阳楼》,不久病死于平江县。李白、韩愈、白居易、孟浩然、陆游、欧阳修等,先后来岳阳吟诗作赋,留下许多动人的篇章。宋代的范仲淹,把对岳阳的吟诵推向高潮:《岳阳楼记》成为千古奇文,"先天下之忧而忧,后天下之乐而乐"成了仁人志士忧国忧民的高尚情怀。岳阳不仅有二妃哭舜、柳毅传书等动人的传说,而且是三国时代众多英雄豪杰纵横驰骋的地方。钟相、杨幺起义演绎出一幕幕悲壮的历史剧,平江起义更是让岳阳成为现代革命的发祥地之一。

映山红又名杜鹃花,素有花中西施之美誉。去离岳阳县城十来里远的幕阜山赏映山红,是笔者上高中时的乐趣,此情渐已成追忆。生于斯、长于斯,长期革命在湘鄂赣边界的何长工,一定阅读过唐代成彦雄的《杜鹃花》:"杜鹃花与鸟,怨艳两何赊。疑是口中血,滴成枝上花。一声寒食夜,数朵野僧家。谢豹出不出,日迟迟又斜。"要不,何来为拯救中华、振兴中华"扛一辈子长工"的夙愿,怎能把"霸得蛮"的品质发扬成甘为人民"扛长工"的精神。

重视教育,辛勤耕耘,苦心办学,是"扛长工"精神的特点。不管是打仗,还是搞建设,何长工都高度重视教育和人才培养,注重发挥科技和文化的巨大作用。

毛泽东说过:没有学问,如在暗沟里走路,摸索不着,那会苦煞人。何长工1900年生于湖南华容县,岳阳第三联合中学毕业后,考入省立长沙甲种工业学校机械系学习。1918年,他千里之行来北京参加留法勤工俭学会,参加五四运动后,不远万里赴法勤工俭学,就读于法国圣雪尔旺工业学校和比利时劳动大学,在比昂古尔汽车、扯布玉勒工厂做过工。他参加周恩来等领导的各种斗争,1922年初加入中国社会主义青年团,同年转为中国共产党党员。1924年回国,创办新华中学,为北伐战争输送了一批青年骨干。

没有文化的军队是愚蠢的军队,而愚蠢的军队是不能战胜敌人的。从红军大学、延安抗大、东北军政大学,到中国人民解放军军政大学、军事学院,何长工坚持理论和实践相结合,教学和打仗相结合,培养出一大批军政人才。

中央军事政治学校,是何长工受命在江西瑞金创办的。1931年周恩来看过军事表演后说:这所学校比国共合作时的黄埔办得还好,红军有这么一所学校,我们的腰杆子就更粗更硬了。1932年中央军事政治学校改名为中国工农红军学校,简称"红校"。1933年中革军委发布的《关于改编红军学校的命令》提出,"现将红校组织重新变更,以原有高级班上级班改为红军大学校",何长工作为红军大学校负责人,为巩固、扩大中央苏区和反"围剿"斗争,培养了大批党政军人才。

解决思想认知和解决实际困难相结合,创建起人民军队第一所"荣军教导院"。1938年的一天,何长工得知延长等县残废医院的200多名伤病员要去延安"请愿",原因是他们不愿在当地安家落户,要求回南方老家去。他立即派人向延长师范学校借房子,安排这些伤病员住下来,并将此事向毛泽东作了报告。毛泽东恳切地说:"长工,这个事我们没有搞好啊!"后来又打来电话说:"我和富春同志议了一下,准备把残废医院改为荣誉军人教导院,你就做总院院长"。何长工坚定地回答:"你放心好了。我去。"这年2月底,荣军教导院成立大会在延安隆重召开。党中央指派何长工把2000余名荣誉军人送到西安八路军办事处,再由西安办事处将其送回各自家乡。

为建立巩固的东北根据地,何长工率领抗大总校 4000 多人,从陕北出发,横跨陕、晋、绥、察、热、辽 6 省区,经过 5 个月的艰苦跋涉,于 1946 年 2 月抵达吉林通化,先后创办起东北军政大学及四个分校。他还派出骨干,相继建立航空、工兵、坦克、医科等学校,为东北和全国的解放,培养了包括蒙古族、朝鲜族在内的几万名优秀人才。1975 年 10 月恢复工作后,他先后到中国人民解放军军政大学、军事学院工作,不顾年迈体衰,给学员讲党史军史,传经验,带作风。

百年大计,教育先行。在重工业部和地质部工作期间,何长工始终把办学校、搞科研、培养人才的工作列入重要日程,把办学称作"唱好龙头戏",认为只有办好学,有了人才,才能好戏连台。他总是把学有所长的知识分子推上领导岗位和科研岗位,真诚地帮助他们解决工作和生活上的困难。这对于当下充分调动广大知识分子的积极性主动性创造性,实施科教兴国战略、人才强国战略、创新驱动发展战略,仍具有重要意义。

北京、长春、成都三大地质院校的创办,倾注何长工满腔热情和心血。当时,北京、长春两所地质学院组建不久,尚无校舍,当年招收的学生只能借地上课。为此,他狠抓校址选择、师资调配和建校规模、重要基建物资供应等,东奔西走,争取学校所在地领导和国家有关部门的支持,一年之后,新中国地质教育的最高学府——北京地质学院、长春地质学院教学楼竣工。1956 年,经高教部批准,决定在西南重镇成都建立成都地质学院。筹建期间,他坐镇督战,在四川省委大力支持下,做到当年筹备、当年建设、当年开学。这种出乎意料的建设速度,不仅是中国地质教育史上的奇迹,而且在我国其他行业院校建设史上也无先例。他还先后领导创办了南京、武汉等 10 所中等地质专业学校,地质教育高、中级成龙配套,地区布局合理,呈现勃勃生机。打铁先得自身硬,服务必须技术强。他在北京地质学院举办以部、司局级干部为对象的"老干部"班,请李四光等老地质学家当老师。地质部各司局举办各类短训班,派出近万人入函授大学、夜大学习,使领导干部和职工的业务水平得到明显提高,许多干部逐渐由"外行"成"内行"。

不怕艰险,勇挑重担,开拓前进,是"扛长工"精神的内涵。革命战争年代,何长工始终以饱满的政治热情和革命乐观主义,勤勤恳恳,兢兢业业,一次又一次出色地完成党交给的各项艰巨任务,做出不可磨灭的功绩。

北伐战争开始时,何长工奉党的指示,接管华容县团防局,组建农民自卫军,深入发动群众,建立农民协会,打土豪,分田地。土地革命初期,他投身创建井冈山革命根据地的斗争。1927 年马日事变后,许克祥将他列为"大暴徒",悬赏捉拿,经组织安排来武汉。为隐蔽身份,毛泽东根据他在长辛店当工人的经历,改何坤为何长工,并派往武汉国民政府警卫团工作。不久,他参加秋收起义,并设计出中国工农革命军的第一面军旗。

参加中央苏区 5 次反"围剿"斗争和二万五千里长征,出生入死,屡建功勋。向井冈山转战中,何长工奉命到长沙报告秋收起义情况,后又历尽艰险,到广东韶关犁铺头找到朱德、陈毅。为让红军在井冈山站稳脚跟,受毛泽东委派,到农民武装王佐部完成团结改造任务后,他奉命带领这支部队南下资兴,策应、迎接南昌起义余部和湘南暴动农军上井冈山。1928 年 4 月,朱德、毛泽东两支红军会师宁冈砻市,何长工参与并主持两军会师和红四军成立大会;9 月,毕占云、张渭率部起义投奔红军,他受命改造这支部队,并带领该部北上莲花县,迎接彭德怀、滕代远率领的红五军主力上井冈山。1929 年敌军第三次"会剿"井冈山时,他指挥 6 县农民自卫军,开展游击战争。井冈山被敌人占领后,他虽腿部负伤致残,但仍不屈不挠,继续发动群众,组织发展武装,坚持英勇斗争,使得井冈山工农武装割据这面红旗不倒。

井冈山全面恢复后,何长工和李灿率红五军第五纵队开赴鄂东南,建立湘鄂赣边根据地,经过艰苦卓绝的斗争,纵队由近千人发展到 6000 余人,同湘鄂西、鄂豫皖根据地形成掎角之势。1930 年,红三军团攻打长沙,他指挥的红八军率先攻入城内,解救了向仲华、许建国等人。我军攻占长沙后,反动军阀何键实行残忍的报复,何长工的妻儿、妹妹及其他 40 多位亲人惨遭杀害。1934 年第五次反"围剿"紧张时,被调往粤赣军区工作的他,正确贯彻执行毛泽东的战略战术思想,使粤赣地区的反"围剿"出现好形势。同年秋,为联合反蒋,争取广东军阀陈济棠中立,受周恩来、朱德委托,他与潘汉年一起到敌占区寻乌县,同陈济棠的代表进行秘密谈判,达成五项协议,为随后的党中央机关和中央红军顺利突破第一、二道封锁线,实现战略转移,创造了极为有利的条件。

勤勤恳恳,任劳任怨,不断开拓,是"扛长工"精神的灵魂。一生承担许多开拓性工作的何长工,参与领导创办我军东北军事工业和新中国重工业、航空工业、地质工业等,每一次新任务,每一个新领域的涉足,都面临着一场新考验,一次重新学习,有的甚至要经历痛苦的转变。然而,他每次都毫无怨言、埋头苦干,克服一个又一个困难,向党和人民交出一份又一份合格答卷。

1947 年,中共东北局决定成立军工部,何长工负责创办军事工业,自力更生地组织研制和生产,为东北战场和辽沈、平津、淮海三大战役的顺利进行,提供了大量的武器弹药。1949年,调往北京组建重工业部,他狠抓航空、钢铁、造船等重工业的建设,为北京航空航天大学和北京理工大学的创办倾注大量心血。1952年,中央决定成立地质部,他和李四光一道,开创和领导我国地质工作24年,既是以献身地质事业为荣、以艰苦奋斗为荣、以找矿立功为荣"三光荣"精神的首创者,又是实践者。他不顾年老体弱、腿脚有残,坚持深入学校、工厂和野外地质队,了解职工思想情况,解决其生活困难,与地质职工同苦共乐,打成一片。

能屈能伸,能上能下,能官能民,是"扛长工"精神的本质。在何长工一生中,职务变动多达几十次,每一次他都以党的事业为重,以革命需要为重,党叫干啥就干啥,从不考虑个人的荣辱得失。党的十一届三中全会召开后,他热情关心、支持年轻同志走上领导岗位,先后主动辞去军事学院副院长、全国政协副主席、中央顾问委员会常委等职务,以自己的模范行动,努力践行为拯救和振兴中华民族"扛一辈子长工"的夙愿。

日有所思,夜有所梦。醒眼朦胧间,笔者仿佛又登上那熟悉却渐已陌生的幕阜山,又见岭上开遍映山红,一族族、一团团,开得那么绚丽、那么热烈,相互依偎、相互辉映,引来无数蜂蝶飞舞,引发人的无限眷恋:那是一种品质叫"霸得蛮",那是一种精神叫"扛长工"。

十六、"三于"式楷模

二十五岁上井冈，七十五岁又重访。
五十年来奋斗紧，内外妖魔皆除光。

1977 年，谭震林重访井冈山即兴吟诗，看似简洁却不简单。这是个人经历的感怀，更是中国革命和建设的缩影。他在党、政、军许多重要岗位工作过，把"霸得蛮"的品质大写成勤于思索、勇于进取、敢于攀登，树立起"三于"式典范。

阅读《谭震林传》《开国将军轶事》，介绍"三于"式典范，先得"科普"谭氏"三杰"。

因为许多人常把谭震林、谭希林、谭友林混为一人,令其轶事张冠李戴,让人忍俊不禁。

谭震林 1902 年生于湖南攸县,12 岁开始在书纸店当学徒,当印刷装订工人。他曾向打了一位老工人的老板娘评理算账,迫使她向老工人下跪赔罪。在当时当地,那可是开天辟地头一遭。他 1925 年参加革命,1926 年加入中国共产党,1927 年参加毛泽东领导的秋收起义。

谭希林 1908 年生于湖南长沙县,1926 年考入黄埔军校第五期。他参加过秋收起义,还得了一个绰号:"救驾将军"。1928 年的一天,毛泽东做调查工作时,突然被一伙地方武装包围,谭希林得此消息,立刻骑马飞奔过去,打退了那伙匪军。新中国成立后,军功卓著的谭希林出任外交大使。

谭友林 1916 年生于湖北江陵县,1930 年参加红军。1955 年,罗荣桓专门向他道歉:"友林同志,你的军衔授低了,凭资历、职务,与你同期的战友授的都是中将军衔。我向你承认错误,我们的工作做得不够细致。"可他毫不介意地说:"我的许多战友都牺牲了,我现在有了家,儿女满堂,当了将军,还有什么不满足的?"

1927 年,中国工农革命军打下茶陵县,25 岁的谭震林被推举为工农兵政府主席。这是井冈山革命根据地的第一个工农兵政权。从此,谭震林作为毛泽东开辟井冈山革命根据地的坚定拥护者和忠诚实践者,为革命根据地的政权建设摸索出许多宝贵经验。

第二次国内革命战争初期,谭震林积极参加创建和巩固井冈山革命根据地的伟大斗争。他参与攻占遂川县城和宁冈新城的战斗,深入九陇山区调查湘赣边界的阶级状况和土地占有状况,摸索土地革命方法,领导分田运动,为《井冈山土地法》的制订,提供了第一手材料和实践经验。他参加保卫井冈山的艰苦斗争,对工农武装割据、枪杆子里面出政权等思想有着较深理解,是以毛泽东为代表的正确的政治、军事主张的坚决维护者、积极宣传者和身体力行者。谭震林说过:"什么红旗到底能打多久? 反正我们手里有枪,没有被敌人夺走,红旗就能打下去。我们的枪杆子越多,红旗越能打得长久。"毛泽东对他的"没有武装,就没有我们的活动余地"的观点和在井冈山斗争中的贡献,作出过充分的肯定和高度的评价。

第二次国内革命战争中期,谭震林和罗炳辉等率部转战赣南、闽西,发动群众打土豪、分田地,组建工农政权,发展革命武装,为开拓赣南闽西根据地,粉碎敌人的前三次"围剿",创建中央苏区,建立了卓著的功绩。1932 年,他领导闽西红军和地方武装英勇抗击敌军的第四次"围剿",创建主力红军与各级地方武装密切配合的人民武装体系,动员人民,训练新兵,开展比武活动,优抚红军家属。仅福建军区建立的前四个月内,就"扩红"一万余人,为中央主力红军输送了一大批有生力量。

第二次国内革命战争后期,谭震林、张鼎丞、邓子恢率部写下光辉的一页战史,被人们誉为"南方三杰"。1934 年主力红军长征后,他们领导红军游击队奇迹般地生存下来,并不断打击敌人、壮大自己。当时,国民党投入几十倍于红军游击队的兵力,采取"移民并村""保甲连坐""自首自新""五光十杀"等高压手段,妄图切断群众与红军游击队的联系,还推行计口购粮、计口售盐等封锁政策,妄图困死饿死红军游击队。历时 3 年艰苦卓绝的游击战争,他们创造性地运用和发展游击战争的战略战术,指挥闽西南各地游击队,"隐蔽窥伺敌人,分散迷惑敌人,埋伏消灭敌人,突击战胜敌人",化整为零,出奇制胜,使来犯之敌陷于"死伤、消耗、疲惫"的困境而一筹莫展,让武夷山的红旗屹立不倒。

作为皖南、苏南、淮南等抗日根据地创建者和领导人之一的谭震林,先后指挥"繁昌保卫战",五战五捷,粉碎日军对皖南的"扫荡",大振新四军的军威。1940年,他奉调进入江苏南部东路地区,并迅速同地下党及游击队取得联系。当了解到群众抗日情绪极高,而"灰色"武装不能振奋人心后,他果断摒弃那套地下斗争的"秘密方法",公开打出共产党的旗号,放手发动群众,组织抗日武装,创建各级抗日政权,开展抗日统一战线工作,巧妙地把井冈山、闽西南的经验运用于水网平原的游击战争,在敌人鼻子下燃起熊熊的抗日烈火,苏南形势为之翻转。1941年皖南事变后,他坚决执行中央命令,猛烈发展革命力量,领导苏南军民英勇抗击敌伪的"清乡""扫荡"和反共顽固派的袭击,取得包括溧阳北部"黄金山三战三捷"在内的一系列胜利,保卫了苏南抗日根据地。1943年到1945年,他领导抗日反顽的艰苦斗争,保卫淮南根据地,确保了新四军军部和华中局的安全。

解放战争时期,谭震林与陈毅、粟裕,并称第三野战军"三大巨头"。1946年6月,国民党悍然发动全面内战,叫嚣3—6个月内消灭全部解放军;7月,汤恩伯指挥15个旅约12万人大举进犯苏皖解放区,扬言"收复苏北,易如反掌"。而我苏中战斗部队的总兵力仅18个团约3万人,粟裕和谭震林指挥野战军奋起自卫,一个半月里,在泰兴、如皋、海安、邵伯一带,集中绝对优势兵力,连续作战七次,共歼敌6个旅、5个交通警大队,共计5.3万余人。这就是著名的"苏中七战七捷"。

1947年1月,华中、山东野战军合并为华东野战军。在陈毅、粟裕、谭震林的指挥下,接连取得宿北、鲁南、莱芜、孟良崮等重大战役胜利,威震华东战场。从 1947 年 9 月到 1948 年 6 月,谭震林和许世友率部发起莱阳、兖州等战役,解放山东绝大部分城乡,完全孤立了济南。1948 年 7 月,他和许世友、王建安一起,经过周密准备,指挥部队于 9 月 16 日晚发起济南战役,24 日晚解放济南,29 日中央军委发来贺电,称之为"伟大胜利",并指出:"你们这一勇敢、果断、敏捷的行动,并争取了吴化文将军所率 96 军的起义,证明人民解放军的攻坚能力已大大提高。"

淮海战役打响之初,谭震林和王建安指挥一部主力,先后取得策应何基沣、张克侠率部起义和围歼黄百韬兵团的两大胜利,被毛泽东称为淮海战役的"第一个伟大胜利"和"第二个伟大胜利"。一鼓作气,他和王建安指挥部队又取得徐南阻击战的胜利。趁热打铁,他们还指挥山东兵团,与兄弟部队一起,经四昼夜连续作战,全歼杜聿明集团。

"钟山风雨起苍黄,百万雄师过大江。"1949 年的渡江战役,谭震林是奉命第一个率部打过长江去的高级指挥员。由于参战官兵大多来自北方、不习水战,他便把部队拉到巢湖开展水上练兵。4 月 20 日晚,他指挥 7 个军 30 万人从芜湖对岸强渡长江天堑。万炮齐轰,千帆竞发,最快的船只仅 15 分钟就抵达南岸。国民党苦心经营的长江防线,一夜之间被我军突破。21 日,谭震林和第七兵团率指挥所渡江,把敌人的注意力吸引到长江中段,为我东、西两个集团军渡江创造了有利条件。

中华人民共和国成立后,谭震林为新中国农林水利事业的发展进行不懈奋斗,为 20 世纪 60 年代初国民经济的恢复和发展倾注大量心血,为推动关于真理标准问题的讨论发挥重要作用。12 岁就当学徒的谭震林,原来文化水平并不高,为何能作出如此多的重要贡献？这不得不让人想起"谭氏报告"。

听过谭震林报告的人，都说他的报告深入浅出、生动活泼，有着鲜明的谭氏风格。要问秘诀何在？缘于读书与实干。不管工作多忙多累，谭震林总要挤时间读书。1940 年 4 月，从皖南奉调苏南的途中，他和随行的几位同志编了一个党小组，行程 18 天，学习 16 个晚上。正是因为平时有积累，他作报告从来不拿稿子，有时在香烟壳纸上写几条提纲，就滔滔不绝地说开了。有时为写出满意的讲稿，他经常熬到深夜，弄得头晕目眩。于是，有人劝他：何必费那么大辛苦自己写，交给秘书不就行了？他却严肃地说："如果领导在大会照着秘书起草的稿子念，就不是自己的见解，有时还会被人牵着鼻子走，那不成了傀儡?！实际上是秘书成了首长，首长成了念稿子的传声筒，还要你这位领导干什么？"

不仅对己要求高，而且对人管理严。当年在第三野战军，大伙都说，将领们可以不怕陈毅，但没有人不怕谭震林。有一次，谭震林主持会议，一些同志照着稿子念，有个别还念得不流畅，对稿子根本不熟悉，他终于火了："你的稿子是你写的吗!"那人不敢隐瞒，就说自己太忙，让秘书代写的。他又问："那今天是你发言，还是秘书发言？"那人低着头，他接着说："我发言的稿子从来都是自己写的，你来发言，却不知道稿子写的是什么，那你发的什么言？有什么意义？"越说越生气，他一拍桌子说："今天就到此为止，明天再继续开会，谁要是还敢不自己写发言稿，看我怎么收拾他!"

训人归训人，可谭震林从来都是当面说，从不背后整人。陈毅说过："谭老板就这个炮筒子脾气，话砸在你脸上，你肯定会受不了。但是，谭老板是刀子嘴豆腐心，从来没有背后算计人。这样的人，可以当得起'光明磊落'四个字。"

读书树人,实干兴邦。谭震林酷爱读书,特别尊重知识,尊重人才。1949年9月,他在浙江省第一次党代会上的总结报告中指出:"对于技术专家、学者,我们必须大胆而又诚恳地、虚心地与他们合作,向他们学习,放手让他们工作。必须认识,这是旧中国留给我们的很大的一批财产,是很有用的财产,是新中国建设不可缺少的力量。"他还亲自登门,拜访马寅初、周建人、包达三、何燮侯、沈兹九等知名人士。当时杭州有一位女科技工作者,是新中国成立前回国的。当看到蚕丝业落后的现状后,她便发誓终身不嫁,努力把中国的蚕丝业做起来。听到这件事,谭震林很是感慨:"为了事业不结婚的很少,尤其是女同志更难能可贵,这样的人才要好好保护!"

周恩来一生清廉、鞠躬尽瘁,在中华人民共和国的总理岗位上工作26年,而作为副手的谭震林,不仅在他身边工作16载,而且做到两袖清风、死而后已。谭震林去世后,孩子们竟然找不到一件满意的衣服为他穿戴,几乎所有的内衣都是缝补过的,只好买来一块白棉布,赶做了一套内衣。

唐代杜甫的《梦李白二首》有言:千秋万岁名,寂寞身后事。这是李白的不幸!身为共产党人,当然是不计个人生前身后的得失的。但谭震林勤于思索、勇于进取、敢于攀登的"霸得蛮"品质,永远留在人们记忆里。

十七、服务为工亦为农

中国共产党的早期领导人，因工作需要或其他原因，改名换姓，常有之事，如毛泽东曾改名李德胜、周恩来就叫过伍豪。1927年的一个晚上，罗亦农问妻子李哲时："我们到农村去工作，你能吃苦吗？我原名罗觉，改名亦农，就是可以为工人服务，也可以为农民服务。"细读《以鲜血浇灌理想　用生命捍卫信仰——纪念罗亦农同志诞辰120周年》等文章，罗亦农本名叫罗善扬，先后两次改名，不仅体现他的人生追求与抱负，更是把"霸得蛮"的品质书写成政治觉悟、觉醒民众、自觉行动相统一。

湖南"湘潭"之名,一说因地处湘江之曲,多"潭"乃得名,另一说则广为接受,得名于昭山下湘江中的湘州潭,即昭潭。这里是湖湘文化的重要发祥地、中国红色文化的摇篮,有"金湘潭"的美誉。湘中灵秀千秋水,天下英雄一郡多。湘潭伟人、巨匠灿若星辰——蜀汉名相蒋琬,文化名人齐白石,一代领袖毛泽东、开国元勋彭德怀、著名将领黄公略、开国大将陈赓、谭政等,都诞生于此。

罗亦农 1902 年出生,1916 年考入美国人在湘潭创办的教会学堂——益智学校。五四运动爆发后,他只身来上海,摆在眼前的是:黄浦江上只见外国轮船与兵舰在游弋,外滩公园门口高悬"华人与狗不得入内"的牌子。难道这就是自己心驰神往的大上海?他心中充满着迷茫与困惑。

初来乍到,罗亦农先在一所中学读书,后到一家报馆当校对员。正是在这里,他大量阅读《新青年》等杂志,并改名罗觉,即接触真理觉醒之意。思想觉醒应建立在政治觉悟上,正是在这时,他到陈独秀寓所登门求教。1920 年,他进入"外国语学社"学俄语,坚持学以致用,为中俄通讯社做誊写、校对、印刷等工作,踊跃向《劳动界》等刊物投稿。同年 8 月,他和张太雷等组织并加入上海社会主义青年团,也是第一批团员。

常言道:自古忠孝两难全。其实,对父母的孝和对国家的忠,并不矛盾,忠是更大程度的孝,孝也有各种表达方式。一根历经百年的茶树枝拐杖,既承载着儿子对母亲的孝心,也寄托着母亲对儿子的思念,还体现政治觉悟的提高和寄希望于觉醒广大民众。

1921 年春节前,罗亦农回到湘潭筹措赴苏维埃俄国路费。离家返沪前,他想到即将远赴莫斯科,而母亲年事已高,眼睛不好且行走不便,便去附近山岭上,挑选一根茶树枝,制成拐杖送给母亲,以慰母子思念之情。母亲接过拐杖先是一愣,后立刻明白儿子又将远行。罗亦农对母亲说:"儿子很快会回来。儿子这是去追寻真理,这真理将带给千千万万母子以幸福。"谁曾想,这竟是他与母亲的诀别!这一走,他再也没能回家!这根铭刻着岁月沧桑、记载着历史痕迹的拐杖,如今陈列在武汉革命博物馆。当时拐杖长度为170厘米,现仅有110厘米,而消失的60厘米,正是母亲在40多年使用中慢慢磨掉的。

毛泽东说过:我们这个队伍是完全为着解放人民的,是彻底地为人民的利益工作的。他亲自领导安源路矿工人大罢工、发动秋收起义,将工人、农民紧紧地团结在一起。蔡和森提出"伸张民气",粟裕自称"沧海一粟"而心向人民,徐特立病危时将急用的两瓶血浆让给一个大出血的产妇。以他们为代表的湘籍革命家、军事家,心中装着人民,为了人民的利益勇于奉献自己的一切,成就一支"即便自己只有一条被子,也要剪下半条给老百姓"的红色湘军。细思量,罗亦农精心制作的拐杖,不仅表达了一个革命者对父母的孝心,而且为了天下千千万万母子的幸福,更是把自己的一生都献给了党的事业。

1921年5月,罗亦农与刘少奇等远赴苏维埃俄国;8月,进入莫斯科东方劳动者共产主义大学学习,成为中国班的第一届学员。当时的苏维埃俄国,由于常年战乱和帝国主义的封锁,经济困难、条件艰苦。他苦中作乐、坚忍求知,一心寻求救国救民的真理,不仅认真攻读、钻研翻译马克思主义理论著作,而且"一切言论行动都能布尔什维克化,研究理论很切实",还意识到理论学习"力免学院派式的研究",提出"研究工作要注重事实"。

1921年底,东方大学中国班建立党的组织,首批由团员转为党员的罗亦农,对党的建设进行积极探索。在思想建设上,他要求每位党员"清算宗法社会思想及各种非无产阶级思想",确立"无产阶级革命的人生观";在组织建设上,他亲自拟定集体化、纪律化、系统化的训练口号,提出以铁的纪律"绝对的维持团体在行动上的一致";在作风建设上,他主张联系群众和深入群众,开展批评和自我批评,并身体力行,模范执行。他重视发展党员工作,提出只有"特别明了主义,确实接受训练,于行动上和日常生活中处处都合主义者",才能吸收入党。经罗亦农介绍,刘少奇等或转党或入党。

政治觉悟的提高,重在觉醒民众,自觉行动起来。罗亦农密切关注国内的革命形势,积极研究和探索中国革命基本问题,提出不少颇有见地的思想观点。

党内最早认识农民问题重要性,并加以研究的领导人之一。早在 1923 年,罗亦农就指出"中国农民最多",共产党人不仅应研究工人运动,而且应研究"工农运动"。1982 年 5 月 13 日,李哲时后改名李文宜在《人民日报》刊文中提到,1927 年 8 月,"在此我有幸第一次见到了毛泽东同志。亦农诙谐地向我介绍说:'他就是龙王'(意思是农民运动之王)。"可见,在探索中国革命道路上,这两位湘潭县人的意见高度一致。

毛泽东领导湖南秋收起义时,罗亦农与瞿秋白、李维汉等布置湖北秋收起义。他主持制订"湖北省秋收暴动计划",提出起义应首先在鄂南地区打响,并于 1927 年 8 月至 9 月,两次赶赴鄂南,部署和检查起义准备工作。9 月 8 日晚,以在中伙铺车站截击敌军用火车为起点,鄂南暴动正式开始。革命的熊熊烈火,紧接着在鄂中、鄂西、鄂北、鄂东等地蔓延开来,参与的农民群众达数万人。湖北秋收起义,不仅冲击了反动势力的统治基础,锻炼了党的干部,而且创建起有力的革命武装,为鄂豫皖、湘鄂西等地的工农武装割据和革命根据地的开辟,打下了重要基础。

党内较早提出在国共合作的统一战线中争取无产阶级领导权的人之一。1923年党的三大,虽确定了国共合作的方针,但认为国民党应是革命的中心势力,处于领袖地位。看到三大决议后,罗亦农指出"殖民地的国民革命非无产阶级去指导不可",强调"故中国共产党要积极指导国民党"。党的四大召开前,他多次主持旅莫支部会议,就国共合作后无产阶级在国民革命中的地位和策略问题进行讨论,并将讨论的意见归纳为"十项提案",派人带回国向四大陈述,对四大明确提出无产阶级领导权问题起到重要作用。

党内较早大力倡导理论联系实际学风的人之一。罗亦农要求支部成员"努力自觉的训练自己,诚诚实实的研究无产阶级革命的理论和实践",把学到的理论和方法"应用起来,实行起来"。1924年,他在中共旅莫支部第二次大会上的报告中强调:"我们来俄的目的到底是什么? 不是为学士、硕士的头衔,以备归国后为晋身之阶的,为的是来学无产阶级革命的理论和实践及训练自己成为忠实死干、以革命为职业的共产主义者。"1925年,应李大钊之请,中共中央决定罗亦农任北方区委党校校长。这是中国共产党最早开办的党校之一。这座党校虽然只举办近3个月,但为党培养了一批干部。此后,他任上海区执委会书记,秘密举办多期基层党、团组织及工会负责人训练班,培训骨干百余人。

无论党把自己派到哪里,罗亦农都能以高昂的热情和求实的态度,克服困难,忘我工作,开创新的工作局面,在斗争中成长为独当一面的工人运动领袖。在大革命失败后的严重白色恐怖面前,他更是没有退缩,始终以过人的胆识和勇气,战斗在敌人的心脏地区,表现出共产党人百折不挠、不怕牺牲的革命斗志。

1925 年 4 月回国后,擅长宣传鼓动的罗亦农,一开口便滔滔不绝,同志们赠其雅号"大口"。后来,罗亦农儿子罗西北曾回忆:每逢集会,父亲便登台演讲,"工友们,农友们",激情如沸,听众深受感染。5 月,他奉命来到当时的政治中心——广州,党中央决定由周恩来、谭平山、陈延年、鲍罗廷、罗亦农组成驻粤委员会。他参加第二次全国劳动大会,撰写的《"五一"纪念与农民》等文章,提出工人阶级是革命的领导者,工农联盟是革命成功和维持革命胜利的保障。

震惊中外的五卅惨案发生后,罗亦农参与领导著名的省港大罢工,反抗帝国主义肆意屠杀中国人民。他起草言简意明的传单,愤怒谴责帝国主义的罪行,唤起工人群众的阶级觉悟和反抗精神;协助罢工委员会,提前采取措施,妥善解决进入广州的 20 多万香港罢工工人的食宿问题。省港大罢工坚持 16 个月之久,是中国工人运动史上持续时间最长的一次大罢工,在经济、政治上,给帝国主义以沉重打击。

1926 年 9 月,北伐军在湖南、湖北战场取得决定性胜利,罗亦农审时度势,提出"上海地方非有一次民众暴动不可",并指出"要特别注意军事工作"。这年 10 月至翌年 3 月,他参与组织领导上海工人三次武装起义。

1927 年 11 月 4 日,罗亦农与李哲时乘船前往上海,留下一段历久弥新的"江轮上的谈话":1926 年 10 月第一次工人武装起义,由于国民军司令部驻上海军事特派员钮永建在形势发生变化时封锁消息,致使工人纠察队遭到孙传芳部的镇压而失败。1927 年 2 月决定举行第二次武装起义,罗亦农担任起义总指挥,由于叛徒泄密,打乱了全套行动计划,第二次起义宣告失败。2 月下旬,江浙区委召开党员大会,决定准备第三次武装起义。中央同意江浙区委决定,并组织特别委员会,指定罗亦农、周恩来等8人为委员,周恩来担任第三次起义总指挥。3月21日,起义以全市举行总同盟罢工、罢市、罢课形式开始,随即转入武装斗争。谈到这里,罗亦农眉飞色舞地对李哲时说:"命令发出后不到两小时,我和秘书乘汽车到全市兜了一圈儿,看到八十万工人全都罢工了,妙不可言,哈哈。"

上海工人第三次武装起义,是大革命时期中国工人运动的一次壮举,是北伐战争时期工人运动发展的最高峰。罗亦农是党内最早认识到武装斗争和建立政权的重要性、最早参与领导武装起义的领导者之一,被周恩来誉为"上海暴动的创造者"。

1928年4月15日,因叛徒告密,罗亦农被捕,21日就义于上海龙华。"慷慨登车去,相期一节全。残躯何足惜,大敌正当前。"这首绝命诗令人荡气回肠,是"霸得蛮"品质的写照,呈现政治觉悟、觉醒民众、自觉行动相统一。5月30日,中共中央机关刊物《布尔塞维克》发表悼文,痛惜"中国无产阶级失去了一位最热烈的领袖",称赞"罗亦农同志的热烈的革命精神,可为中国共产党全党党员之楷模"。

十八、敢讲真话的人

2010年刚到人民日报社工作时，一些同事听出湘音，便与笔者提起黄晴，说他是黄克诚大将的儿子，为人正派、能力出众，自己要求提前从国际部主任岗位上退下来，做到了领导干部"能上能下"。当时，笔者正在看梁启超的《李鸿章传》，比较认同梁启超对李鸿章的人生认知：主和的不如主战的、签字的不如拒签的，并结合笔者本人从军经历得出另一结论：激流勇进的不如急流勇退的。

2022年4月，读到《人民日报》1985年9月17日刊发的《十二届四中全会给黄克诚同志的致敬信》,对黄克诚肃然起敬,似乎明白黄晴为何不恋官位。

　　……您具有坚强的无产阶级党性,不盲从,不苟同,坚持真理,刚直不阿,不论身居高位还是身陷逆境,都一心为公,无私无畏。您的崇高品德,永远是我们学习的榜样。

　　由于健康原因,您提出不再担任中央纪律检查委员会委员从而不再担任中央纪律检查委员会第二书记的请求。全会同意您的请求。我们深信,您的光辉的革命业绩和崇高的革命品德将继续激励全党同志奋发图强,万众一心,为夺取我国社会主义现代化建设的新胜利而努力奋斗。

　　意犹未尽,有意找出《求是》2002年第19期署名中国人民解放军总后勤部的《文韬武略大将军　卫国为民赤子心——纪念黄克诚同志诞生100周年》一读,方知"黄老"是年长9岁的毛泽东,对黄克诚的亲切称呼。"老"是指黄克诚为人老道持重、办事稳中求进,不盲从、不跟风、不趋炎附势,正如毛泽东所说"是个敢讲真话的人"。

　　求知若渴,特意购来《黄克诚自述》一阅,坚持不盲从、不跟风、不趋炎附势"三不"的黄克诚,为真理十次直言,又因直言而十次挨整,但他坚强的如同一棵迎风傲霜的老松,从不弯腰俯首,一身铮铮铁骨,较好诠释了"霸得蛮"品质的另层深意:对党真诚,受得委屈,吃得起亏。

　　1930年6月,中共中央通过《新的革命高潮与一省或几省首先胜利》的决议,在红三军团和湖南省委联席会上,时任支队政委的黄克诚认为,以弱小的红军去攻打大城市是不切实际的。为此,他受到严厉批判,被撤销了原要他担任纵队政委的任命。1931年夏,担任红三师政委的黄克诚,从反"围剿"前线召回,肃反委员会交给他一份"AB团"分子名单,黄克诚据理争辩,愿用脑袋担保这些人没有问题,结果遭到严厉训斥。回到反"围剿"前线,他迅速将黑名单上的人隐藏起来,使得来抓人的肃委会一次次扑空。半个月后,刚走下战场的几个人来不及隐藏就被抓走了,不久被杀害。黄克诚痛心疾首地找肃委会质问:何故滥杀无辜?肃委会将其逮捕,以"同情和包庇反革命,破坏肃反"的罪名,欲将他处决。军团长彭德怀闻讯火速从前线赶回,要他们"刀下留人"。黄克诚虽幸免一死,但被撤销了师政委职务。1942年,中共华中局代理书记兼新四军政委饶漱石为独揽党政军大权,采取不正当手段,想把新四军代军长陈毅排挤走。此后,他又多次在会上大谈陈毅的不是。时任三师师长兼政委的黄克诚实在看不下去,拍案而起,批评饶漱石道:"陈毅同志是我党我军一位有影响的老同志……你这种做法很不光明磊落,不是共产党人的作风。"1943年夏,饶漱石传达中央社会部部长康生关于《抢救失足者》的讲话,要在党内军内大抓特务。黄克诚感到这与中央苏区抓"AB团"如出一辙,便一边向上打报告表示反对,一边下令在本师不搞"抢救运动"。为此,他被扣上一顶右倾的帽子……1959年9月,有人提醒黄克诚只要与彭德怀划清界线就可以解脱,他却回答:"落井下石也得有石头,可我一块石头也没有。我决不做诬陷别人的事。"结果,他与彭德怀、张闻天、周小舟一起被打成"彭黄张周反党集团",被撤销一切职务。

虽屡遭不公对待,但始终无怨无悔。黄克诚何以能做到?读罢《黄克诚自述》中的"我的家庭情况",顿有所悟。

我的家在湖南省永兴县油麻圩下青村……我于1902年(清

光绪二十八年)出生……我从五岁起开始参加劳动。每天除拾粪外,还得陪伴比我大十岁的姐姐到田里做农活……我从五岁到九岁,天天劳动又几乎天天挨打。到九岁开始上私塾读书,又挨先生的打……我自出生一直到十九岁,没有尝过冬季穿棉衣是什么滋味……这就是我的童年、少年的生活,对我后来性格的养成影响很大,它使我经受了磨炼,不怕吃苦,也受得住委屈。在我六十余年的革命生涯中,历尽艰辛,屡经坎坷,甚至蒙受极大的委屈,我都挺受住了。这虽然不能完全归因于自小经受了痛苦的磨炼,但至少可以说与此不无关系。

吃苦是福、吃堑长智的道理,一般人都是懂的,而如今又有几人乐而为之、甘而受之? 尤其是在对待下一代的教育上,都不愿输在起跑线上,所以孩子除了上课就是补课,家长除了跟读就是陪读,不是在说教育怎么怎么不行就是在谈应该如何如何改进。事实真如此? 仍需辩证看。

翻看《黄克诚军事文选》就会发现,开国大将黄克诚在军事、政治、后勤各个岗位都担任过重要领导职务。纵观古今中外军事史,这都是不多见的。无论在什么岗位上,始终坚持"三不"的黄克诚,都有独到思路和颇多建树。

在军事工作上,善于全面把握军事斗争形势,开创性解决带根本性的问题。1945 年 9 月,黄克诚得知东北日军被苏联红军消灭,而国民党军队远在后方,便及时向中央发去《我对目前形势和军事方针的意见》的电报,建议立即派 5 万至 10 万部队进军东北。5 天后,党中央作出从各根据地抽调 10 万部队进军东北的决定。中央军委电令黄克诚,率新四军第三师 3 万人挺进东北。11 月,他率部进入辽南,面对无党组织、无政权、无群众支持、无粮食、无经费、无医药、无服装"七无"的困境,提出迅速建立东北根据地的意见;12 月 28 日,党中央发出著名的"建立巩固的东北根据地"的指示。

在政治工作上,始终坚持党对军队的绝对领导。七七事变后,国共两党建立统一战线,红军改编为国民革命军第八路军,受国民党干涉取消政治委员,并将部队的政治部改为政治处,导致军阀习气开始滋长蔓延。时任八路军总政治部组织部部长的黄克诚,向总政治部主任任弼时提出恢复红军政治工作制度和开展反军阀主义斗争的建议,并根据任弼时的指示,将调查的情况和建议写成报告,以朱德、彭德怀、任弼时的名义报告中央。3 天后,毛泽东和张闻天代表党中央回电,下令恢复军队原政治委员和政治机关制度。

在后勤工作上,黄克诚主张勤俭建军,形成具有我军特色的保障体制。1947 年夏,中央军委决定将原总后勤部改建为后勤司令部,任命黄克诚为东北民主联军副总司令员兼后勤司令员和政委,统管全部队的后勤工作。为适应战场需要和对部队的及时保障,在黄克诚的组织领导下,分别组建起东线、西线、北线后勤司令部。各线后勤司令部下设供给、卫生、兵站、军械等部或处,以及若干医院、汽车和辎重部队,分别负责一个地区或一个方向部队作战的后勤保障任务。这种保障体制在当时是一个创造,也是今天我军后勤体制的雏形。

1952 年 10 月,黄克诚从湖南省委书记调任中国人民解放军第三副总参谋长兼总后勤部部长,后又任国防部副部长、总参谋长、军委秘书长等职。在实际工作中,他始终坚持"三不",坚持从实际出发解决各种问题。例如,战争结束后,建设正规军营,是一个巨大工程。他一改当时学习苏联盖房要先设计、再造预算,并层层报批的做法,经过调查研究,认为部队盖的都是平房,和民房没多大区别,农民盖房有个木匠、泥瓦匠就行。于是,他决定采取"包干"的办法,每个师建20万平方米的营房,拨款800万元,住用期20年,要求在坚固、适用、节约的前提下,尽量多建房子。这个办法一出,全军齐动手,到1959年,新建营房4686万平方米,各部队基本有了自己的正规营房。

除了坚持"三不",还"不怕撕破脸皮"。2022年2月,习近平总书记在《努力成为可堪大用能担重任的栋梁之才》一文中说,黄克诚同志担任中央纪委常务书记时提出,抓党风要"不怕撕破脸皮"。跟随他转战多年的老部下,在京西宾馆用公款宴请,他照样硬起手腕处理。当时的商业部部长到丰泽园饭庄请客吃饭而少付钱,他派人查实情况后,不但通报全党,还在《人民日报》上公开披露。对一些受过错误处理的同志,黄克诚则以极大的同情心,排除一切干扰,为他们平反昭雪。而对自己所受的委屈,黄老格外大度,从不计较,就连庐山会议后被降的两级工资,也不要求恢复。他说,多少同志为革命牺牲了,我现在有吃有穿就行了。

2022年4月27日晚,笔者一口气读完《黄克诚自述》中的"补篇",即《在庐山会议第五小组会上的发言》《关于对毛主席评价和对毛泽东思想的态度问题》《对〈中国大百科全书〉"林彪"条释文的意见》,深为之信服与感叹,为黄克诚的人格魅力所折服。

针对党内和社会上曾一度出现诋毁毛泽东和毛泽东思想的错误倾向,1980年11月27日,黄克诚发表长篇讲话,以马克思主义的科学态度,正确评价了毛泽东和毛泽东思想的历史功绩和地位,批评了一些人在这个问题上的感情用事和轻薄态度。他说,"中央讨论《论无产阶级专政的历史经验》那篇文章时,毛主席给我们念了一首杜甫的诗:'王杨卢骆当时体,轻薄为文哂未休。尔曹身与名俱灭,不废江河万古流。'"我想,"这首诗今天仍值得我们借鉴,使我们注意不要以轻薄的态度来评论毛主席。"因为,"毛泽东思想作为一个科学体系,有一个不断丰富和发展的过程。我们不应苛求前人,只能通过我们后人的斗争实践弥补前人的不足"。

1984年2月11日,黄克诚把编写《中国大百科全书》的有关同志召集在一起,开门见山地说:"你们写人物志,要学司马迁",林彪在我军历史上是有名的指挥员之一,他后来犯了严重的罪行,是罪有应得。但是在评价他的整个历史时,应该分两节:一节是他在历史上对党和军队的发展,战斗力的提高,起过积极的作用;另一节是后来他对党、国家和军队的严重破坏,造成了极为严重的后果。这样,两方面都写明确,不含糊,才符合历史事实。

在中华人民共和国的开国将领中,黄克诚是因讲真话被罢官次数最多的一位。即使晚年在被罢免20年复出后,对一些重大敏感问题,他仍以捍卫真理的巨大勇气,坦诚讲出心里话。1986年12月28日,黄克诚逝世,夫人唐棣华在挽联中写道:即死无憾矣,仰不愧天,俯不怍人。这让人想到金庸笔下的"全真教",或许黄克诚是在追求做一个"全真人":讲真话、做真事。培育和践行"霸得蛮"的品质,就要像黄克诚那样不盲从、不跟风、不趋炎附势,真正做到不察言观色、人云亦云,不患得患失、违心屈服。

十九、国有疑难可问谁

记得当年草上飞,红军队里每相违。

长征不是难堪日,战锦方为大问题。

斥鷃每闻欺大鸟,昆鸡长笑老鹰非。

君今不幸离人世,国有疑难可问谁?

1963 年 12 月 16 日,中央政治局召开常委会,聂荣臻向毛泽东报告罗荣桓不幸逝世,毛泽东心情非常沉重,领头起立默哀。会后,他仍沉浸在悲痛中,几天几夜不能寐,结合 20 世纪 60 年代国际形势,写成这首《七律·吊罗荣桓同志》,把罗荣桓的丰功伟绩及其逝世给国家带来的巨大损失表达得淋漓尽致。

"将军百战死,壮士十年归。"经过20多年浴血奋战,湖南走出一大批军事家、革命家。在开国将帅中,有湘籍元帅3名、大将6名、上将19名、中将45名。同时,还有许多在土地革命、抗日战争、解放战争中壮烈牺牲没来得及授衔的高级将领,以及中华人民共和国成立后转到军队以外领域主持工作的未获授衔的高级将领,他们无不战功显赫、名震天下。

罗荣桓1902年生于湖南衡山县,1924年考入青岛大学工科预科,1925年参加五卅运动,1927年到武昌中山大学就读,在四一二反革命政变的白色恐怖下加入中国共产党。毛泽东曾高度评价他:"一个人几十年如一日不容易,原则性强,对党忠诚。"讲原则、守原则,读懂《七律·吊罗荣桓同志》,从罗荣桓身上,可领悟"霸得蛮"品质的另一内涵。

"记得当年草飞上",语出唐代黄巢《自题像》。宋代陶谷《五代乱离纪》载:黄巢起义失败后僧于洛阳,曾绘像题诗:"记得当年草飞上,铁衣著尽著僧衣。天津桥上无人识,独倚栏干看落晖。"黄巢兵败自刎于泰山虎狼谷,为僧出自传闻,诗为后人所作,大可不必相信。"草上飞"现成口头语,毛泽东用以借代戎马倥偬,驰骋战场。

军政兼优,罗荣桓既是优秀的政治工作领导者,又是优秀的军事指挥员,身经百战,智勇双全,功勋卓著。1955年,他以政工干部身份被授予共和国元帅军衔。

土地革命战争时期,参加保卫井冈山根据地的战斗和反"围剿"作战。1927年,罗荣桓被中共湖北省委派往鄂南通城从事农民运动,参与组织通城秋收暴动,参加湘赣边界秋收起义,部队在江西永新县三湾村改编时,任工农革命军第一师第一团特务连党代表,成为

我军历史上最早的 7 个红军连队党代表之一。1929 年中共红四军
第九次代表大会，即古田会议召开，他参与了为筹备会议进行的调查
研究和会议决议草案的起草工作。在中央苏区反"围剿"斗争中，他
参与红四军的作战指挥，领导政治工作，组织部队发动群众，打土豪，
分田地，筹粮款，扩大红军队伍。

抗日战争时期，坚决执行在统一战线中坚持独立自主的原则，率
部开辟晋西南抗日根据地，领导山东地区军民进行长达 7 年的抗日
游击战争。针对山东抗战的复杂局面，罗荣桓提出"插、争、挤、打、
统、反"的六字方针，创造"敌打进我这里来，我打回敌那里去"的"翻
边战术"，粉碎敌人一次次的"蚕食"和"扫荡"。注意团结抗日的友
军和爱国进步人士，孤立和打击制造摩擦的国民党顽固派，广泛发动
群众，建立抗日政权，开展减租减息，发展人民武装，巩固和扩大了山
东抗日根据地。

"红军队里每相违"的"相违"，通常指人相分离或意相对立。革
命战争年代，既有敌我生死搏斗，又有党内军内因发生意见分歧或路
线斗争而暂时分开。阅读《罗荣桓传》，红军时期毛泽东与罗荣桓主
要有两次"相违"。

长期的革命实践中，罗荣桓始终贯彻实事求是的原则，在 1929
年召开的中共红四军第七次党代会上，就建军与作战一系列重大问
题发生激烈争论，时任二纵队九支队党代表的罗荣桓，大力支持
毛泽东的意见。会后，毛泽东被迫离开红四军前委书记岗位，此为两
人第一次"相违"。1932 年 3 月，罗荣桓任红一军团政治部主任；10
月宁都会议后，毛泽东被撤销红一方面军总政委职务，罗荣桓也受到
排挤，这是他们第二次"相违"。

往事历历在目，仿佛就在昨天。前两次仅"相违"，这次却是永

别。人非草木,孰能无情。毛泽东暗自神伤,称罗荣桓为"一生共事的人",还说"这个同志有一个优点,很有原则性,对敌人狠,对同志有意见,背后少说,当面多说,不背地议论人,一生始终如一",称赞他"对党的团结起了很大的作用"。

长征,一般指 1934 年到 1935 年中国工农红军从大江南北各根据地向陕甘一带的战略大转移,其中走得最远的部队共走了 2.5 万多里,所以通称二万五千里长征。1935 年 9 月,罗荣桓任红一军团,同月改称陕甘支队第 1 纵队政治部副主任。到陕北后,他率先头部队东渡黄河,参加东征战役。同年 9 月、10 月间,红军突破岷山天险腊子口、占领通渭,毛泽东为战士们朗诵《七律·长征》:"红军不怕远征难,万水千山只等闲。五岭逶迤腾细浪,乌蒙磅礴走泥丸。金沙水拍云崖暖,大渡桥横铁索寒。更喜岷山千里雪,三军过后尽开颜。"这年 12 月,毛泽东在《论反对日本帝国主义的策略》中予长征以崇高估价:长征是历史纪录上的第一次,长征是宣言书,长征是宣传队,长征是播种机。

长征是伟大的,为何毛泽东却说"长征不是难堪日"?这是因为,解放战争的第三年——1948 年,中共中央军委和毛泽东决定先在东北战场与国民党军进行战略决战。而锦州之战能否取胜,就决定着中国革命的进程,所以说"战锦方为大问题"。

"国难思良将,家贫思贤妻。"奉命率山东主力部队 6 万余人挺进东北的罗荣桓,以战略家的眼光提出,努力争取控制住沿长春路两侧广大地区,发动农民群众,建立根据地。这为中央确定建立巩固的东北根据地的战略思想,提供了重要依据。他转战于白山黑水,参与决策和指挥辽沈、平津等重大战役,特别是在辽沈战役中,坚决贯彻毛泽东和中央军委关于封闭蒋军在东北予以全歼的战略方针,坚持先打锦州的决策,确保了战役的全胜。

在东北解放战争中,罗荣桓还指导部队开展诉苦运动和土地改革教育,总结推广东北民主联军第3纵队诉苦运动的经验,引导广大指战员"倒苦水""挖苦根",开展"磨刀杀敌""复仇立功"活动,大大激发了官兵们为解放而战、为人民而战的高昂士气。毛泽东亲自修改,向全军批转了这一经验和做法。

"斥鷃每闻欺大鸟",化用《庄子·逍遥游》语意,原典谓大鹏鸟因高飞远举,而遭到斥鷃小雀的讥笑。斥鷃同斥鴳,鴳鹑之类,而大鸟指鲲鹏。"昆鸡长笑老鹰非"的昆鸡,语出汉代司马相如《上林赋》:乱昆鸡,唐代颜师古注:昆鸡似鹤,黄白色。在这里,姑且当"鸡"字用。笑为讥笑,俄国寓言作家克雷洛夫在《鹰与鸡》中写道:鸡耻笑一只偶然低飞的鹰,鹰回答说:"鹰有时飞得比鸡还低,但鸡永远不能飞得像鹰那样高。"

以往一些读者普遍联系"战锦方为大问题",以为毛泽东意在赞罗荣桓坚定的原则性而斥责林彪,说当年身为东北野战军司令员的林彪,在锦州之战中曾一度发生动摇,后经罗荣桓劝说,才又定下攻打锦州的决心。以至连类而及,把斥鷃、昆鸡认为指的是林彪。

事实果真这样? 看《罗荣桓》编写者之一黄瑶在《党的文献》上发表的文章,不少确凿的文献资料充分表明,毛泽东不可能在《七律·吊罗荣桓同志》中指责林彪。1948年10月2日,由于国民党海运大批增援部队在葫芦岛登陆,当晚东北野战军致电中央军委,建议放弃攻锦计划回师打长春。电报署名是林、罗、刘(亚楼)。经过研究,于翌日凌晨3时再致电中央军委,"拟仍攻锦州",电报署名依然是他们三人。有的人说前电是林彪一人打的,后电是由罗荣桓劝谈后再打的,即便这种说法属实,可毛泽东当时也不会觉察到两人间的分歧。再说,如果斥鷃、昆鸡真是指林彪,那此后数年间,直至党的九大时的我国历史大事均无法解释。

顾大局、讲原则的罗荣桓,认为"干革命团结的人越多越好",因此能够和不同性格、不同特点的一道工作。那么,他与林彪之间有没有过争论? 早在1944年,罗荣桓率先在中共中央山东分局和山东军区机关作了《学习毛泽东同志的思想》的报告。新中国成立后,他认为学习毛泽东著作应提倡实事求是,"不要只满足一些现成的语句或条文,最重要是了解其实质与精神",反对林彪把毛泽东思想教条化、庸俗化的做法,对"走捷径""立竿见影"等简单化的学习方法进行了抵制和批判,指出"带着问题学,就是要到毛选中去找答案。这样提不妥当。还是应当学习立场、观点、方法",强调"学习毛主席著作一定要从根本上学,融会贯通"。1963年,他教育总政治部全体干部要通读《毛泽东选集》,提出"一条线五结合"的学习方法。1975年和1977年,邓小平在强调完整准确地理解毛泽东思想和端正党的思想路线时两次指出:"林彪把毛泽东思想庸俗化的那套做法,罗荣桓同志首先表示不同意,说学习毛主席著作要学精神实质",强调"毛泽东思想是个思想体系。我和罗荣桓同志曾经同林彪作过斗争,批评他把毛泽东思想庸俗化。"罗荣桓倡导的科学方法,对当下学习贯彻党的创新理论,仍具有重要参考价值。

"斥鷃每闻欺大鸟,昆鸡长笑老鹰非",实则与毛泽东1965年的《念奴娇·鸟儿问答》同词同义。1962年,加勒比海地区发生一场震惊世界的古巴导弹危机。这是由苏联在古巴部署导弹,美国要求撤除导弹而引发的。"加勒比海危机"后,赫鲁晓夫集团不惜牺牲原则向美国求和,到处散布核战争恐怖论调,说什么脑袋掉了,要原则有什么用? 1963年6月14日,中共中央致信苏共中央,提出《关于国际共产主义运动的总路线的建议》，赫鲁晓夫完全不能接受。《念奴娇·鸟儿问答》采用寓言形式，通过大鹏鸟与蓬间雀的问答对话，概括反映了这场大辩论。

> 鲲鹏展翅，九万里，翻动扶摇羊角。
> 背负青天朝下看，都是人间城郭。
> 炮火连天，弹痕遍地，吓倒蓬间雀。
> 怎么得了，哎呀我要飞跃。
> 借问君去何方，雀儿答道：有仙山琼阁。
> 不见前年秋月朗，订了三家条约。
> 还有吃的，土豆烧熟了，再加牛肉。
> 不须放屁！试看天地翻覆。

君今不幸离人世，国有疑难可问谁？是毛泽东的浩然之叹、心中之痛，也是当时的世界之问。在严峻的时刻，更需要像罗荣桓那样的杰出帅才，更思念这位久经考验富有德才阅识的老战友。

《论语》载：中庸之为德也，其至矣乎！民鲜久矣。中庸之所以长久失去道德的功用，与不讲原则、不守原则有着千丝万缕关系。而讲原则、守原则，先得有原则、懂原则，罗荣桓作为第一任总政治部主任，主持制定了新中国第一部《中国人民解放军政治工作条例》，为落实党对军队的绝对领导提供了制度保障。这启示人们，"霸得蛮"的品质不仅要讲原则、守原则，重在制定原则，确保创新工作有原则可守。俗话说得好，是金子到哪里都会发光。成了有原则、懂原则、讲原则、守原则之人，又何愁国有疑难无人问津。

二十、多彩之笔再现多姿文化

先生一生，淡名如水，勤奋、俭朴、谦逊、宽厚、自强不息。先生爱祖国、恋故乡，时刻关心国之安、乡之勃兴、民之痛痒、人之温爱，堪称后辈学习之楷模，特立墓地，以示永远怀念。

1992年清明节，湖南省凤凰县人民政府为沈从文立碑镌文。沈从文自称来自湘西的"乡下人"，阅读《沈从文全集》，觉得此话不假。从毅然来京执着地从事写作那天起，他身上一直带有湘西人特有的倔强与自信，用多彩之笔再现湘西丰富的社会生活,呈现多姿的文化,体现"霸得蛮"的品质。

沈从文1902出生,1917年参加湘西靖国联军第2军游击第1支队,1918年随部流徙于湘、川、黔边境与沅水流域。他的祖父是汉族,祖母是苗族,母亲是土家族,本人应是汉族,但他更热爱苗族,故文学作品多有对苗族风情的描述。

湖南这片古老神奇的土地上,屈原施然走过,留下浪漫主义经典《离骚》;贾谊客居长沙,写下汉赋名篇《吊屈原赋》;范仲淹遥想岳阳楼,一抒先忧后乐情怀;周敦颐瞻仰月岩,悟出太极阴阳变幻……及至近代,更是走出魏源、曾国藩、左宗棠、谭嗣同、黄兴、蔡锷和毛泽东、蔡和森等一大批经世致用的人才群体。他们比肩鹊起,驰骋宇内,导演出近现代中国一幕幕波澜壮阔的大戏,对中国的历史进程产生极其巨大的影响。20世纪20年代,我国文坛开始认识沈从文,他以一枝多彩之笔书写出哪些多姿文化呢?

1922年,沈从文只身来到北京,就像他的自述那样,"从此进入了一个永远无从毕业的学校,学习那课永远学不尽的人生"。他靠自学从事文学创作,曾与胡也频一起编辑《京报副刊》和《民众周刊》。1927年后,他执教于中国公学、青岛大学、西南联大、北京大学等,先后出版小说、散文、文论等文集近百种。1934年完成的《边城》,是他的"牧歌"式小说的代表。这些文学作品都是他在眷恋着湘西沅水和清水江边的人们,用底层人的哀乐故事寄托着"不可言说的温爱之情"。

由于这些反映社会现实不同侧面的作品,文笔清新、隽秀,沈从文被称为有风格、有艺术个性的作家。他的创作风格趋向浪漫主义,注重小说的诗意效果,融写实、纪梦、象征为一体,语言格调古朴,句式简峭，主干突出，单纯又厚实，朴讷而传神，具有浓郁的地方色彩，凸显乡村人性特有的风韵与神采。他的小说不仅与都市"现代文明"相对照，而且始终注目于湘西世界朝现代转型的过程中——不同文化碰撞所规定的乡下人的生存方式、人生足迹和历史命运。整个作品充满着对人生的隐忧，对生命的哲学思考，一如他那实在而又顽强的生命，予人许多教益与启示。

《边城》《长河》《柏子》等，在国内外具有重大影响。这些富有湘西乡土气息、充满诗情画意的文学作品，曾被译成日本、美国、英国等40多个国家的文字出版，并被美国、日本、韩国等10多个国家或地区选进大学课本。

《老子》曰："祸兮，福之所倚；福兮，祸之所伏。"这位撰文六七百篇，两度被提名为诺贝尔文学奖评选候选人的乡土作家，在中国现代文学史上曾是被遗落的一章。1953年，沈从文的全部作品被认为已经过时而销毁纸型。一段时间里，人们难以在书店里见到他的集子。作为大学教科书的文学史上，他的名字和作品介绍，仅在其他作家和作品的一个段落里"匆匆而过"。

人们不禁要问：这是为啥？记得沈从文跟学生说过：

> 这世界或有在沙基或水面上建造崇楼杰阁的人，那可不是我，我只想造希腊小庙。选小地作基础，用坚硬石头堆砌它。精致，结实，对称，形体虽小而不纤巧，是我理想的建筑，这庙供奉的是"人性"。

作为一位具有特殊意义的乡村世界的主要表现者和反思者，他认为"美在生命"，虽身处虚伪、自私和冷漠的都市，但醉心于人性之美。而这并非所有时代、所有社会之人，所能接受的。

正因如此，在一个相当长的时期，沈从文是一个受冷遇、甚或遭到歧视的作家。现代文学史里不提他，许多误解接踵而来，甚至把他批判一通。

误解之一：说他"不革命"。但凡看过《菜园》《新与旧》的人，应该是不会认同的。沈从文笔下的共产党员是有文化素养、有书卷气的，虽然与鲁迅投枪匕首式的文章相比，也许不太"典型"，但属于共产党员的一种，也是共产党员的一面，这难道不行吗？当下，重读这两篇小说仍能感觉到，他对于那个时期的共产党员有着多么深挚的感情，对于统治者的残酷和愚蠢怀了多大的义愤。

更难能可贵的是，《菜园》《新与旧》都是在大革命失败后，白色恐怖笼罩中国大地之时撰写的。实质上，这样的作品当时并不多，应该说是两声沉痛的呐喊。而那时发表此类作品，难道不要冒一点风险、不能算革命吗？

误解之二：说他没有表现劳动人民。试问真正看过沈从文集子之人：《牛》写的是什么？《会明》写的是什么？《贵生》最后放的那把火又说明什么？《丈夫》里的丈夫为了生计，让妻子从事一种"古老的职业"，终于带着妻子回到贫苦的土地，这难道不是写农民对"人"的尊严的觉醒？常把自己称作湘西"乡下人"的沈从文，说他对农民和士兵怀着不可言说的温爱，这绝非假话，而是真情的流露。

对比，既是一种修辞手法，也是一种阅读方法。现在，把《牛》《贵生》《丈夫》等文学作品，和《绅士的太太》《王谢子弟》对照着用心看，人们便可知：沈从文对劳动人民的感情是多么不同，又是多么真实。

误解之三：说他美化旧社会农村。这主要是针对《边城》来说的。文学作品往往是对当时社会背景和人生经历的反思与描绘,而不同作家所采取的陈述形式和表达方式常常迥异。2018 年,笔者在凤凰县城过年,住在田兴恕故居,正月初一到沈从文故居一观,购得《边城》等书籍,有空一阅,慢慢觉得读懂《边城》,先得了解湘西尤其是凤凰的历史与现实。

凤凰古城作为我国历史文化名城,曾被新西兰著名作家路易·艾黎称赞为中国最美丽的小城,与云南丽江古城、山西平遥古城媲美,享有"北平遥,南凤凰"之美誉。不仅山川秀美,而且人杰地灵。据不完全统计,1840 年至 1875 年,凤凰涌现出提督 20 人,总兵 21 人,副将 43 人,参将 31 人。民国时期,涌现出第一任民选内阁总理熊希龄和中将 7 人、少将 27 人。当代以来,涌现出著名画家黄永玉等一批贤达名人。

凤凰古城成为湘西的中心,是比较突兀的。清政府为镇压苗族人,强硬地把它变成一个中心。100 多年前,这里到处是碉堡、军营,居民的构成大部分是军人。正如沈从文所说,你走过的每一寸土地,脚下面都是血。在这个地方,他感受到的不是美好,而是残暴。这些从小耳闻目睹的血腥,在他 15 岁当兵以后,一再重演。要么被别人打,要么打别人,有时候无聊,他就到山头上看杀人。在这充满着暴力、绝望的环境中,一个心灵会发生怎样的变化?要么变得和他所处的环境相同;要么对他所经历事情的反面变得非常渴望,超出常人的渴望,会对一点点的温情、一点点的美好,都比常人更加珍惜。

属于后者的沈从文,敏感于生活中一点点的美好与温情。他当兵的时候,到妓女家里去,帮着她烧烧火和说说话,人和人之间有那么一点点的美好,对沈从文来说,这一丁点的美好,就可以抵抗他经历中的黑暗、残暴、绝望。所以,他才会特意把那么一点点的小孩子的单纯,老人的淳朴,一条河的清澈,写得如诗如画。毋庸置疑,好的背后是有不好的东西,好是对于不好的一个平衡。

有了这种认知,再来看《边城》,就会别有一番洞天。沈从文美化的不是悲惨的农村,而是活脱脱的人:聪明天真的翠翠,既是业主也是水手的大老、二老,辛勤劳作的老爷爷。那么,美化他们难道有错?

写农村的小说大都是一些抒情诗,但沈从文笔下不是令人忘记现实的田园牧歌。细读他的小说就会发现,有一个鲜明的主题——民族品德的发现与重造,并把这一思想体现在一系列农村少女的形象里。沈从文笔下的农村女孩,总是那样健康、纯真、聪明、美丽。他以为这是中华民族的希望,或许有点迂,但建设精神文明,总得有个来源吧!如果抛弃传统的美德,当下又能从何处去寻找精神文明的根系和土壤?

品读沈从文的作品,总有一丝丝内在的忧伤,但并不悲观,因为他认为中华民族是有希望、有前途的,其作品里没有荒谬感和失落感。这是一种文化自觉和文化自信。他对中国,对中华民族,对中国人民,饱含深情。假如非要用一句话对沈从文作一个高度的概括,笔者觉得,他是一个真诚的爱国主义作家。

人是有本能的,假如他人打了你一拳,人的本能会回他一拳,这是一种正常的反应。诚然,旧社会的中国农村是悲惨的,表现为超经济的剥削、灭绝人性的压迫,这样的作品应当有人写,而且是应该表现的主要方面,但不一定每篇作品都只能这样写,况且各地情况不同。沈从文当属另外一种反应,是逆转式的:他在生活中遭受过那么多的挫折、屈辱,见过那么多残暴、恶劣,他回馈的是这些东西的反面,对这个世界的怜悯,对这个世界的友爱,对这个世界的情义,对这个世界的温和、美好与善良。

沈从文说过:你们能欣赏我文字的朴素,但是不知道朴素文字后面隐伏的悲痛。《长河》写得多么优美,可他怕读者接受不了残酷的现实,才故意做出牧歌的谐趣。他小说的悲痛感情是含蓄的、潜在的,而散文如《湘西》《湘行散记》等,就是明明白白地大声"控诉"。

他不仅是作家,而且是历史学家、考古学家。20 世纪 60 年代初,年过半百的沈从文,转入文物考古、古代服饰方面的研究,用他的话说,那是"人弃我取"的工作,愿为此做一块小小的铺路石。正是对国家对人民的热忱,让他在这一领域取得一些硕果,如《中国古代服饰研究》,为我国物质文化史填补了一项空白。

翻阅《从文家书》,尤其是他 20 世纪 50、60 年代写的书信,已经告别文学创作的沈从文,其全部语言才能、艺术感觉,可以说在此得以充分体现。书信于他,不再只有互报平安的功能,而是另外一个创作的天地。他描写风景,议论音乐和美术,把大自然与心中艺术紧紧交融在一起,从而让家书达到一个很高的艺术境界。

听涛山下,沈从文墓碑的正面,集其手迹、刻其文:"照我思索,能理解我;照我思索,可认识人。"墓碑的背面,为亲属撰联并书:"不折不从,星斗其文;亦慈亦让,赤子其人。"30 多个春秋过去了,沈从文及其文学作品,已成为一种独特的文化。欣赏着这一多姿多彩的文化,想起沈从文的学生、著名作家汪曾祺所说:他"是我见到的作家中最甘于淡泊的,这不仅是人的一种品格,也是人的一种境界",还是一种"霸得蛮"的品质。

二十一、"旱鸭子"当海军司令

记忆是一种本能，回忆则择其精华。翻看《肖劲光回忆录续集》，跃入眼帘的"四个两"，即两个首任司令、两次赴苏学习、两大著名战役、两度蒙冤受屈，让人想起明朝《太极拳论》中的"四两拨千斤"之说——太极拳技击术是一种有着高度功力技巧、以小力胜大力的功夫，肖劲光把"霸得蛮"的品质分解成锤炼内力、善用巧力。正如毛泽东所说，他"是大知识分子"。

1949 年 10 月的一天，肖劲光出现在毛泽东位于中南海的会客室。几年未见，毛泽东跟他拉起家常,夸其衡宝战役打得好,接着话锋一转:"解放全国的任务虽然还相当繁重,但是组建空军和海军的问题已经提上日程。现在要着手筹建海军,中央想让你来当司令员,怎么样?"毫无思想准备的肖劲光坦率地说:"主席,我是个'旱鸭子',哪能当海军司令?"仅坐过五六次海船且每次晕得厉害,忽然让自己来当海军司令,肖劲光有顾虑:"海军司令还是让别人做吧。"毛泽东笑着道:"我就看上了你这个'旱鸭子',让你去组织指挥,又不是让你天天出海。"

毛泽东点将"旱鸭子"当海军司令,看似一句轻松、风趣的话,实则是经过中央军委慎重研究决定的。因为创建人民海军,不仅要具有不怕困难、一往无前和艰苦创业的革命精神,而且要具备勇于开创工作新局面的能力。1937 年召开的洛川会议上,毛泽东提出红军主力开赴前线后,党中央要在陕甘宁边区成为全国抗日的大本营,成为八路军、新四军的大后方,并提名肖劲光首任留守兵团司令员。

留守兵团组建之初,部队建制不统一,机构不健全;纪律涣散,游击习气浓厚,执行命令不坚决;武器装备落后,战士中时有开小差的;尤其是主力东征后,一些干部不安心后方留守。如何建设一支具有强大战斗力的正规兵团?肖劲光坚持走政治建军的道路,实行新的编制序列,建立政治制度,配齐政治委员,适时开展统一战线、增强团结、安心留守等教育,坚持抓好时事政治和党的方针政策的学习,使干部战士具有清醒头脑,始终保持旺盛的革命斗志。与此同时,他主持制订各项制度,使部队按条令条例办事,培养部队良好作风;从战争实际出发,加强训练的针对性;积极投入大生产运动,打破国民党顽固派对我实行的军事、经济封锁,与边区内外国民党顽固派制造的反共摩擦进行不懈的斗争;首创拥政爱民活动,使军民更加团结。留守兵团8年历史所创造的经验,成为延安精神的重要组成部分,而肖劲光的名字,也与留守兵团共存于中国革命的史册,为创建人民海军积累了宝贵经验。

综观世界历史,近代中国遭遇外敌从海上入侵达470多次,其中规模较大的80余次,沿海重要的港口、港湾和岛屿均留下侵略者罪恶的脚印,无数国人的鲜血流在自家门口的浅海里,向海而兴、背海而衰,是历史的反复昭示。如何建设人民海军?新中国成立初期,既缺乏武器装备,又没有现成经验,这就离不开苏联的帮助,而肖劲光曾两次赴苏留学,了解苏联情况,能更好借鉴苏联建设海军的经验和做法。

肖劲光1903年生于湖南长沙县,1919年投身五四运动,1920年初加入湖南俄罗斯研究会,8月进入上海共产主义小组创办的"外国语学社"学习,并加入社会主义青年团。1921年与刘少奇、任弼时等进入莫斯科东方劳动者共产主义大学时,他就表达了从事军事工作的愿望,并被送去军事学校学习。1922年1月,他出席远东各国共产党及民族革命团体第一次代表大会,年底由青年团员转共产党员。1924年1月,作为东方民族的代表为列宁守灵,这年秋天从苏联回国,在安源煤矿从事工人运动。1925年参加北伐战斗,他身先士卒,为促进国共两党合作作出积极贡献。1927年大革命失败后,他再赴苏联,入列宁格勒托尔马乔夫军政学院学习军事。由于有了大革命失败的惨痛教训,深感共产党必须有自己武装的他,如饥似渴地学习军事,1930年以优秀成绩毕业回国。

1950年1月被任命为人民海军司令员后,肖劲光多次赴苏联商谈中国海军建设问题,商洽海军所用武器装备等事项,但他不囿于他国经验,致力于积极探索,仅用五六年时间,便完成海军创建任务。

1990 年 12 月 16 日,中国人民解放军海军原副司令员方强在《人民日报》刊文:"他反复要求我们,一是要向实际学习,二是要向苏联学习,不仅要学习理论,而且还要学习技术,学习各种知识。1950 年召开的海军建军会议上,组织与会同志认真讨论了向苏联学习的问题。这个方针在当时是恰当的、适时的,是有战略眼光的。"

建设人民海军,人民解放军的基础很差,无异于"从头再来",仅有的家底就是原国民党海军的起义舰船和起义人员,肖劲光有不少改造旧军队的经验,有利于团结改造这部分力量。1931 年 12 月 14 日,驻守在江西宁都的国民党第二十六路军 17000 余人,在赵博生、董振堂、季振同等率领下,举行了起义。宁都起义虽然沉重地打击了国民党,但如果不对这支部队进行教育、改造,就难以使其成为革命的武装力量。1990 年 2 月 8 日,红二十五军原军长程子华在《人民日报》刊文指出:经过水口、浒湾两次恶战的考验,"充分证明:由于中央领导同志的关心和亲自做工作,主要由于肖劲光、刘伯坚领导全体红军政工干部贯彻了毛泽东同志提出的'团结、教育'方针,已经把红五军团这一支旧军队改造成为在我党领导下的三大主力红军之一"。

海军初创时期,肖劲光就提出海军建设要打好政治思想、组织和技术三个"桩子",针对官兵来源复杂、思想多元的特点,更是把思想政治建设当作头等大事来抓,把教育的重点放在陆军来的骨干身上,以便更好团结原国民党海军人员。1950 年 10 月,肖劲光参加青岛基地成立大会,基地参谋长杨国宇主动找上门来"汇报工作"。对他的来意,肖劲光心知肚明,一见面就开门见山地说:"我看你可以当参谋长!"接着,他又说,单就海军如何组织,我在北京就研究好长时间,至今还没有理出个头哩!他还问道:列宁有句名言,你还记得吗?

杨国宇脱口而出:学习,学习,再学习! 采取正反"激将法"和通过坦诚而深入的谈心,杨国宇除了挤时间发奋学习以外,专门请来8位老师恶补文化课和海军业务知识,很快让人刮目相看,后来成长为一名优秀的高级指挥员。

海军是一个知识密集、技术复杂的军种,治军必须重视治校。肖劲光把办好学校作为海军长远建设的根本大计,先后开办大连海校和快艇学校、潜艇学校、海军航空学校、海军炮兵学校等,培养出数万名各类技术干部和专业兵,并分配到舰艇部队各个战斗岗位。他还请示周恩来同意,从国家工业部门和清华大学、北京大学、交通大学、湖南大学等高等院校,调来一批工程师、教授和技术人员。与此同时,派出几十名高级干部到苏联海军院校学习。截至1956年,先后建立起东海舰队、南海舰队和青岛基地、旅顺基地,战斗力量从空中到海上、从水面到水下、从海岛到海岸,初步形成防御体系。人民海军从无到有,在短短几年里取得令人瞩目的成就,让国人为之振奋。

其实,1950年4月组建海军机关的时候,解放海南岛的激战正酣,当时东南沿海的绝大多数岛屿,仍被国民党海军盘踞。显然,这对挑选海军司令提出明确要求。肖劲光既是一位卓越的军事指挥员,又是一位优秀的政治工作者,指挥过许多重大战役,尤以解放战争中的"四保临江"、衡宝战役最为著名。他还积极从事军事学术的研究,翻译过苏联红军的《野战条令》,撰写的《近战战术》《游击战争指导要令》等文章,受到毛泽东的赞扬。

人民海军要发展壮大,必须边打边建。万山海战是人民海军的首战,肖劲光精心组织、精心指挥,力求打个"开门红"。《孙子·谋攻篇》载:"知彼知己,百战不殆;不知彼而知己,一胜一负;不知彼,不知己,每战必殆。"战前,他对部队准备、舰艇编组、兵力使用等情况详细了解指导,对敌军作战特点、兵力部署情况进行认真研判,正是万山海战大捷把官兵们头脑中长期存在的海战神秘感和恐惧感抛到了太平洋。此后,他逐步形成海上破袭游击战的思想,海军官兵愈战愈勇,先后取得击沉"太平"号战斗、协同解放一江山岛战役、"八六"海战、崇武以东海战等一系列辉煌战果,与陆、空军配合,逐渐收复除台、澎、金、马外的沿海各岛屿。

肖劲光担任海军司令30年,被毛泽东誉为"终身海军司令"。努力钻研和勤奋探索人民海军的发展战略。20世纪50年代,他提出"以空、潜、快为主,以潜艇为重点"和"建设一支现代化富有攻防力的、近海的、轻型的海上战斗力量"的建设方针和开展海上破袭游击战的思想。50年代末,他瞄准世界海军新发展,领导确定海军"作战海区由近海到中海,到远海、远洋;舰艇的建造由中小型到大型",以及"实行尖端技术与常规装备相结合"的方针原则。面对我国三年经济困难,苏联撤走专家、撕毁合同带来的严重困难,他毫不懈怠,埋头于海军建设,努力推动海军新型武器装备的研制工作。进入70年代,他又根据当时国际形势的现状和中国科学技术的发展以及海洋开发的需要,多次向党中央、中央军委提出"海军建设应在加强近海防御能力的同时,适时地、积极地发展中、远海的作战力量"的建议。他非常重视提高部队战斗力,反复强调"建设海上战斗力量应该是我们一切工作的重心",亲临解放军军事学院海军系蹲点学习,借鉴中外海战的历史经验,并到舰艇部队和海防前线调查研究,为人民海军从小到大,成长为一支具有相当规模的海上战斗力量立下不可磨灭的功勋。

1988年,忆起往事,肖劲光写下《八五抒怀》:"八十五岁不等闲,春光依旧在眼前。堪笑白发似瑞雪,常怀丹心祝丰年。阅世已阅险

中险,识人又识天外天。几番潮涌心底事,犹自神驰浪里船。"政治
生涯的跌宕起伏,日常生活的喜怒哀乐,都在他心底打上了深刻的
烙印。

1933 年 11 月,肖劲光被扣上"罗明路线在军队中的代表"罪名,
开除党籍、军籍,判五年徒刑,没有上诉权。在逆境中,他为何能够坚
守自己的信仰信念,忍辱负重为革命工作?"文化大革命"期间,肖
劲光被强加上许多莫须有的罪名。在党的九届一中全会上,他为何
敢于拒不投林彪、江青的票?政治上的坚定源于理论上的清醒,勤于
学习、锤炼内力、善用巧力,是"霸得蛮"品质的一种表现。

2022 年是航母辽宁舰入列 10 周年,2017 年 4 月 26 日"山东"舰
下水,2022 年 6 月 17 日"福建"舰下水,新时代的人民海军已迈入
"三航母时代"。这不仅大大激发了炎黄子孙的爱国热情,振奋了民
族精神,而且让人想起人民海军辉煌的发展历程:从组建时的几艘旧
军舰,到跻身世界海军强国,中国人民海军首任司令员肖劲光的名字
永远不会被人们忘记,他是世界任期最长的海军司令。

二十二、神奇英雄书写传奇人生

黄埔时期,他将绝望欲尽的蒋介石救出鬼门关,义薄云天;上海特科,他铲除叛徒、营救同志,展示中共特工的大智大勇;落入敌手,他在嬉笑嘲讽间,置蒋介石于无限尴尬;长征途中,张国焘想对其大开杀戒,而他从病魔之口救出命悬一线的周恩来;抗日战争,他屡予敌以重创,恼羞成怒的日军,竟在车头上写着"专打386旅";解放战争,他指挥若定,把一个个将军级的"黄埔同窗"拉下战马;抗法援越,他指挥越军展开"边界战役",一举打开中越国际交通线;抗美援朝,他推广坑道作战,使上甘岭守卫战变成防御战中的"世界经典"……收看电视连续剧《陈赓大将》,洒脱、幽默、坦荡、智慧的神奇英雄陈赓,硬是把"霸得蛮"的品质书写成传奇人生。

"惟楚有材,于斯为盛。"历史学家谭其骧说过:自清代以降,湖南人才辈出,举世无出其右者。湖南人杰地灵,名士辈出。晋代"草圣"怀素,唐代"楷圣"欧阳询,令后世书家望尘莫及;明代周敦颐、王夫之为一时学人翘楚。"中兴将相十九湖湘",湘军将领及其幕僚成为19世纪中国政治、军事舞台的主角,位至总督者15人,位至巡抚者14人。湖南湘乡陈氏一门,历来有戎马从军的传统。陈赓1903年出生,祖父是湘军悍将曾国荃部的战将,积功至官拜花翎副将。1916年至1921年,湖南连年战事,他几乎无役不从,并体会到靠旧军阀救国无望,遂萌退志。1922年进入湖南自修大学,12月加入中国共产党;1923年受中共组织派遣,考入广东陆军讲武学校;1924年考入黄埔军校,成为后来将星云集的黄埔一期生。在校期间,他当选为共产党支部书记,参与组织"青年军人联合会",与国民党右派及反动分子进行针锋相对的斗争。毕业后留校工作,凡广东发生的重大革命斗争和军事行动,如讨伐军阀陈炯明的两次东征及省港大罢工等,他几乎无役不与。面对蒋介石1926年3月制造"中山舰事件",5月提出所谓"整理党务案",强迫国民党内的共产党员退出共产党的时局,他毫不犹豫地公开自己的共产党员身份,声明脱离国民党,体现出坚决跟着共产党革命到底的决心和信念。

1926年,陈赓去苏联学习保卫工作和组织武装暴动经验及爆破技术。他1927年2月回国后被派往国民革命军第8军特务营,7月随周恩来参加南昌起义;8月24日,起义军在会昌与前来拦截的国民党钱大钧部遭遇,陈赓不幸左腿三处中弹,无法走动。追兵近在眼前,危急关头,他脱掉军衣,顺着山坡滚进一条杂草丛生小沟,后被儿时伙伴、同营战友卢冬生救起,留下一段"九死一生找党"的动人故事。

八七会议后,中共中央领导机关陆续迁回上海。周恩来建议党中央建立专业情报保卫机构,建构严密情报网络系统以获取敌人核心机密,知己知彼、掌握主动,中央特科由此诞生。1928年4月起,陈赓化名王庸,担任中央特科首任情报科长,成为隐蔽战线的奠基者之一。据陈赓儿子陈知建将军讲,"当时周恩来的副手是顾顺章。我爸实际上是给顾顺章当助手。"

在白色恐怖笼罩下的国统区,在谍海密战波诡云谲的上海滩,陈赓深入龙潭虎穴,历经生死劫难、屡建奇功,彰显忠诚无畏、大智大勇的英雄本色。为获取大量情报,他凭借超群智慧和灵活机变,结交三教九流的"朋友"。很快,豪爽风趣、世情练达的王庸先生声名鹊起。有一次,租界巡捕房政治部的洋探长兰普逊与王庸先生聚餐,拜托他协助抓捕陈赓,王庸一口应允,上演了一出"让陈赓抓陈赓"的闹剧。"不入虎穴,焉得虎子。"周恩来、陈赓为情报战线制定"打进去、拉出来"的六字方针,1929年派遣李克农、钱壮飞、胡底组成情报小组,打入国民党中统特务机关。他们就是周恩来称赞的"龙潭三杰",犹如插入敌人心脏的一把尖刀,在情报战线演绎出惊心动魄的精彩人生,为保卫党中央作出了特殊的重要贡献。

"霞飞路的枪声",被《申报》称为"暗杀巨案",外文报纸用套红标题《东方唯一的大谋杀案》,把枪战描绘得有声有色。1929年,白鑫调到上海担任中央军委秘书,8月24日下午,公共租界巡捕突然闯入白鑫家,将正在开会的彭湃、杨殷等押走。陈赓通过内线杨登瀛很快查明,叛徒就是白鑫。8月30日,彭湃、杨殷、颜昌颐、邢士贞四人惨遭杀害。白鑫拟于11月11日逃往意大利,周恩来决定严惩叛徒。当晚11时,当白鑫疾步走向去码头的汽车时,陈赓率领"红队"队员一拥而上,数枪齐发。

名列"洪宪六君子"之首的杨度,一度是上海帮会大佬杜月笙的座上宾,获悉不少政情内幕。争取杨度,对于情报工作的重要性不言而喻。适值历经沧桑、追求进步的杨度,也想接近中国共产党。经请示周恩来,陈赓成为杨度的忘年交。杨度不仅为党提供重要军政情报,而且帮助中央特科同各方面建立特情关系,发挥了不可代替的特殊作用,后被批准为中共秘密党员。周恩来称赞陈赓领导的情报工作,真正做到了"无孔不入"和"恰到好处"。

撤离上海滩,走向新战场。1931年4月,顾顺章在武汉被捕叛变,幸好钱壮飞及时截获这一绝密情报。陈赓带领特科成员连续作战,尽量降低损失。陈立夫曾仰天长叹,"活捉周恩来,只差五分钟"。这年5月,周恩来报请中共中央批准,迅速改组中央特科,陈赓前往鄂豫皖苏区,参加了苏区第三、第四次反"围剿"作战。

对党的忠诚,不仅表现为与国民党反动派进行血与火的战斗,而且表现为与党内的错误思想和倾向进行批评与斗争,还表现为具有崇高的革命品质与气节。在鄂豫皖苏区工作期间,陈赓看不惯张国焘滥用职权的恶劣作风,曾直接找到他,表示怀疑其"肃反"政策,指出不应该对干部群众搞"逼、供、信"。1932年9月,他在胡山寨战斗中右膝负重伤,秘密只身赴上海治疗。俗话说,冤家路窄。1933年3月,他在电影院巧遇顾顺章被抓。念及陈赓是个不可多得的人才,顾及1925年国民革命军第二次东征讨伐陈炯明时的救命之恩,蒋介石亲自出面"劝降",并诱以高官厚禄。陈赓志如钢铁、大义凛然,当面怒斥蒋介石:"我决不出卖我们的党,决不向你们投降。"在软禁期间,他逃了出来,可屋漏又遭连夜雨,行船偏遇打头风。陈知建将军说:"当时王明他们说:陈赓这家伙既然出来了,那肯定是叛变。于是就派人来杀他。那人原来是我爸的部下,他跟我爸说我是来杀你的,你快跑吧。我爸就跑到了苏区,经过审查,写材料向组织上把狱中的表现讲清楚。"真可谓"九死一生",直至遵义会议,才恢复陈赓的党籍。

20 世纪 50 年代,毛泽东和金日成谈话时说:"陈赓从越南回到北京,向我汇报援越抗法的事情,他提出要求,想去朝鲜。我说,你陈赓就是好战,刚听说跟美帝打,你就有了精神,病也好了一半。"具有高超军事指挥艺术的陈赓,不仅知战懂战,而且能征善战,还敢打硬仗。

创造无数以奇制胜、以少胜多的战例,体现指挥艺术的高超和战略战术动作的完美统一。1932 年的潢光战役,敌 228 旅据守坚固的城防工事,强攻硬打不易奏效。陈赓率红 12 师先包围双柳树,后采取"三面攻击,网开一面"的战术,诱敌突围,予以全歼。抗日战争时期,他率八路军第 386 旅,指挥神头岭、香城固等游击战和伏击战,粉碎了日军的围攻和"扫荡"。1938 年 1 月,美国驻华大使馆参赞卡尔逊上校到晋东南考察时,称赞 386 旅的卓越战略战术为"世界上所仅见"。这年 3 月的神头岭伏击战,陈赓利用"兵无常势"的辩证法,力排众议,歼敌 1500 余名。这是继平型关、广阳伏击战后的又一次大规模伏击战,被日军称为"典型的游击战"。而响堂铺战斗被日军作为"更为典型的游击战术"进行研究,香城固"模范的诱伏战"则歼灭了一个日军加强中队。

面对装备精良、数量远胜我军的国民党部队,陈赓提出不能打乱仗,要打有把握之仗。在总结作战经验中,他写道:强调近战、夜战……用迂回、包围、分割、穿插、渗透等战术动作。从歼灭胡宗南的"天下第一旅",到陈谢兵团挺进豫西"牵牛"、洛阳"伏虎"等经典战例,让敌方惊呼"攻城陷地,如入无人之境"。1949 年,陈赓指挥所部南渡长江,挺进浙赣线,解放南昌。之后,他又率部参加湘赣、广东、广西战役和滇南战役,取得一系列重大胜利。

"乱石山中高士卧,茂密林里英雄来",是越南领导人胡志明对陈赓的速写之作,表达了感激之情。1950 年 7 月,陈赓应邀赴越南,帮助确定边界战役指导方针,制订作战计划,并参与边界战役的指挥,把战斗"语言"运用得炉火纯青,取得越南人民抗法战争的转折性胜利。当时,越南更倾向于攻打大城市,并不理解陈赓"先消灭法军有生力量"的战略设想。为说服越军将领,他一口气足足解说 4 个小时,按照其部署,边界战役歼敌 8000 余人,越南军民被精准分析敌情、娴熟指挥打仗、精通军事教育的他深深折服。

1951 年,陈赓任中国人民志愿军副司令员兼第三兵团司令员、政治委员,协助彭德怀指挥作战,并在彭德怀回国期间主持志愿军的全面工作。他强调坑道工事在防御作战中的作用,使全军以坑道工事为骨干的防御体系基本形成。第 15 军和第 12 军利用坑道防御体系,在上甘岭战役中经受住世界战争史上最猛烈火力的考验,使敌军付出伤亡 2.5 万人的惨重代价。1954 年,陈赓参与指挥解放一江山岛等作战,参与组织了一系列重要的军事演习和战役集训。

思维敏捷、性格豪爽、办事干练、工作效率极高,陈赓创建"哈军工",造就新中国规模宏大的"黄埔军校"。毛泽东、周恩来当面交代他创建军事工程学院,在办学条件"一片空白"的情况下,陈赓知难而上,凭着满腔热情的态度和百折不挠的意志,使军事工程学院仅经一年多的筹建即正式成立,创造我军院校建设史上的奇迹。他坚决贯彻中央军委确定的办学方针,尊重和关心知识分子,充分发挥专家、教授的作用,努力提高教学质量;对背离实际的错误倾向,善于开展批评,勇于承担责任,坚决维护党的利益。针对在"三反"运动中,学院有的部门搞得过"左",反了一些"大老虎",他亲自甄别案情,保护了一批干部。在"大跃进"的年代,学院领导请示陈赓是否停课"大炼钢铁",他明确答复:照常上课。"反教条主义运动"之风刮到学院后,一些主管教学工作的同志受到错误的批判,在他的抵制和干预下,这场运动对学院没有造成大的危害。正因如此,陈赓在全院师生员工中享有崇高的威望。

围绕神奇英雄与传奇人生的辩证关系,笔者细读邓小平题写书名的《陈赓日记》:陈赓之所以能把"霸得蛮"的品质书写成神奇英雄与传奇人生,是因为对党忠诚、视死如归,坚持举重若轻与举轻若重相统一,把一次次可遇不可求的传奇写成一个个奇迹,而一个个可求不好遇的奇迹凸显神奇。

二十三、"硬骨头"艺术家

在"儒,顺也"和道家"不为物先"的思想熏陶下,旧中国知识分子大都合光同尘、与世浮沉,做一天和尚撞一天钟。翻阅《贺绿汀传》,他不仅是人们心目中敬爱的上海音乐学院院长,更是20世纪奋斗着的中国人民的典型代表——一位百折不挠的"硬骨头"艺术家,体现"霸得蛮"的品质。

邵阳是一座古城,西周召伯、甘棠布政,春秋白善、垒土筑城,史称"宝庆",距今已有2500余年的历史。贺绿汀1903生于邵东县,1912年到宝庆循程学院读书,1924年入长沙岳云中学,1926年留校任音乐教员,10月加入中国共产党。从一个朴素的内地山乡的农家子弟,到经历五四新文化运动洗礼的时代青年,他放弃安稳的艺术教员生涯投身湖南农民运动,成为中国共产党诞生初期的党员。在大革命失败的惊涛骇浪中,他没有因血雨腥风动摇,毅然参加广州起义和海陆丰根据地的斗争。1931年考入上海国立音乐专科学校的贺绿汀,选修钢琴与和声学,师从黄自,课余翻译英国音乐理论家普劳特所著的《和声学理论与实践》。

2022年7月9日收拾家什,发现本人2018年出版处女作《走近卡尔·马克思》时,陈先达、赵家祥两位马克思主义哲学家撰写的推荐词,如获至宝。暗喜自己是一个幸运之人,也觉得贺绿汀是一个庆幸之人。《和声学理论与实践》的出版,恩师黄自不仅提了意见,而且写了序言,还为他介绍了商务印书馆。

颇享盛名的《和声学理论与实践》,在英国再版30多次,商务印书馆当时将其作为世界名著出版。古人学和声,均从数字低音开始,这本书也概莫能外。虽然数字低音这种方法现已不用,《和声学理论与实践》未免显得陈旧,但它总结了传统大师的经验,对和声学的理论阐述清晰、习题丰富,对调式音乐有专门的讲解,仍不失为一本有益的参考书。

《论语·为政》载:吾十有五而志于学,三十而立。1934年,对于而立之年的贺绿汀来说,更是一个庆幸之年。在俄国作曲家齐尔品举办的征求中国风味钢琴曲比赛中,他以《牧童短笛》和《摇篮曲》分获一等奖和名誉二等奖。一曲成名,商务印书馆出版他的译著,百代唱片公司将其得奖作品灌制唱片发行海内外。自此,贺绿汀的名字和才能开始在国际乐坛上闪闪发光。

《牧童短笛》虽短,但精致、完整,至今为人喜爱。它既体现中华民族传统的优美、质朴、健康、乐观的品质,也呈现贺绿汀的性格及其独特的音乐风格。马克思主义认为,偶然的背后隐藏着必然。贺绿汀的初次成功,有如壁虎爬墙——露一小手,是与他勤恳、系统地接受音乐教育密不可分的。也就是说,结合自身修养、生活经历和个人才华,主观能动地用适当的音乐形式表现出来,并为人们所认识、所接受。

抗日战争全面爆发之时,贺绿汀已是著名艺术家,但他舍家抛业,率先组织上海抗日救亡演剧团奔赴山西前线。后在重庆中央广播电台负责音乐工作,当被要求加入国民党时,他毅然离开大后方,历经千难万险,只身奔赴皖南事变后被反动派诬为叛军的新四军抗战前线。

　　我们都是神枪手,每一颗子弹消灭一个敌人,我们都是飞行军,哪怕那山高水又深……没有吃、没有穿,自有那敌人送上前;没有枪、没有炮,敌人给我们造。我们生长在这里,每一寸土地都是我们自己的,无论谁要强占去,我们就和他拼到底!

这首脍炙人口的《游击队歌》,笔者是 1993 年在原北京军区空军通信大队参加卫星值机员培训期间学唱的。这首经久传唱的歌曲,诞生在日寇铁蹄蹂躏、哀鸿遍野的腥风血雨中,吟唱在敌后的青纱帐、地道里,响彻在硝烟弥漫的战场上,鼓舞和激励中国人民最终赢得抗日战争的伟大胜利。这首不朽的战歌是谁创作的,为何他能创作出来? 每次听到或哼唱,笔者都禁不住问自己。

1937 年 8 月,淞沪抗战爆发。贺绿汀等上海文艺界人士,及时组织救亡演剧队奔赴内地和华北前线,投入抗日宣传活动。他们从上海西站坐火车出发,沿沪宁、陇海、同蒲铁路线做巡回慰问演出,年底渡过黄河来到山西临汾演出时,打听到八路军驻晋办事处正巧迁至临汾城西郊刘村镇。于是,队员们一致要求到八路军办事处休整,为八路军战士演出。

听到彭雪枫介绍八路军抗战的情况,看过开展游击战的资料,贺绿汀被八路军巧妙运用游击战、沉重打击日军的事迹深深打动。一个文化人特有的敏感,让他的脑海里呈现出游击队员神出鬼没于高高的山冈上、密密的树林里、一颗子弹消灭一个仇敌的动人场景;一位音乐家特有的感触,让他的脑际中闪现出"没有枪、没有炮,敌人给我们造"的感人旋律。他热血沸腾,一种前所未有的节奏、旋律喷涌而出。东方欲晓,油灯燃干,灯芯烧尽,那些零碎、片断的音乐形象一气呵成!

1938年春,八路军总司令部在刘村镇召开高级干部会议,上海文化界救亡演剧队在会议晚会上第一次演唱《游击队歌》。当时没有钢琴,没有乐队,只有欧阳山尊吹着口哨作伴奏,一阵阵嘹亮的歌声,让贺绿汀仿佛见到一颗颗火热的心在跳动。演出结束,雷鸣般的掌声就是最好的肯定和赞美!朱德、任弼时等和演员们一一握手,朱德紧握住贺绿汀的手,赞扬他这首歌写得好。从平型关战场打了胜仗来此休整的杨得志,更是急邀贺绿汀和演剧队逐营逐连地教唱《游击队歌》。

如果说《牧童短笛》,是陶醉于民族音乐的神来之笔;《四季歌》《天涯歌女》,是处在灯红酒绿的十里洋场,深切表达、同情老百姓对美好生活的向往,对黑暗势力的呐喊;那么,《游击队歌》则是一首经久不衰的红色歌曲。这首抗日战歌高屋建瓴、大气磅礴,浪漫乐观、举重若轻,迅速传遍大江南北、长城内外的抗日战场,甚至在敌占区,人们也广泛传唱。《游击队歌》在中华民族生死存亡的关头，像阳光一样驱散人们心中恐惧强敌的阴影，极大地鼓舞了抗日军民夺取胜利的斗志和信心。

曾有人说《游击队歌》是贺绿汀的"一夜之功"，实则是"台上一分钟，台下十年功"的积累与付出。1931 年九一八事变，让每位爱国的艺术家都会拿起自己的文艺武器进行战斗，贺绿汀概莫能外。1934 年，聂耳介绍贺绿汀到明星电影公司参与左翼电影事业。他与当时著名导演沈西苓、袁牧之、欧阳予倩等合作，先后为影片《船家女》《都市风光》和话剧《复活》《武则天》等 20 多部影剧作品配乐作曲，创作出《摇船歌》《春天里》《恋歌》《秋水伊人》等上百首歌曲，脍炙人口，传唱不已。

为影片《马路天使》谱写的《四季歌》《天涯歌女》，更是成为贺绿汀的电影歌曲创作和 20 世纪 30 年代进步电影的经典代表作品。《四季歌》《天涯歌女》，可以说是笔者的儿时记忆，近年来却仍在电视上看到、广播里听到，这两首歌为何久唱不衰、百听不厌？

这不外乎三个主要原因：一是注重从生活和人民中取材，"接地气"的音乐立得住、传得开；二是音乐不忘本来、取长外来，所以能走进人民心里、永远传唱；三是好作品是用心写出来的，更是精心打磨成的。1991 年，歌唱家方琼录制《四季歌》《天涯歌女》的时候，贺绿汀不仅把她请到家里，逐字逐句地讲解创作意图和音乐背景；而且跟她讲：电影里周璇扮演的是个卖花女，生活贫穷，所以唱起来要把握单纯朴实的性格特点，千万不要炫耀华丽的技巧。鲐背之年的他，还把钢琴伴奏"倔犟"地改成民乐小乐队，并用商量的口气说：这样听起来更质朴一点吧！

1938 年 6 月，贺绿汀来武汉，10 月武汉沦陷，他又到重庆，除了教音乐理论,还搞创作,如《嘉陵江上》《全面抗战》《上战场》《弟兄们拉起手来》《保家乡》《中华儿女》《胜利进行曲》《还我河山》等充满战斗热情的歌曲,鼓舞着全国人民的抗日斗志。那时,他经常来回于重庆与嘉陵江上游的草街子,那里有陶行知创办的一所以培养有天分的儿童为主的"育才学校",他负责学校音乐组的工作。

嘉陵江是一条长度仅次于雅砻江、流量仅次于岷江的美丽大河,平时水浅而绿,可一到汛期,便水势汹涌、陡高数丈,船只时常发生危险。人生有喜就有忧,有悲就有乐。贺绿汀便在一次乘坐民生公司小火轮由草街子回重庆的途中遇到覆舟的灾难。幸亏他学得一手蛙式游泳,从船底下挣扎出来,游到岸边。这桩事同他写的独唱歌曲《嘉陵江上》,当时在重庆同样为人们所传诵。

1941年国民党制造皖南事变,贺绿汀离开重庆,辗转至新四军军部,为战友们写歌教唱。1943年到达延安,他创建中央管弦乐团,毛泽东曾称赞《游击队歌》写得好。解放战争时期,在华北、西北都有他战斗的身影。

新中国成立后,"主战场"在上海音乐学院的贺绿汀,既发扬延安时期的艰苦朴素和重视政治思想教育、注重教育与实践相结合的优良传统,又吸取上海国立音乐专科学校的优点,主张在发展中国已有音乐之外,与全世界音乐界发生联系,与人合作撰写剧作《长征》,独立创作大合唱《十三陵水库》《军旗颂》等歌曲。在全国政协第一届全体会议上,为悼念冯玉祥,受周恩来的委托,他创作出曲名为《倒卷珠帘》的哀乐,震撼人心,动人心弦,后修改成常用的《哀乐》。从校舍建设到教学设备,从聘请教师到录取学员,他精心组织,辛勤操劳,创办上海音乐学院附中、附小,着力培养初、中、高级优秀音乐人才,为建立中国特色社会主义音乐高等专业教育体系和人才培养模式,作出巨大贡献。

作为一位热爱艺术、追求真理、勤苦劳作的艺术家,贺绿汀一生为人民事业奋斗不息、歌咏不止,坚持正义与进步,歌唱光明和真善美,在坎坷的人生道路上,倾毕生心血塑造起高尚人格的丰碑。宁为玉碎,不为瓦全,是铁铮铮的"硬骨头"! 20 世纪 50 年代后期反右派扩大化,他的直言不讳和凛然正气,招来长期的麻烦。1973 年 1 月,毛泽东当面责问张春桥:贺绿汀怎么样了,不要整了吧! 这才使他从监牢中出来,而处境仍然艰难。尽管如此,他不变求真求美之心,从不随波逐流,著有《我对戏曲音乐改革的意见》《论音乐的创作》《民族音乐问题》,出版《贺绿汀歌曲选》《贺绿汀合唱曲选集》《贺绿汀管弦乐曲 7 首》等书籍,是我国音乐界一位德高望重的长者。在 70 多年的艺术生涯中,他创作的 260 余首音乐作品,已汇入民族音乐的新传统,成为中华优秀音乐文化的一个重要组成部分。

1999 年,一个"春天里,百花开"的日子,贺绿汀悄然走了。"牧笛扬华音,战歌壮国魂,灿烂乐章谱春秋,满腔赤子心;真言荡浊流,铁骨傲鬼神,浩然正气耀日月,一身报国情。"这副挽联,概括了贺绿汀的一生,呈现出"霸得蛮"的品质。放下笔端,笔者却在想,一位杰出的人民音乐家和著名作曲家、音乐教育家和音乐理论家,之所以为人们所敬仰,是因为他始终能够选择正确的道路,与人民共情,与时代共进。

二十四、铸就一座不朽精神丰碑

任弼时30年革命斗争的经历,和中国新民主主义革命发展的全过程,紧密联系在一起。翻阅《任弼时选集》,他不仅把"霸得蛮"的品质大写成不辞重负、不计得失、奋力前行、无私奉献,为党和人民事业鞠躬尽瘁的"骆驼精神";更是把"骆驼精神"铸就成一座丰碑,正如毛泽东题词:"任弼时同志的革命精神永垂不朽。"

湖南盛产党的重要创始人,中国共产党成立前的8个地方组织中,湘籍革命家参与发起成立的就有5个;出席党的一大的13名代表中湘籍占 4 名,全国 50 多名党员中湘籍近 20 名。他们是党的指导思想的主要贡献者,以毛泽东为主,蔡和森、刘少奇、任弼时等为创立毛泽东思想贡献了智慧结晶;是党内正确主张的主要代表,在与右倾机会主义、"左"倾冒险主义以及教条主义等错误的斗争中,刘少奇、罗荣桓、肖劲光等始终站在斗争的前列;是人民军队的主要缔造者,著名的三大起义中,湘籍革命家作为领导骨干的就有 2 次;是重大战役的主要指挥者,毛泽东指挥的三次反"围剿"成为军事战争史上的千古绝唱,彭德怀组织的百团大战毙伤日伪军 2.5 万余人,粟裕、陈赓、罗荣桓、谭震林在解放战争中屡建奇功,抗美援朝战争中人民志愿军的五位司令员彭德怀、陈赓、邓华、杨得志、杨勇都是湘籍战将。

任弼时 1904 年生于湖南湘阴县,今为汨罗市弼时镇,1920 年加入上海社会主义青年团,1922 年加入中国共产党。他被誉为中国青年运动的导师,是人民军队政治工作的杰出领导人,是新民主主义革命时期党的主要领导人之一,为全党树立起三个"典范":坚定理想信念、坚持党性原则的典范,贯彻党的群众路线、密切联系群众的典范,无私奉献、忘我工作的典范。

江泽民在任弼时同志诞辰 90 周年纪念座谈会上说过:"任弼时同志是以毛泽东同志为核心的中国共产党第一代领导集体的成员。"1945 年中共七届一中全会选举出以毛泽东、刘少奇、朱德、周恩来、任弼时为成员的中共中央书记处,标志着中共第一代领导集体正式形成。

20 世纪上半叶的中国,战争频仍,危机重重,历史为什么会选择任弼时?阅读《任弼时选集》,笔者认为只有回答好这一问题,才能读懂"骆驼精神"的丰富内涵,明白为什么是任弼时为全党铸就一座不朽的精神丰碑。

经历就是财富。任弼时有着怎样的"人之初",给他带来哪些财富？1920年,任弼时加入俄罗斯研究会,1921年至1924年就读于莫斯科东方劳动者共产主义大学,他是十月革命后中国最早赴苏俄学习的先进青年之一。1922年底瞿秋白奉调回国后,他担任东大中国班的西方革命史课堂翻译。1924年1月列宁逝世时,他不仅参加追悼仪式,而且有幸作为东方民族代表参加荣誉守灵。

1924年7月,任弼时和王一飞等代表中国社会主义青年团,出席青年共产国际第四次代表大会。针对青年共产国际提出在东方各国应建立"群众民族革命统一青年团"的主张,他表示:在中国,社会主义青年团已有4年历史,不应另建与共产党并立的带有政党色彩的青年组织。这摆正了党和团的正确关系,不仅使中国共产党和中国共产主义青年团在大革命中牢牢把握了青年运动的领导权,而且奠定了共青团组织建设的理论基础。这一年,任弼时回国参加工作。

回顾任弼时的"人之初",如果说加入上海社会主义青年团是树立共产主义信仰的开始,那么严格的党性教育和系统的理论学习,不仅坚定了他的共产主义信仰,而且提高了他的政治思想水平,尤其是对于他坚持真理、坚持原则、敢于并善于斗争以及视野开阔、头脑冷静、思维缜密的领导风范的形成,可谓影响深远,受益终身。

理论源于实践,用以指导实践。任弼时之所以能成为中国共产党第一代领导集体成员,除了具有深厚的马克思列宁主义理论素养,还因为他积极投入革命实践,至少开启3个先河,积累了丰富的经验,掌握了高超的领导艺术。

1925年开始,任弼时负责团中央工作,开启在一个部门主持全国性工作的先河,形成其政治生涯起点较高的特点。他高度重视团的政治、思想和组织建设，提出把团置于党的绝对领导下的根本原则，指出"玄空"的理论没多大用处，要求"注意分析中国社会，按客观事实而运用经验与理论"，不应做"不顾环境的模仿主义者"。团中央积极协助中共中央指导青年运动，在斗争中发展团的组织，到1925年9月，团员总数达9000多人。党的五大上，任弼时代表青年团中央出席党中央会议参与决策。在大革命濒临失败的关键时刻，他一连3次代表团中央向党中央呈送《政治意见书》，要求武装工农、实行土地革命。当时的中央主要领导人将其意见书"碎之于地"，他仍坚持正确主张。八七会议后，他进入中共中央决策层。党的六大在莫斯科举行，中央决定任弼时、李维汉等负责留守国内，主持中共中央日常工作。

1933年，任弼时调任湘赣省委负责人，开启在基层主持全盘工作的先河。这一期间，他停止肃反扩大化，保护了王首道等一批重要干部。后来，王震在《红六军团小史》中称任弼时是"苏维埃工作和党的政策的最正确的指导者和领袖"。

1934年8月，中革军委命令任弼时率红六军团突围西征，为中共中央和中央红军战略转移先遣探路，开启在一个战略大区主持全盘工作的先河。他与贺龙率领的红三军（后恢复红二军团番号）会合后，开创湘鄂川黔根据地，策应了中央红军的转移。此后一年多里，红二、红六军团不但胜利完成了长征，而且成功保存了实力，并组建红二方面军，成为三支主力红军之一。1936年7月，他和朱德、刘伯承、贺龙等一起，坚定拥护以毛泽东为代表的党中央，维护党的团结，同张国焘的分裂行为作斗争，使党和红军摆脱危机，实现红军三大主力胜利会师。

四次旅居莫斯科的人生经历，占任弼时30年革命生涯的1/5时间。特别是第三次,对他最终成为中国共产党第一代领导集体成员,有着重要影响和直接关系。

从《任弼时年谱》中可以看到,第三次赴莫斯科,任弼时肩负着向共产国际交涉"军事、政治、经济、技术人才"等问题,几乎涉及中国共产党在抗战时期面对的所有问题。抗日战争全面爆发以来,中共中央在实施以国共合作抗战为核心的统一战线方针上,明确提出必须坚持政治上、组织上的独立自主。这是发展和巩固抗日民族统一战线的一个根本问题,也是关系中国共产党在民族战争中的地位与作用的关键。

正值这时,在莫斯科一待6年的王明回国,恰恰在这些关键问题上,他与中共中央产生严重分歧。以"国际路线"代表自居的王明,又在1937年十二月会议上提出一套右倾投降主义的主张。虽然这次会议没有形成决议,但他自称在传达共产国际和斯大林的指示,自然有一定的迷惑性。此时,中国共产党是共产国际的一个支部,致使一部分人产生盲目信赖,一时未能辨明是非,支持王明的主张;并把"一切经过统一战线""一切服从统一战线"的错误口号,写入《中央政治局十二月会议的总结与精神》,向下传达。

那个时候,共产国际对中国革命和中国共产党的抗战路线是缺乏深刻了解的。要把全党思想统一到正确的路线方针上来,克服王明的右倾错误,必须派人到共产国际说明与宣传,以争取共产国际对毛泽东的全面抗战路线和持久抗战的军事战略方针的理解与支持。

谁能担当此重任?历史选择了任弼时。1938年到莫斯科,他向共产国际"递交"两份报告:一份是书面报告——《中国抗日战争的形势和中国共产党的工作和任务》;另一份是口头报告,在共产国际执委会主席团会议上,他作了详细的口头说明补充。这两份报告,如实介绍 8 个月来中国抗日战争的发展过程,阐述了中国共产党坚持抗日民族统一战线,配合友军独立自主地开展敌后游击战争,实行全面持久抗战的方针,说明了毛泽东的领导是正确的。

说服力产生战斗力。共产国际 1938 年 6 月 11 日作出的《关于中共代表报告的决议案》中指出:

> 共产国际执委会主席团在听了关于中国共产党的活动的报告以后,认为中国共产党的政治路线是正确的。中国共产党在复杂和困难条件之下,灵活地转到抗日民族统一战线的政策之结果,已建立起国共两党的新的合作,团结起民族的力量,去反对日本侵略。

对此,《王稼祥传》有过回忆:王稼祥离莫回国行前,共产国际执委会主席季米特洛夫会见他和任弼时说:"应该告诉全党,应该支持毛泽东同志为中国共产党的领导人,他是在实际斗争中锻炼出来的领袖。其他人如王明,不要再争领导人了。"

1940 年回延安,任弼时立即参加书记处工作。在《胡乔木回忆毛泽东》一书中,胡乔木写道:"任弼时当秘书长,一是因为资历老,二是因为他是红二方面军领导人,三是他从共产国际回来的。这里有一些微妙关系,其他的人起不了他当时起的作用。"

任弼时一生有"三怕":一怕工作少,二怕麻烦人,三怕用钱多。在长期抱病却担负繁重工作中,他要求自己"能坚持一百步,就不应该走九十九步"。从陕甘宁边区的大生产运动到全党的整风运动,从起草《关于若干历史问题的决议》到筹备召开党的七大,从西北和全国的解放战争到解放区的土地改革,他都参与领导工作,作出突出贡献。

1940年,任弼时主持建立统一领导机构中共中央办公厅后,又提交改革中央机构的报告,1941年中央政治局会议确定中央机关的任务。1943年春,他代表中央书记处作中央机构调整以及精简方案的报告,并与毛泽东、刘少奇组成中共中央书记处。1944年,他负责主持起草《关于若干历史问题的决议》工作。1946年后,他和毛泽东、周恩来一起转战,参与中央重大决策。在西柏坡农村指挥所,他协助毛泽东等指挥了三大战役。1948年,他作的《土地改革中的几个问题》讲演,对当时正在进行的土地改革运动起到重要指导作用。新中国成立前夕,他为重建青年团夙夜在公,精力和体力严重透支。抗美援朝战争爆发后,他常常工作至深夜,病逝前仍在翻阅文件,查看地图。为党和人民的事业勤勤恳恳奉献一生,叶剑英评价任弼时:我们党的骆驼,中国人民的骆驼,担负着沉重的担子,走着漫长的艰苦的道路,没有休息,没有享受,没有个人的任何计较。

"人必有爱国之心,爱国必先合群,合群必先爱群。"1990年笔者第一次参观任弼时故居,有句话难以忘怀:12岁的任弼时在《爱群说》中写道:"若能爱群,国安有不强哉?"当下有所省悟:他以坚强的革命意志、高尚的思想品格、真挚的为民情怀,呈现"霸得蛮"的品质。

二十五、英烈事迹代代传

2022 年 7 月,笔者读到一篇"网文"——《1955 年授衔,当彭德怀提及段德昌后,毛泽东为何会潸然泪下?》,此文中提到彭德怀和徐立清等汇报授衔方案时,毛泽东问道:"拟授将军以上的同志里,有多少位是黄埔生?"彭德怀扳着手指算了算,提及自己的旧友段德昌,毛泽东瞬间愣在那里。只见他站起身,点上一支烟,嘴里不停地念叨着这个名字,悲伤不已。此时,彭德怀发现他眼眶红彤彤的,毛泽东下意识用手遮盖住脸,随后摆了摆手。

毛泽东为段德昌落泪,事出有因亦有缘。1945年4月,在党的六届七中全会上,任弼时对段德昌忠于革命、坚贞不屈的事迹作了详细介绍后,毛泽东郑重提议为他平反;6月17日,段德昌等革命烈士追悼大会在中央党校大礼堂举行。毛泽东担任主祭,并献挽词:死难烈士万岁。

1952年8月3日,在写烈士证书的时候,毛泽东凝望着盖有"中华人民共和国中央人民政府之印"的烫金证书,思考了许久,随后拿出序号为"壹"的空白证书,在上面写下段德昌的名字。段德昌成为中华人民共和国第一号烈士,这是一种至高无上的殊荣。

英烈事迹代代相传,革命历史不能忘却。位于湘北的益阳,在长期革命斗争和社会主义建设中,涌现出1400多位革命先烈。凡到过段德昌平生业绩陈列馆的人,站在一件件史料、一张张图片前,无不为他短暂而光辉的一生感叹:文能提笔、武能横刀,呈现"霸得蛮"的品质。

段德昌1904年生于湖南南县,18岁那年考入长沙雅各中学。1921年的一天,毛泽东以省督学的身份到安乡考察教育。当时,这里刚闹过一场风波:原任督学贪污,把伙食搞得一塌糊涂,于是学生们起来造反,领头者正是段德昌。为平息风波,上司各打五十大板,段德昌受到警告处分,原督学被撤职。毛泽东听后,就想见一见有勇有谋的段德昌。在交谈中,他发现这是一个思维敏捷、幽默的男孩。

1925年6月,段德昌加入中国共产主义青年团,9月转入中国共产党,并被推荐考入黄埔军校。到校不久,他便加入"中国青年军人联合会",后因揭露和痛斥"孙文主义学会"头目们的丑恶嘴脸和无耻行径,被开除学籍。因欣赏段德昌的才能和气节,时任黄埔军校政治部主任的周恩来写了一封信,推荐他去毛泽东、李富春等主办的中央政治讲习班学习。段德昌参加北伐,在围攻武昌的战役中,结识了彭德怀。

1927 年,段德昌参加南昌起义,后遭国民党反动派通缉,被党组织派到鄂西、鄂中开展农民运动。在战斗中轻度烧伤,回家乡养伤期间,他秘密会见时任国民党湖南独立第五师第一团团长彭德怀。见面时,他告诉彭德怀:你能坚持革命立场,很久的愿望就要达到,特委已经通过了你加入中国共产党,报告省委了,省委是会批准的。所以,段德昌成为彭德怀的入党介绍人和革命引路人。

"我是洞庭湖水养大的,湖乡人的胸怀像洞庭湖和洪湖一样宽阔",我们有洪湖人民的支持,一定能打出一个红彤彤的新世界。1928 年 5 月,段德昌带领游击队渡江东下,初创了洪湖根据地的基础。1929 年,他率部进入江陵、石首、监利开展斗争,建立三县红色政权,编写《红军纪律歌》,以教育指战员遵纪爱民;10 月击溃比游击队多 10 倍兵力的国民党正规军,创造首次在洪湖战胜敌正规军的辉煌战例。他与周逸群首创的"敌来我飞、敌去我归、敌多则跑、敌少则搞"游击战术,与 1930 年 12 月毛泽东提出的敌进我退、敌驻我扰、敌疲我打、敌退我追的"十六字"游击战术原则,有着异曲同工之妙。

段德昌与贺龙、周逸群一道,成为湘鄂西革命根据地的主要创始人。1930 年 2 月,中国工农红军第六军在监利县汪家桥成立,他和旷继勋、周逸群率部驰骋荆江两岸,创建以洪湖为中心的湘鄂西苏区,使江陵、石首等县的苏区基本连成一片,湘鄂西革命根据地的中心——洪湖苏区正式诞生。

"有贺不倒,无段不胜。"这句民谣是说,贺龙是红二军团的一面旗帜,而段德昌是湘鄂西根据地的一位战将。1931 年夏至 1932 年上半年,在粉碎敌人第三次"围剿"的中,段德昌率领红九师取得龙王集、文家墩、新沟嘴三大战斗的胜利,共歼敌一万多人,缴枪一万余支。从此,段德昌"常胜将军"的美名,在洪湖地区广为流传。

"洪湖水呀,浪呀嘛浪打浪啊,洪湖岸边是呀嘛是家乡啊……"1931年,"二十八个半布尔什维克"之一的夏曦,主持湘鄂西中央分局工作。他执行"左"倾冒险主义和宗派主义的方针,在"肃反"中错误杀害了大批优秀干部。1935年5月,段德昌在临刑前仍挂念着革命:"共产党人砍脑壳也要讲真话,我相信中国革命一定会胜利,红军要打回洪湖去,不要忘记了洪湖人民。"

在中央军委1989年和1994年正式确定的36名中国当代军事家中,16位出身黄埔军校。其中,湘籍有7位:陈赓、许光达和黄公略、曾中生、段德昌、左权、蔡申熙,后5位被评为中华人民共和国烈士。

"白云山头云欲立,白云山下呼声急,枯木朽株齐努力。枪林逼,飞将军自重霄入。"1931年,黄公略率部取得白云山战斗胜利,毛泽东写下这首诗篇。由此,他赢得"飞将军"美誉。

黄公略1898年生于湖南湘乡县,黄埔军校三期毕业。1928年,他和彭德怀等领导平江起义,创建湘鄂赣苏区。在中央苏区前3次反"围剿"中,他屡建战功,声名远播。苏区军民把他的名字,同毛泽东、朱德、彭德怀连在一起,称呼为"朱毛彭黄"。

"赣水那边红一角,偏师借重黄公略。"早在1930年7月,毛泽东就曾赋诗赞叹。国民党反动派对他恨之入骨,贴出告示:"若有捉拿共军头子黄公略者,赏大洋5万元;若有击毙黄公略拿头来见者,赏大洋2万元。"不承想,有人在其后加了一句:"若有拔到黄公略一根汗毛者,赏黄金万两。"可见,他对国民党反动派具有多么大的威慑力,而苏区群众对其有多么爱戴和钦佩。1931年,黄公略遭敌机袭击,壮烈牺牲。

十年的红军战争史,就是一部反"围剿"史。曾中山多次组织指挥反"围剿"作战,并系统地总结其经验,对鄂豫皖、川陕革命根据地的创建和发展,对红四方面军的发展和壮大,立下不朽功勋。徐向前称赞他:能文能武、智勇双全。

曾中生1900年生于湖南资兴县,从小爱好习武,与弟弟曾希圣向名师请教,成就"革命路上的传奇兄弟"。他1925年进黄埔军校第四期,1927年入莫斯科中山大学,先后撰写《与川军作战要点》《游击战争要诀》等军事著述,为毛泽东1936年撰写《中国革命战争和战略问题》提供了丰富的素材和依据。1933年,他被张国焘以"右派首领"等罪名逮捕,1935年被秘密杀害。

毛泽东说过:左权吃的洋面包都消化了,这个人硬是个"两杆子"都硬的将才。1905年,左权生于湖南醴陵市,1924年毕业于黄埔军校一期,1925年先后在莫斯科中山大学、伏龙芝军事学院学习。

参加过中央苏区5次反"围剿"的左权,参与指挥强渡大渡河、攻打腊子口等战斗后,率部西征,指挥了山城堡战役。1937年全面抗战爆发后,他协助朱德、彭德怀指挥八路军开赴华北抗日前线,粉碎日伪军"扫荡",取得百团大战等胜利。他指挥的黄崖洞保卫战,被中央军委认为:这次保卫战是最成功的一次,不仅我受到损失少,同时给了日军数倍杀伤,应作为1941年以来反"扫荡"的模范战斗。

"名将以身殉国家,愿拼热血卫吾华。太行浩气传千古,留得清漳吐血花。"1942年5月25日,左权在十字岭战斗中壮烈殉国。《人民日报》1950年10月20日载文评价:左权融合1925—1927年大革命时代,内战时代及苏联红军最先进的战术,为中国著名游击战术创造人之一。

红十五军主要创始人之一的蔡申熙,勇于摸索和实践新战法,创造出一系列经典战例。徐向前在《历史的回顾》中写道:"他不仅具有战略家的胆识和气度,而且在历次战役战斗中机智果断,勇猛顽强,因而在红四方面军中有很高的威望。"

蔡申熙1906年生于湖南醴陵市,1920年入县立中学读书,与左权、宋时轮等组织"社会问题研究社",1924年考入广东陆军讲武学校,后转入黄埔军校第一期。1925年至1927年,他先后参加东征、北伐战争和南昌起义、广州起义。1928年起,他指挥部队进行波浪式扩张,有力地配合井冈山的斗争,被群众称赞为"上有井冈山,下有东固山"。

1930年春,蔡申熙赴鄂东南领导游击斗争,指挥红八军第四、五纵队北渡长江,五战五胜,打出了军威。1931年1月,红十五军与红一军合编为红四军。那时侵入我根据地的敌军固守不出,曾中生、徐向前、蔡申熙、许继慎"四位黄埔生",想出三种破敌之法,并将试阵任务交给蔡申熙。

磨角楼一仗,开创围点打援的先河,成为我军克敌制胜的法宝。强攻新集一仗,是红军最早进行坑道作业的战例。兵法曰:倍则攻之,十则围之。双桥镇一仗,是红四军第一次通过运动战,取得歼敌一个师的大捷。

1932年,国民党发动第四次"围剿"。红二十五军在守霍邱县城时伤亡巨大,危急关头,蔡申熙挺身而出。徐向前说过:"在河口镇地区的作战中,他身负重伤后,躺在担架上指挥战斗,直至坚持到胜利,充分表现了一个杰出红军高级指挥员的责任感和无谓精神。他的牺牲,是红四方面军的重大损失。"

侠之大者,为国为民;义之实者,许党许国。1928年,王尔琢牺牲后,毛泽东含泪悲叹:"这个人很好,很忠实,很能打仗,很能指挥,为革命事业流尽了最后一滴血,我们一定要继承他的遗志,把革命进行到底。"在他的追悼会上,悬挂着由毛泽东拟稿、陈毅书写的挽联:"一哭尔琢,二哭尔琢,尔琢今已矣!留却重任谁承受?生为阶级,死为阶级,阶级后如何?得到胜利始方休!"

王尔琢1903年生于湖南石门县,1924年考入黄埔军校一期,经周恩来介绍加入中国共产党。1926年率部北伐途中,蒋介石派两个亲信携带其亲笔信游说王尔琢,如果听命于蒋先生就正式委任为军长,被他严词拒绝。

"革命不成功,坚决不剃头、不刮胡子!"八一南昌起义后,王尔琢率部直奔湘南。转战途中,后有追兵,时有地主武装和土匪的袭击,部队思想一片混乱,不少官兵相继离队,有的更是提出"散伙"。到达江西安远县天心圩时,团级以上干部只留下朱德、陈毅、王尔琢。

誓言已然发出,便从未动摇过。1928年井冈山会师后,王尔琢协助毛泽东、朱德指挥红四军取得五斗江等战斗的胜利。他率二十八团英勇作战,成为纵横井冈山的一员骁将,该团赢得"飞兵二十八团"的佳誉。英年早逝的王尔琢,虽未能列入军事家队伍,但被评为100位为新中国成立作出杰出贡献的英雄模范人物。

36位当代军事家中,有15位来自湖南,给人留下统率与文人的印象。从这群才华横溢、文武双全的英烈身上,不难发现"经世致用"的湘籍将士,正是通过"反思"这座桥梁,实现学习与实践的相互作用、相得益彰,体现"霸得蛮"的品质。

二十六、纤笔一枝谁与似

　　湖南是一块历史文化厚重的土地,放眼可眺望蜿蜒曲折滋润湘楚血脉的八百里湘江,雄倚南天塑造潇湘性格的八百里衡山;侧耳可倾听发自周敦颐、王船山等的经世之言和教诲。行走在湖湘大地,阅读的是一部中华人文学科的巨著经典。笔者虽记不清哪天到的毛泽东文学院,但"文诗溢延河"的巨型雕塑格外清晰:毛泽东与丁玲、萧三等湘籍文艺家,亲切交谈的画面栩栩如生。

　　"壁上红旗飘落照,西风漫卷孤城。保安人物一时新。洞中开宴会,招待出牢人。

纤笔一枝谁与似？三千毛瑟精兵。阵图开向陇山东。昨天文小姐，今日武将军。"吟着毛泽东的《临江仙·给丁玲同志》，想起丁玲始终把群众的冷暖放在心中，把人民的忧乐倾注笔端，体现"霸得蛮"的品质，让人感怀不已。

史称"川黔咽喉，云贵门户"的常德，就是《桃花源记》中的"武陵"，是一座拥有2000多年历史的文化名城。丁玲原名蒋冰之，1904年生于临澧县，1922年到上海入平民女校，1923年进上海大学。性格活泼、思想开放的她，跟一些进步青年一样废姓，只用"冰之"其名，这竟引起许多麻烦，于是采用笔画最为简单的"丁"字为姓，叫"丁冰之"。1925年，她想当演员，需要改名，便和几个朋友闭目在字典上各找一字。她摸到"玲"字，从此"丁玲"成为新姓名。1927年，她开始从事文学创作，成名作《莎菲女士的日记》，不仅显露非凡的文学才华，而且喊出当时青年女性的心灵苦闷，引起文学界以至众多读者的注目。

书生报国无长物，唯有手中笔如刀。1936年12月，在《临江仙·给丁玲同志》中，毛泽东为何说"纤笔一枝谁与似？三千毛瑟精兵"？

细看丁玲生平就会发现，她1930年参加中国左翼作家联盟，1931年出任《北斗》的主编，1932年加入中国共产党，是一位具有重大影响的左翼作家。上海话把东西碰翻后发出的声响叫"丁玲珰琅"（玎玲珰琅），当时"左联"秘书处创办《秘书处消息》，发表关于竞赛工作给全体同志的一封信，附有署名"珰琅"的挑战书和署名"洛扬"等的应战书。"珰琅"就是丁玲，而"洛扬"便是冯雪峰。"珰琅"据说含有镣铐的铿锵响声，丁玲以此暗示对反动当局的蔑视，表示对革命事业必胜的信念。这一时期，她创作的《水》《母亲》等作品，呈现左翼革命文学的创作实绩，得到鲁迅、瞿秋白、茅盾等的肯定。

1933 年 5 月,丁玲被国民党特务绑架,拘禁在南京。宋庆龄、蔡元培、鲁迅、柳亚子和罗曼·罗兰等国内外著名人士,曾发起抗议和营救活动。敌人对丁玲威胁、利诱、欺骗,企图利用她的名望为其做事,但她拒绝给敌人做事、写文章和抛头露面,积极寻找地下党组织,终于在 1936 年 9 月逃离南京,11 月化装转赴到陕北保安县,受到毛泽东等欢迎。

前些日子,跟一位同事聊起丁玲,说到想写她的事迹时,同事不无惊异地说,她可是一个有争议之人。争议何在,为何争议? 读完王增如写的《丁玲的故事》,似乎有所悟。

1955 年和 1957 年,丁玲两次被打成右派分子,下放到黑龙江垦区劳动 12 年。十年"文革",她又被关进监狱 5 年。1981 年,她出访美国发表的讲演,很少说到自己,谈的只是文学界在新形势下如何"五代同堂,共同创造新中国文学的繁荣"。为此,赢得国内外朋友普遍尊重的她,同样令一些人"失望"。因为,她不肯在异国他乡控诉自己的祖国,不肯迎合那些也许是好意的怜悯与浅薄的好奇心。

丁玲只是说:"关于我自己,我没什么好多说的。是的,我是吃了一些苦,但我的祖国,我的人民在和我一道吃苦,甚至比我吃的苦更多……"

"可你是个作家呀……"

"我首先是个共产党员。"

在不同社会制度的国家里,至今有人以讥讽谩骂自己的祖国和政党为荣。而丁玲,在有人"启发"她诉苦时,却那么"不合时宜",那么始终如一、深情如故地宣称:"我首先是一个共产党员,然后才是作家"。

这一宣称，这抹微笑，不仅教育了许多后来人，而且让很多人为之肃然起敬。当然，也招来一些狂妄人的嗤笑，甚至仇恨，以致诅咒她早点死去……

阅读《丁玲文集》就会发现，她是少数几个去世获得的评价高于生前的现代作家之一。为什么会这样？从她的作品和人品中可以找到答案。丁玲具有一些普通人没有的特质：始终是妇女解放的呐喊者，始终是一切愚昧落后现象的批判者，始终是共产主义理想的坚定信仰者。

之所以说具有这种特质，表现在1919年以后，中国新文学的几个重要转折时期，丁玲都有开创风气的作品。如果说《莎菲女士的日记》为五四运动后消沉寂寞的文坛带来新鲜的内容，那她20世纪30年代的创作，则是左翼文学实绩的突出显示。茅盾曾评论说，《水》的出现，表示了过去的"革命与恋爱"的公式已经被清算。抗日战争时期，她创作的小说《我在霞村的时候》《夜》等，散文和报告文学《彭德怀速写》《田保霖》等，在思想和艺术上均有新的开拓。1946年，她参加晋察冀中央局组织的土改工作队，创作出名著《太阳照在桑干河上》。这是最早反映土地改革运动的长篇小说，在国内外产生巨大而广泛的影响。她晚年最突出的是散文，如《牛棚小品》《我所认识的瞿秋白》《风雪人间》等优美篇章，蔚然成为别具风度的散文大家。

之所以说具有这种特质，也表现在她从来不是关在书斋里、醉心于象牙之塔艺术的作家。丁玲把文学作为革命事业的一部分，从其许多作品里可以感到：比起"作家"，丁玲更喜欢"战士"的称谓。20世纪30年代，她勇敢地走向十字街头，参加并组织左翼文学运动；40年代，她奔赴抗日战争的烽火前线，为民族的解放事业、为创造新的人民的文艺倾尽心力;50年代初,她为培养青年作家、开创新中国的文学事业,作出积极的贡献;50年代后期,她承受着冤屈和痛苦,仍执着地在底层生活里寻找人间温暖,在艰苦的境遇中坚守着信念。

之所以说具有这种特质,还表现在她始终保持着与人民群众的血肉联系。丁玲曾提出"到群众中去落户",坚持用毕生的行动实践这一主张。即便在"北大荒"最困难的日子里,她不是斩断而是加强这种联系。她主动要求到最艰苦的基层去,做最平凡最细小的事,尽一切力量为群众谋利益。所有这一切,让她的心与人民群众息息相通,从人民群众中吸取生活的勇气和斗争的力量。正因如此,她去世后,"北大荒"人民送了"丁玲不死"的红旗。

丁玲属于中国的,也属于世界的。她的文学创作,既继承民族艺术的优良传统,也得益于世界文学的营养,其作品有如沟通中外心灵的一座桥梁,自20世纪30年代以来就不断被介绍翻译到国外,有近20种文字的译本。丁玲1951年荣获斯大林文学奖,1986年被美国文学艺术院授予荣誉院士的称号,是一位具有国际影响的作家。

日前,读到丁玲的《吊亡友萧三同志》一文,让人想起毛泽东写于1945年2月22日的《致萧三》。

萧三同志:

你的《第一步》,写得很好。你的态度,大不同于初到延安那几年了,文章诚实,恳切,生动有力。当然,从前你的文章也是好的,但是现在更好了,我读这些文章,很得益处。

为着使延安文艺工作同志们多参加群众性的集会……今年全边区性的大会少开,但地方性的,延市、延安县和延属分区的,必有许多,同县、市、分区的负责同志及宣传部讲通此事,也很必要,可否也请你去谈一下?

同志的敬礼!

毛泽东

二月二十二日

1896 年生于湖南湘乡县的萧三,可是第一个为毛泽东写传的人。1907 年,萧三以优异成绩考入县立东山高等小学堂。两年后,毛泽东也考入该校,不久两人便有了交往。1936 年,毛泽东在延安同美国记者埃德加·斯诺谈话时说:我在东山学校学习时,平常总是一身破旧的衫裤,许多阔学生因此看不起我,可是在他们当中我也有朋友,特别是有两个是我的好同志,其中一个现在是作家。而这个作家,指的就是萧三。

萧三 1919 年赴北京,入勤工俭学留法预备班,后参加五四运动;1920 年赴法国勤工俭学,组织工学世界社研讨马克思主义理论,后参加旅欧中国少年共产党;1922 年经胡志明介绍加入法国共产党,同年秋加入中国共产党,年底赴苏维埃俄国,在莫斯科东方劳动者大学学习,曾与陈乔年一起将《国际歌》歌词译成中文。1924 年,他与任弼时等代表中共旅莫斯科支部,参加列宁的葬礼和护灵活动。1930 年中国左翼作家联盟成立后,他担任"左联"常驻苏联代表,出席在莫斯科举行的国际革命作家会议,并主编该会刊物《国际文学》的中文版,1933 年入红色教授学院学习。1934 年,他代表中国"左联"出席苏联作家第一次代表大会,并作发言。在苏联期间,他写了不少诗歌,歌颂中国革命,谴责帝国主义侵略,宣传鲁迅和中国左翼文学。

1939 年,萧三从苏联回到延安。毛泽东曾多次与他交谈,先后谈到《聊斋志异》,谈及鲁迅对该书的评价、苏联对该书的看法,以及对斯诺所写毛泽东传记的看法等话题。两人还谈到读书、写诗,谈及萧三与其兄长萧瑜的关系,以及鲁迅兄弟、瞿秋白的牺牲等问题。1940 年,萧三与公木等发起创建新诗歌会,开展街头诗、诗朗诵运动,创办诗歌杂志《新诗歌》。他撰写了《关于高尔基》《毛泽东同志的初期革命活动》《朱总司令在延安》等文章,翻译了《列宁论文化》和《马门教授》《新木马记》《光荣》《前线》4 个剧本,以及普希金、马雅可夫斯基的诗歌。1944 年,边区召开劳模大会,萧三组织一批作家采访劳模,写出文章刊登在《解放日报》上,之后他写了《第一步》总结此事。为此,毛泽东见后致信给予鼓励。

1982 年 12 月 8 日,萧三写给胡耀邦的信函不寻常:"我的诗文集特别是延安以来的日记还没有理出头绪!命在旦夕时,我不曾想到死。开始清醒时,我想到的第一件事,也是这批资料。我一定要把它奉献给党,决不能'带走'。"

从青年时代起,萧三就有记日记的习惯。1918 年 4 月 14 日的日记里,就记载了由毛泽东发起,蔡和森、萧三等 13 人参加的"新民学会"成立时的实况。不能拒绝这样一位诞生于 19 世纪末、投身于 20 世纪变革历史之潮流的老战士的一生最后请求,胡耀邦在萧三来函上批示同意:"从尊重老同志和抢救历史资料上说,都应满足他的这个要求。"

唐代白居易作诗,以简单通俗著称。据说他每写一诗,必对家中老妪读之,老妪明白就抄录,否则必改写。这说明,文艺作品是拿给人民来看的,应该得到人民的认同,人民是评判的"度量衡"。1941年,萧三发表短诗《我的宣言》,并阐述他的主张:

只希望,读下去,顺口顺眼,

不敢说大众化和通俗化,

但求其,写出来,像人说话……

文艺的沃土在人民,人民是创作的源头活水。萧三、丁玲等文艺家,始终坚持到火热生活中去感悟体验、潜心创作,犹如挖井一样,挖得越深,水越清洌甘甜,创作出许多扛鼎之作,呈现"霸得蛮"的品质。

二十七、病危不忘"服务"

准时打开电视,收看《太行之脊》,是笔者一段时间里的"必修课"。1942 年 5 月,日军突袭八路军前方总指挥部,时任参谋长的左权不幸中弹,壮烈牺牲。谁来担此重任?彭德怀向组织推荐三人:叶剑英、林彪、滕代远。毛泽东认为滕代远不仅资历高、能力强,还与彭德怀有过多年搭档的经验,更为合适。

滕代远这个名字,既熟悉又陌生。记得识字不多的我,便看过《平江起义》之类的连环画,把他与涂正坤一同视为岳阳人,并为之自豪。读了 2019 年 10 月 28 日《人民日报》

刊发的《滕代远:始终对党和人民事业高度负责》一文,才知道他1904年生于湖南麻阳一个普通苗族农家。1974年11月30日,滕代远病危,亲人们来到床前,说不出话的他,努力用手指了指桌上的铅笔,几乎使尽全身力气,写下"服务"二字。滕代远病危不忘"服务",既是留给子女的最后遗嘱,也是一生为党和人民尽心尽力的真实写照,体现"霸得蛮"的品质。

湖南总给人留下多"阳"的印象:地级市有岳阳、衡阳、益阳、邵阳,县级市有耒阳、浏阳,县有祁阳、桂阳,原来还有个黔阳,1997年11月29日撤销。现为"9阳"之一的麻阳苗族自治县,隶属于素有"全楚咽喉"之称的怀化市。宋代以"怀柔归化"之意设怀化砦,怀化之名由此得来,今为湖南"西大门",拥有抗日战争胜利受降纪念坊、粟裕公园、向警予故居等著名纪念地。

"久有凌云志,重上井冈山。"毛泽东1965年重返井冈山,并回忆道,当年井冈山的红军由四支部队组成。第一支,是毛泽东率领的秋收暴动起义部队;第二支,是袁文才、王佐两支小的农民地方武装;第三支,是八一南昌起义的部队;第四支,是1928年12月由彭德怀、滕代远率领的红五军,也来到永新、莲花、宁冈一带。这样,井冈山的四支部队对外称红四军、红五军。

滕代远1924年加入中国社会主义青年团,1925年转为中共党员。1927年发生马日事变的当天晚上,他正在主持韭菜园圣经学校的区农会,听到枪声,立即中断会议,边指挥阻击,边组织突围。而后,敌人在长沙城内外到处贴出布告,悬赏3000大洋捉拿滕代远。

1928年7月,彭德怀、滕代远、黄公略等发动著名的平江起义。在庆祝起义胜利的大会上,滕代远以湖南省委特派员身份,宣布成立红五军。8月,他和彭德怀率领红五军同湘鄂赣三省敌军周旋,于12

月 10 日到达宁冈,实现与红四军胜利会师。为打破敌人的经济封锁,毛泽东、朱德率红四军主力向赣南、闽南进军,他和彭德怀动员红五军官兵担当起保卫井冈山的重任。1929 年 1 月,因敌我力量悬殊,井冈山失守,他和彭德怀率领 500 多人突围来到赣南于都,5 月重返井冈山,为创建井冈山革命根据地立下不朽功勋。

1930 年 5 月,滕代远参加党中央在上海召开的红军代表会议。根据会议的精神,红五军扩编为红三军团,随即用调虎离山之计攻占岳阳,又利用当时军阀混战、城防空虚的机会,一度攻占长沙。红三军团撤离后,与毛泽东、朱德率领的红一军团在浏阳会师,成立红一方面军。从此,滕代远就在毛泽东的直接领导下进行工作。

滕代远曾组织对日军通信密码的破译工作,及时截获日军企图偷袭美国珍珠港海军太平洋舰队和日本海军司令山本五十六乘机视察部队的绝密情报。毛泽东听了非常高兴,专门接见有功人员,并欣然题词:步步前进,就步步胜利!滕代远为何能做到,又是如何做到的?

话得从 1934 年说起,当时中共中央派滕代远去苏联出席共产国际第七次代表大会。在苏联的两年多时间里,他先到军事学习班学习战术,后参加共产国际的七大,作了题为《保卫自己和独立》的发言,着重介绍红一方面军在长征中的英勇事迹和取得的重大胜利,并受到斯大林的接见。后来,他与陈云、曾山等到列宁学院学习,用"李光"的笔名出版《中国新军队》一书,第一次向世界介绍中国中央红军的发展史。

1937 年,滕代远从苏联回到延安。毛泽东对他说,委任你为军委参谋长,不加"总"字,和我一起管八路军、新四军。他高度重视情报工作,经周恩来批准,派人从香港购进近百台无线电台,通过军委参谋部一局把敌、伪、友、我军的部署与动态摸清楚,并做出综合分析。他要求一局每天必须做分析研究,经常撰写综合报告,经他审阅后呈毛泽东、王稼祥等军委领导同志,为中央军委及时制定战略方针和对敌斗争的决策提供了重要依据。

"你的作战对手——敌人,恰恰会是我们抗大学员学习成绩的评分员。"1940 年到 1942 年,在抗大总校的滕代远,通过不断摸索、总结、创新,逐步形成自己特有的治学作风和教学风格——严、实、深、细,培训出学员万余名,为夺取抗日战争胜利作出重要贡献。

战斗就是学习,学习也是战斗。那时抗大总校许多连队距离战场只有一两公里,学员和日军仅仅隔着一个山包。滕代远和教员们授课时沉着冷静、有条不紊,经常在山洼里上大课,有时说撤就撤、该打就打。"抗大的教学是否成功,要拿到真刀实枪的战场上去检验。"在百团大战第三阶段的反日军"扫荡"作战中,他命令抗大 600余名师生组成阻击部队,在洪岭、三十亩地等战斗中取得重大胜利。

接任八路军副总参谋长之职的滕代远,先是协助彭德怀,后又协助邓小平,指挥部队坚决粉碎敌人的"扫荡"和"蚕食",并大量派遣武工队挺进敌后开展游击战争。这其间,为何要提出"滕杨方案"?

1944 年春,滕代远、杨立三之所以提出著名的《滕参谋长、杨副参谋长手订总队伙食单位生产节约方案》,简称"滕杨方案",是为了更好开展生产和节约运动,度过敌后艰苦的年月。"滕杨方案"贯彻生产有分红、劳动有报酬、公私两利的精神,纠正以往把共产主义远景当现实,认为个人积蓄劳动所得是"富农思想"的错误观点,提出各单位自己解决 3 个月粮食和全年蔬菜的任务,要求各军区、部队机关努力增产节约,用生产自救的办法来克服困难,坚持斗争。

在"滕杨方案"推动下,八路军总部机关带头种菜、养鸡、喂猪和开荒种地,和驻地的军民一道修建拦河大坝,淤河造地。根据地的军民一面打仗,一面生产,部队和群众的生活有了较大改善,一举打破日寇封锁我根据地的企图,迎来了抗日战争的大反攻。

抗日战争胜利后,滕代远不仅以叶剑英顾问的名义,参与北平军调处执行部的工作,而且遵照中央军委的电令,以八路军参谋长的名义,在北平设立八路军办事处。那"滕公馆"从何而来,经历了什么?

当时国民党不同意在北平设立八路军办事处,只好对外宣称"滕公馆"。1946年4月,国民党将"滕公馆"的工作人员李新等和新华社北平分社钱俊瑞抓去,经叶剑英、滕代远与国民党当局进行有理、有利、有节的斗争,才迫使他们将这些同志释放。共产党人像块砖,哪里需要哪里搬。不久,他又奉命去重庆、南京,协助周恩来进行与马歇尔和张治中的谈判工作。

负责晋冀鲁豫军区工作期间,滕代远既指挥部队打运动战又打游击战,既管地方的武装建设又管军工生产和后方的供应工作,为夺取解放战争胜利作出巨大贡献。1949年1月28日,军委铁道部第一次铁道工作会议在石家庄召开,朱德宣布成立军委铁道部的命令后,对代表们说:中央给你们派来个"将军大老板",今后滕代远掌管铁路,要指挥百万铁路大军,开山修路,遇水搭桥,抢修抢运,支援大军过江,解放全中国。

新中国成立后,军委铁道部改为中央人民政府铁道部。针对中国铁路建设存在的实际问题,滕代远学习借鉴苏联铁路建设经验,在吕正操、武竞天等的协助配合下,连续召开运输、调度、工程、机务、运价等一系列会议,大刀阔斧地推进铁路统一管理,明确铁路工作的指导思想,建立起分级管理、统一调度指挥的全国铁路管理新体制。

"一桥飞架南北,天堑变通途。"1957年10月15日,武汉长江大桥建成通车。但现在很少有人知道，修建大桥的基础工程采取什么样的建设方案，曾一度存在严重分歧。滕代远经过缜密的调查与研究，顶住各方压力，否定沿用100多年的"气压沉箱法"，坚决支持具有创新思路的"管柱钻孔"方案，确保大桥建设的顺利推进。2002年，武汉长江大桥通车45周年之际进行第一次大修，经中国科学院专家测评认为大桥的体检数据说明其设计、施工和养护都是一流的，它的使用期限至少在一百年。

滕代远有一个习惯，检查工作要看职工宿舍、医院、食堂。有一次，他去一个行车公寓，发现照明灯泡小，舍内光线不好，只能休息不能看书读报。"你们的被子多长时间洗一次？"他边问管理员，边打开司机、司炉盖的一床被子，发现个大虱子，非常生气地说："限一周时间将墙刷白，灯泡换大，室内要能看书读报；每次乘务员用过，被褥就要换洗，让乘务员休息好、开好车，更好地为人民服务。"一个星期后，他又去检查这个行车公寓，看到室内墙壁粉刷一新，光线明亮，被褥干净，当即表扬管理员："我上次来，对你们的批评严了些，态度也不好，请你们原谅。"

一生从不居功自傲的滕代远，更不以权谋私。早在1938年，滕代远的父亲得知已失去15年音讯的儿子的消息后，便凑齐盘缠辗转到延安。父子相见，滕代远掏钱叫警卫员买来一只母鸡，按家乡习俗将鸡头、鸡尾、鸡腿敬献长辈。"牙祭"后，他便让父亲到大食堂吃饭。父亲离开延安时，他将身上仅有的4张5角纸币和一个红色锁口布袋相送。毛泽东知道后，写信托李富春请老人家吃顿便饭，代表自己送了10块光洋。

家庭是社会的基本细胞，是人生的第一所学校。在中国共产党人不断"赶考"的峥嵘岁月里，留下许多感人至深的红色诫子书、革命育儿经。1950年,未曾谋面的长子滕久翔从湖南来北京探亲,滕代远夫妇挤出时间陪长子游览北海、故宫等名胜古迹,浓浓亲情使滕久翔萌生在北京找个工作的念头。沉思片刻,滕代远说:"按父子情分,我应该在北京为你找个事做。但我们是共产党的干部,只能全心全意为人民服务,绝没有以职权谋私利的权力,部长更不能例外。"1973年,滕久翔到北京看望病情日趋严重的父亲,见他每餐要吃一个窝窝头,便劝道:"爸,这东西是粗杂粮做的,吃了不容易消化,等您病好后再吃不迟。"滕代远却说:"今天共产党的官,是为人民服务的,是人民的勤务员,要关心群众,体贴群众,不能只顾自己,要时时不忘旧社会的苦,才知今天新社会的甜。今天的幸福是来之不易的,你应该好好工作,为党和人民多做贡献。"

无论在革命时期,还是在新中国各项事业建设中,滕代远始终对党和人民的事业高度负责,以身作则、严于律己,在广大人民群众的心里树立起一个认真负责的共产党人形象,呈现"霸得蛮"的品质。

二十八、六十载一心"谈政"

何为"谭政报告"？毛泽东为何称"谭政，谈政也"？在总政治部工作过的老同志凭啥说谭政就是"坦正"？带着一连串问号，翻阅《谭政军事文选》，书中跳出一员"用笔战斗的大将军"：为人民军队的创立和建设尤其是政治工作，奋斗六十载、一心"谈政"，把"霸得蛮"的品质融入等身著作里，拓展了"政者，正也"的丰富内涵。

谭政，原名谭世铭，1906 年 6 月生于湖南湘乡县，1927 年投笔从戎参加国民革命军。一到武汉，妻兄"陈赓式幽默"就来了：

你这个名字太封建,难道要让世界记住?为此,谭世铭正式改名为谭政。从此,这个名字便记录在中国革命战争的史册上,留下"一县两大将"的佳话。

"谭政报告",特指《关于军队政治工作问题的报告》,是继古田会议决议后又一重要历史文献。1944年4月,在毛泽东、周恩来等主持和指导下,谭政负责起草,并在西北局高级干部会议上作了此报告。这个报告产生于毛泽东思想形成并走向成熟的时期,明确指出:"共产党领导的革命的政治工作是革命军队的生命线"。中共中央宣传部、中央军委总政治部批发《关于军队政治工作问题的报告》时强调,这个报告不但特殊地解决了军队政治工作问题,而且一般地解决了党的历史经验、领导方法与工作作风的许多问题,要求军队和地方一律将其作为整风文件与固定教材,加以研究讨论,联系实际,改造思想与工作。

新中国成立后,中央军委及总政治部曾多次重印《关于军队政治工作问题的报告》。然而,让人匪夷所思的是,1960年底林彪一伙故意将报告人谭政的名字抹去。对此,杨尚昆于1988年11月17日在《人民日报》上刊文指出:"这是很不公正的。谭政同志的这一功绩是不应埋没的。"

政治是统治人民的艺术,来自古希腊哲学家柏拉图的思想。中国民主革命伟大的先行者孙中山说过:"政就是众人之事,治就是管理,管理众人之事,便是政治。"谈到毛泽东为何称"谭政,谈政也",不禁让人想起一个这样的片段:1929年组织派谭政到红四军第三十一团担任党委秘书,毛泽东对他说,政治工作是我们的生命线,这一条,任何时候都不能忘记。

如获至宝,谭政铭记于心,在人民军队建设发展的每一重要历史时期,始终坚持和维护政治工作的生命线地位。抗日战争初期,根据国共两党达成的协议,红军改编为八路军、新四军,部队一度取消政治委员、缩小政治机关,削弱了党的领导和政治工作。1937 年 11 月,兼任中共中央革命军事委员会主席的毛泽东和副主席谭政,联名签署了恢复政治委员和政治机关制度的命令。20 世纪 50 年代制定我军政治工作条例的时候,由于受苏军"一长制"的影响,"政治工作是我军的生命线"曾从草案中删除。正是在陈毅、罗荣桓和谭政等的建议下,毛泽东亲笔将政治工作是我军的"战斗力量保证"修改为"生命线"。1956 年,谭政在党的八大作了《建军新阶段中政治工作的若干问题》的发言,提出在现代战争中,军事技术的重要性大大地提高了,但重视技术并不是主张可以降低人的作用、政治因素的作用;相反,人的因素始终是战争中决定的、经常起作用的因素。这个发言被编入八大文件汇编,印发全军学习,对指导和加强新的历史时期军队政治工作起了重要作用。

身教重于言教,是我国的一条古训。谭政之所以始终坚持和维护政治工作的生命线地位,细看《人民日报》1988 年 11 月 22 日署名中国人民解放军总政治部的《政治工作者的楷模——悼念谭政同志》一文有所察:与毛泽东的教诲和影响紧密相连。1927 年,谭政参加秋收起义,后随毛泽东到达井冈山。他在红四军前委任秘书时,就在毛泽东身边工作。

作为秘书,工作中最繁忙、最劳累的是为会议准备起草文稿。1928 年 6 月,杜修经作为湖南省委的代表,携带着省委对边界红军的错误决定上井冈山,从而导致红军冒进湘南,造成井冈山斗争的"八月失败"。当时,党内一部分人面对挫折变得消极悲观,提出"红旗到底打得多久"的疑问。为统一思想、廓清认识,毛泽东准备在中共湘赣边界第二次代表大会上通过一个决议案,其中第一部分就是《政治问题和边界党的任务》。几十年后,谭政在回忆文件起草的过程时说:"所有问题的提出与回答,都是有针对性的。但是落实到文字,写成稿子,不知需要多少次的反复。常常听了些意见,毁掉重写重抄……"昏暗的茶油灯下,他陪伴毛泽东写出这一重要历史文献,收入《毛泽东选集》时改标题为《中国的红色政权为什么能够存在?》。

毛泽东的手不释卷、博览群书,也深深影响着谭政的一生。戎马倥偬的战争年代,他善于抓住一切能够利用的时间,在马背上、油灯下、窑洞里,勤奋学习、刻苦著述,用以指导和开展军队政治工作。1929年11月,他到部队做调查,把干部战士反映、揭露出的问题逐条归纳整理,写出书面意见,为毛泽东起草古田会议决议提供了第一手材料。土地革命战争向抗日战争转换的历史关头,他写下《关于红军中新的政治工作的意见》的报告,提出不管红军在新的形势下怎样改变组织形式,必须加强党在组织上、思想上对军队的绝对领导,一切破坏或分裂党的组织和领导的企图,均必须受到无情的打击。抗日战争时期,就创建和坚持敌后抗日根据地、坚持敌后武装斗争、贯彻抗日民族统一战线政策和对敌斗争的政策和策略,以及加强军队政治工作建设和干部队伍建设等问题,他在《八路军军政杂志》上发表了许多重要文章,对指导在敌后坚持抗战的八路军、新四军开展政治工作,加强军队建设起到突出作用。1943年春,在参与领导留守兵团整风运动中,为解决军政、军民关系存在的问题,他组织起草《关于拥护政府爱护人民的决定》,创造性地提出了人民军队历史上第一个拥政爱民公约,逐步发展成为我军的优良传统。1953年6月,他在中南军区作的《关于整理党的支部工作问题》的报告,至今读来仍感富有新意、深受启迪。即使担任总政治部主任后,在工作十分繁忙的情况下,他仍潜心学习,笔耕不辍,亲自起草文件,撰写发言,留下近百万字的政治工作论著,是我军政治工作的一笔宝贵财富。

《论语·子路》载:"其身正,不令而行;其身不正,虽令不从。"孔子主张身正民行、上感化下,才能施不言之教。在总政治部工作过的老同志,之所以说谭政就是"坦正",一生坦正,是因为他的正直、正派,在全军有口皆碑。

坚持真理、光明磊落、原则性强,不盲从、不苟同,是贯穿谭政一生的政治品格。1927年9月,秋收起义遭受挫折、部队被打散,许多人丧失革命信心,而他始终抱定革命事业必胜的信念,坚定不移地跟党走,坚持井冈山斗争。此后,无论是在艰苦卓绝的反"围剿"作战、险象环生的长征途中,还是延安窑洞的艰苦岁月、硝烟弥漫的东北战场,他始终保持坚定的共产主义信念,百折不挠,历久弥坚。即使在遭受不公正待遇的情况下,他仍然没有动摇对党的信念。

1958年,到福建沿海视察国防施工,发现一些部队受"大跃进"浮夸风的影响,片面追求掘进速度,工程质量不好,伤亡事故增多,谭政专门指示《解放军报》撰写《百年大计、质量第一》和《实事求是》等文章,要求部队从实际出发,量力而行,不能盲目追求高指标。尽管这件事后来成为他"反对'大跃进'"的罪名之一,但这一正确的思想,对保证国防工程质量起了很好的作用。1959年,庐山会议错误批判彭德怀、黄克诚等,在随后的广州高干会议上,他不随波逐流,发言中只谈部队文化教育和整风情况,没有违心地批判彭、黄的所谓"资产阶级军事路线"。对林彪在军队推行"突出政治",把毛泽东思想同马克思主义割裂开来,用"活学活用""立竿见影""走捷径"代

替系统学习等"左"的东西,他有保留、有抵制,大声疾呼"理论还是
要系统地学",并主持制定了军队院校开设哲学、政治经济学、中共
党史三门课程的教学大纲。因而,他被视为"思想迟钝""按兵不
动",这在当时的情况下是极其难能可贵的。1960年10月军委扩大
会议和以后的日子里,他受到林彪的陷害,被横加"反对毛泽东思
想"和"在总政结成反党宗派集团"等莫须有罪名,遭到错误批判,直
至被撤职、降职。"文化大革命"中,他又受到残酷迫害,身心受到严
重摧残。虽历经磨难,但他不计个人恩怨,始终以党的事业为重。
1975年重新工作后,他不顾年老体弱,走边防、下海岛,调查研究,建
言献策,对党和国家的前途满怀希望,对人民军队建设充满深情。党
的十一届三中全会召开后,他积极支持拨乱反正和改革开放,主张正
确评价我党我军的历史和毛泽东的功过。

　　始终与人民群众同呼吸、共命运,与广大官兵心心相印,几十年
如一日,谭政忠实践行党的根本宗旨。他经常教育部队"人民的军
队,要有群众的观点",必须"把人民利益当作最高利益"。1949年5
月武汉市解放后,兼任军事管制委员会主任的他,急民众之所急、想
百姓之所想,为恢复发展生产、解决人民群众基本生活问题日夜操
劳,至今为武汉人民所称道。把干部视作宝贵财富,倍加珍惜爱护。
新中国成立后我军开始向现代化进军,他敏锐地意识到官兵文化素
质的极端重要性。实际上,早在中南军区工作期间,他就积极组织部
队开展学文化活动。主持总政治部工作后,又作出《关于在职干部
普及中等教育和高等教育的指示》等一系列重要决策,这在我军建
设中是一个极富远见卓识的战略举措。兼任中央军委纪律监察委员
会书记期间,他亲自处理许多假案、错案,平反多起重大冤案,并经常
讲,"对人的问题,一定要慎重对待,注意接受历史的教训,打击面不

能太宽"。即使对犯过错误的干部,他总是坚持"惩前毖后,治病救人",满腔热情地教育和帮助,从不主张随意处分干部。

严于律己、清正廉洁、克勤克俭,谭政一直保持着普通一兵的本色。和平建设时期,他要求别人做到的自己首先身体力行、做好样子。他的住房设施简陋,年久失修,但从未提出过修缮和更新。率团出访到莫斯科,苏联赠送的照相机、望远镜,回国后都如数交机关使用。1959年,参观湖南一工厂,临行时厂领导将一些礼品悄悄放在车上,他发现后坚决退回。回到阔别几十年的家乡,乡亲们送上一些茶叶、腊肠等土特产,他交代秘书照价付费,见到收条方才满意。

毛泽东曾称赞谭政,"敢于坚持原则,同党内的错误思想进行斗争,一生都是如此"。六十载一心"谈政"的谭政,把"霸得蛮"的品质诠释为刚正不阿、正直正派。高山仰止,景行行止。合上《谭政军事文选》,大将军赤胆忠心、宠辱不惊的崇高风范,令人肃然起敬、心向往之。

二十九、了却"难了"之事

　　"既感事太多,尤叹时间少。虽老不知疲,愈老愈难了。"1985 年退休后,萧克作诗自叹,直至 2008 年辞世,23 年间他了却了哪些"难了"之事,为什么能了却? 沿媒体足迹,寻最优答卷,"霸得蛮"的品质呈现为"三勤":勤劳、勤俭、勤奋。

　　美国海伦·斯诺在《中国老一辈革命家(自传)》中评价:像周恩来、徐向前和毛泽东一样,萧克是中国人所称的"军人学者"的再世。1988 年,历时 50 多年、两遭批判的长篇小说《浴血罗霄》问世。这部被称为"中国的

《铁流》"的著作,1991 年获得茅盾文学奖荣誉奖,夏衍称之为"中国当代军事文学史中一部奇书"。

萧克是将军,也是作家。在《浴血罗霄》中,他既读出人生,又写出波澜壮阔的革命史篇。那萧克是如何做到的? 细读《浴血罗霄》有感:一个人不论身在何方、处于何境,只要心中有书、勤奋执着,就会写出人生、成就大书。

湖南郴州历史悠久,是古代炎帝部落苍梧越的聚集地,秦末汉初楚义帝熊心的都城,其水系分别注入珠江、赣江、湘江,有天下"上游之称"。郴州人勤劳刻苦,诚信可靠,人称"水上骡子"。萧克 1907 年生于嘉禾县,6 岁进私塾,上初级师范学校后家里连遭不幸,可他死活不肯退学。当时,萧克一年的零用钱仅有一块大洋,可他宁愿穿补丁摞补丁的粗布衣,也要购买《中国新文学大系》。正是这本号称"中国最早的大型现代文学选集",让少年萧克既学到一些文学知识,也接受不少革命思想。

18 岁的萧克,听说黄埔军校在招生,怦然心动,借来 7 块钱的地方币就动身了。到了广州,他的心却凉了,因为当期招生已过去两月有余,没能进黄埔军校,只得参加国民党的宪兵第 65 辅助团,当了一名看管军火库的军士。在国民党的兵营里,可不像人民解放军"十八岁十八岁,我参军到部队,红红的领章印着我开花的年岁",丝毫没有感受到革命气氛的他,渐渐心灰意冷。几个月后,萧克参加由叶挺指挥的第 24 师。书籍启发思想,影响人的灵魂。在 24 师,他读了《共产主义 ABC》《共产主义前景》等书刊,读出人生的方向和革命的激情,1927 年 5 月加入中国共产党。

20 岁那年,萧克参加南昌起义,起义军南下失利后,回到家乡组织农民游击队。有一次抄了一个土豪的家,得到一本《少年维特之烦恼》,他便一直带在身上,一有空就拿出来翻上几页。后来,一位战友把书借去弄丢了,萧克忍不住跟他红了脸。看的书越多,他对《战争与和平》等作家就越羡慕,羡慕其脑子那么好使、能装那么多知识、会写那么长的文章,并以此倒逼自己"三更灯火五更鸡,正是男儿读书时"。

日子长了,萧克赢得"将军诗人"美誉。1936 年的一天,他随贺龙、关向应骑马返回驻地,路边美景如画,贺龙说:秀才,这么好的风景,又能写首好诗吧。关向应也在一旁附和。这一下可触动了他的灵感,想起《铁流》中苏俄革命战争中的宏伟场面,深感每天经历的战争,比《铁流》中描述的情景艰苦得多、精彩得多、伟大得多,何不试着写一写这伟大篇章?

说干就干,战争巨著《浴血罗霄》从此开篇。写作是一件痛苦并快乐着的事情,部队在甘肃一个叫镇原的小城休整时,萧克几乎每晚在油灯下熬到鸡叫。虽然偶有"提笔重千斤"的滋味,可他说:"写文章真是比和国民党反动派打仗还难,但我生就是个犟性子,话说出了口决不收回,就硬着头皮一点一点地往下写。"

凭着顽强毅力,从 1937 年 5 月写到 1939 年 10 月,萧克终于完成"中国的《铁流》"初稿——长达 40 万字的小说《浴血罗霄》。此后,他又进行 3 次大修改和数不清的小修改。然而,好事多磨。这部小说历经坎坷,前后两次被拿去油印,以供批判。正因如此,曾有人说,《浴血罗霄》是全国唯一一本没有正式出版就被油印过两次的小说。

孜孜不倦、退而不休,萧克指挥着一场重大文化战役——编撰十典百卷巨著《中华文化通志》。为确保书籍质量,他让办公室人员在《人民日报》刊登招标通告,选聘近 200 名专家、学者为撰稿人。他发扬"士未进水,官不饮液"的优良作风,前往广州、成都、西安等地,检查《岭南文化》《巴蜀文化》《秦陇文化》等各志的编撰情况,历经 8 年编写出 4000 万字的文化巨著《中华文化通志》。他还先后出版《萧克诗稿》《朱毛红军侧记》等书籍,为党和人民留下一笔宝贵的精神财富。

抗日战争是近代以来中华民族抵御外侮的第一次彻底胜利,永彪史册。1995 年 9 月 2 日,萧克在首都各界纪念抗日战争暨世界反法西斯战争胜利 50 周年大会上强调:"中国共产党及其领导的抗日武装为赢得这场战争起了决定性的作用,不愧为抗日战争的中流砥柱。"

55 位开国上将中萧克排名居首,回首将军 102 载人生,真可谓一幅壮丽画卷。既有泼墨笔端的文字激扬,更有浴血沙场的刀剑铿锵。1928 年,萧克参加朱德、陈毅组织的湘南起义,参与组建宜章独立营,并率部参加井冈山会师。阅读《萧克回忆录》的过程中,笔者不时掩卷深思:与任弼时率部西征之时,萧克有没有算一算,以江西为轴心转战闽粤湘赣的 8 年间,他得到了什么? 先后 4 位亲人牺牲,自己被俘坐牢流落他乡,个人 5 次身负重伤,还在党内挨过批评、受过处分。2019 年翻看《红军将领萧克》,有段话让笔者印象深刻:年逾百岁的萧克夫人蹇先佛,在回答宣传萧克的单位与个人提出的审稿请求时,只有一句话:萧克就那么一点事情,那么一个普通人,不必浪费国家的钱! 真可谓"不是一家人,不进一家门",在这对期颐革命家的眼里,只有党和国家。

有胆略、有魄力、有毅力的萧克,1937 年 8 月,与贺龙、关向应挥师东渡黄河,出兵山西,创建晋西北抗日根据地,率部参加忻口战役,组织指挥了收复河曲、保德等 7 座县城的战役。1939 年 2 月,他提出"巩固平西抗日根据地,坚持冀东游击战争,发展平北新的游击根据地"的作战方针,在北平周围创造和发展平西、平北、冀东抗日根据地,从政治、经济、军事等方面开展有声有色的斗争,狠狠打击了日伪军的气焰。1942 年 2 月后,他协助聂荣臻坚持、发展和壮大晋察冀抗日根据地,指挥反"扫荡"战役,总结推广地雷战、地道战等游击战争的战略战术。

身经百战、临危不惧的萧克,1946 年组织指挥保卫承德和叶(柏寿)赤(峰)战役,指挥部队控制联结华北与东北的交通枢纽,为党的大批干部和广大官兵挺进东北创造重要条件。随后成功组织指挥正太、怀来等战役,尤其是在国民党军两次偷袭石家庄时,他指挥不足 1 个旅的兵力,击败敌 6 个师的进攻,创造我军历史上以少胜多的光辉范例。1948 年 5 月,根据党中央关于办"大军校"的指示,他参与创办华北军政大学。1949 年 5 月,他参与指挥部队南下,横渡长江,进军中南,联络民主人士,组织策划河南张轸和湖南程潜、陈明仁起义,为武汉顺利解放和湖南和平解放作出贡献。他参与指挥第四野战军千里追歼,席卷中南、西南,先后进行 6 次较大规模的战役,歼灭白崇禧集团和余汉谋诸部共 43 万人,解放了湘、鄂、赣、粤、桂等省和海南岛。

十年树木,百年树人。2000 年 1 月 28 日下午,首届"萧克教育奖"颁奖大会在湖南郴州举行,15 名优秀教师和 43 名品学兼优的中学生喜获奖励。萧克对家乡教育事业有着特殊的感情,1997 年动员社会有识之士,资助小街田建起一所希望小学。鲐背之年仍十分关心家乡的建设与发展,从他的微薄稿费收入和多年积蓄中挤出部分资金,并带动有关单位、社会团体或个人捐资,设立"萧克教育奖",每年颁发一次,对优秀教师和品学兼优的学生进行奖励。

对教育有着不解之缘的萧克,是一位杰出的军事教育家。早在1950年人民解放军组建军训部机关时,他就着重抓了筹建军事学院、组织编写军事条令和指导全军军事训练等工作。他选定军事学院校址,挑选优秀军事指挥员担任教员,提出"三级制"院校培训体制,参与筹划创办125所涵盖诸军兵种的各类军事院校,为我军院校正规化、现代化建设,做出大量开创性工作。根据"统一指挥、统一制度、统一编制、统一纪律"的军队建设纲领,他组织编写下发纪律、内务、队列三大条令,有力促进了军队正规化建设。针对部队参加抗美援朝战争后装备和兵种发生的变化,他提出的"掌握新的技术,学会联合作战"训练方针,得到中央领导充分肯定。按照中央军委关于"开展正规训练,迅速提高人民解放军现代作战能力"的指示,他领导制订以战斗训练为主的正规训练计划,先后组织或参与组织明港诸兵种协同作战演习、南口战术演习、山东半岛和辽东半岛抗登陆演习,积极推动部队战备训练工作,为部队组织大规模战役训练演习提供了有益的经验。

军队的希望在人才,人才的希望在教育。1972年,萧克重返军队院校工作后,狠抓领导班子、教员队伍和教材建设,全面整顿恢复学校正规的教学工作秩序。1975年,他深入调查研究,提出"治军必先治校""把教育和训练放在部队建设的首位"等主张,在军政大学开设12个班次,培训学员6600多名。1977年,他到军事学院工作后,坚持以教学为中心,重视教师队伍建设,狠抓教研人员的学术水平和施教能力,营造尊师重教、讲求真才实学的风尚;重视军事教学基础教材编写工作,主持编写了《第二次世界大战史》、全军第一部《战略学教程》,以及大量的协同作战战术教材、军兵种教材、政治教材、科技教材和全军通用的战术教材;重视学术研究,组成学术委员会,确定研究方向和规划,倡导设立"刘伯承军事学奖",组织对重要科研课题进行学术攻关;重视运用现代化手段实施教学,最早在协同战役战术教学中采用计算机作战模拟教学训练。大力推动与外军的交流,他多次率领高级军事代表团出访,学习借鉴外军的有益经验,增进相互了解。

"勤劳勤俭是咱的传家宝。"1981年,萧克回到阔别50年的家乡,留下一段将军未忘瓜麻糊的往事。他祭奠母亲和被反动派杀害的哥哥,看望战友和烈士的遗属,特意要求侄子侄孙女吃瓜麻糊。这是将军故里以瓜代粮的一种吃法,将老南瓜洗净,切成块块,和些米,熬成浓乎乎的糊糊即可。当一大锅瓜麻糊端上饭桌时,萧克招呼随行的县委书记和身边工作人员一块吃,自己端起大海碗,吃得津津有味。1994年,萧克得知老家萧氏宗族开始修谱,专门写下"勤劳勤俭"4个字寄回去,后来又写信强调:"修谱也要发扬先代和后来者勤劳勤俭的精神。"

北宋文学家王安石在《金陵怀古》中写道:"豪华尽出成功后,逸乐安知与祸双。"萧克勤劳、勤俭、勤奋一辈子,"霸得蛮"的品质在他的身上得到充分体现。正如萧星华所说:"父亲一生勤劳勤俭,始终保持艰苦朴素的作风。父亲自己是这样做的,也很注意在这方面要求我们。"

三十、乐将宏愿付青山

"在我身后，不要举行遗体告别，不要举行追悼会，希望把我的骨灰撒在曾经频繁转战的江西、福建、浙江、安徽、江苏、上海、山东、河南几省、市的土地上，与长眠在那里的战友们在一起。"粟裕1984年2月逝世后，夫人楚青向党中央、中央军委转述了他的遗愿。

默念粟裕遗愿，阅读《粟裕战争回忆录》，背诵《七律·抒怀》："半世生涯戎马间，一生系得几危安。沙场百战谈笑过，际遇数番历辛艰。松苍敢向云争立，草劲何惧疾风寒。生死沉浮寻常事，乐将宏愿付青山。"深感历史无情又多情,让人会忘却一些人和事,也会记起一些人和事,还会思考一些人和事。1984年4月6日,粟裕的部分骨灰随风飘撒在山东蒙山的孟良崮上,实现了"乐将宏愿付青山"的遗愿。这也把"霸得蛮"的品质,演绎成从全局出发、从党的最大利益出发、紧密结合实际考虑完成任务最佳方案的战略思维。

五十六个民族,五十六朵花。中国各民族分布,呈现大杂居、小聚居、相互交错居住的特点。侗族先民在先秦前的文献中被称为"黔首",一般认为侗族是从古代百越的一支发展而来。粟裕1907年生于会同县,侗族,1926年在常德湖南第二男子师范加入中国共产主义青年团,1927年转为中国共产党党员,参加了南昌起义。1928年上井冈山,转战赣南、闽西,参加了中央苏区历次反"围剿",被朱德赞为"青年军事家"。几十年后,他在回忆中央红军的经历时说:"一个指挥员对战略问题有了较深刻的理解,有了清醒的头脑,才能运筹自如地指挥作战。在我以后的作战生涯中,长期远离中央,所以我对于尽可能地去了解和学习战略性问题格外重视。"

"一年三百六十日,多是横戈马上行。"犹如明代抗倭名将戚继光《马上作》所言,粟裕戎马一生、搏击沙场、雄才大略、战功显赫,为中国人民的解放事业建立不朽功勋,留下一心为民、两让司令、三次先遣、四过长江、五人总前委之一、六次负伤、七战七捷、八省征程、九死一生、十大将之首的佳话。

护卫浙南革命火种长明,与南方八省各游击区互相辉映,形成燎原之势。1934年7月,红七军团组成北上抗日先遣队,粟裕协助军团长寻淮洲率部转战闽、浙、赣、皖,在敌人前堵后追的严重情况下,孤军征战;11月,与方志敏领导的部队会合,在赣东北和皖南坚持斗争,宣传党的抗日主张。1935年1月,先遣队在江西怀玉山失利,他率领几百人突出重围,组成中国工农红军挺进师,在敌人统治的腹心地区,开创了浙南游击根据地。在与中共中央失去联系的情况下,他紧紧依靠人民群众,创造性地应用游击战争的"十六字诀",提出"敌进我进"的指导方针,打破敌人频繁的"进剿"和两次各约 40 个团的"围剿",坚持艰苦卓绝的三年游击战争,牵制国民党军队的大量兵力,从战略上配合主力红军北上的行动,成为中国革命在南方的战略支点。

1937 年抗日战争全面爆发后,沪、杭、宁相继失守,粟裕毅然奉命率新四军先遣支队,挺进江南敌后,实施战略侦察。1938 年的首战韦岗,是新四军抗击日本侵略者的处女仗,迭克强敌、威震江南,充分证明:在南京、镇江间的敌人腹心地区,只要有人民拥护,正如陈毅所说可以"脱手斩得小楼兰"。1940 年 7 月率主力渡江北上,国民党顽固派韩德勤部集中主力向黄桥进攻,他辅助陈毅以 7000 余人的兵力粉碎数倍于我的顽军进攻。1941 年皖南事变后,他领导苏中军民,粉碎敌人频繁残酷的"扫荡""清剿""清乡",坚持和巩固了苏中抗日根据地。1944 年春,他主动组织发起车桥战役,歼灭日军 460 多人,伪军 500 余人,成为苏中解放区反攻的起点。

1944 年底,粟裕主动请缨率新四军第一师主力渡江南进,执行向苏浙皖敌后发展的任务,在浙西天目山粉碎国民党顽固派军队规模一次比一次大的三次进攻,巩固和发展了苏南、浙东抗日根据地,开创了浙西(包括浙皖边区)抗日根据地。在全军率先实现由游击战向运动战的转变,为我军进行大规模运动战、歼灭战积累了宝贵经验。

解放战争时期,是粟裕作为军事家、战略家的辉煌时期。1946年 9 月 22 日,中央军委电令山东野战军和华中野战军统一行动,10

月15日,毛泽东电示,在陈毅领导下,大政方针共同决定,战役指挥交粟裕负责。1947年,他协助陈毅,采取"舍弱打强""千里耍龙灯""猛虎掏心"等战术,创造了宿北、鲁南、莱芜、孟良崮等经典战例。值得一提的是,当骄横自负、不可一世的张灵甫,为抢头功而督率74师悍然窜来、在整个敌军阵线中稍呈突出之势时,粟裕率华东野战军以"百万军中取上将首级"的惊人气势,反退为进,突然大杀"回马枪",将74师从重兵密集中硬是挖了出来,逼其退入孟良崮狭长山地,旋即团团围住,一举彻底歼灭。连敌人也不得不承认,74师全军覆没的这场大仗、硬仗、恶仗,是粟裕精于运筹帷幄的又一范例。后来,他相继指挥豫东、济南和淮海战役,参加指挥京沪杭战役,渡过长江,解放南京、杭州、上海。华东野战军、第三野战军的光辉战绩,在战役指挥上,粟裕起到决定性的作用。

作为战区指挥员,粟裕不但善于组织指挥大兵团作战,更富有战略远见,思考问题的立足点总是放在观照战略的全局上。他敢于并善于从实际情况出发,对重大问题进行独立思考,及时向中央军委提出具有战略意义的意见建议。

1946年夏,国民党军队向解放区大举进犯,摆在我军面前一个亟须解决的重要问题是:战争初期,运用什么方针战胜数量上、装备上均占优势之敌的进攻。对此,中央军委提出以山东、晋冀鲁豫和华中三支野战军进入国民党统治区作战,实行外线出击的方针,并指示华中野战军主力兵出淮南,与山东野战军配合作战。对当时敌我情况和战争发展趋势作出正确的分析与判断后,粟裕及时向中央军委和陈毅提出依托解放区先在苏中打几仗,然后考虑外线作战的建议。在中央军委采纳他的建议的情况下,粟裕和谭震林指挥了蜚声中外的"七战七捷"苏中战役。凭借解放区的有利条件,每战集中优势兵力,各个歼灭敌人,经过一个半月的连续作战,歼敌6个半旅,大大增强了解放区军民敢打必胜的信心。

中原是历代兵家必争之地。1948年初,中央军委和毛泽东为发动战略进攻,决定成立东南野战军和党的东南分局,继刘邓大军千里跃进大别山后,遂行第二个战略跃进,指示粟裕率华东野战军第一、四、六纵队组成第一兵团渡江南进,在湘、浙、闽、赣执行宽大机动作战任务,吸引和调动中原敌军20—30个旅回防江南,以策应刘邓大军,进一步开展中原战局。粟裕一面抓紧整训部队,厉兵秣马,准备南进,一面密切注视中原战场和全国战局形势的发展。经过两个多月的深思熟虑,他正式向党中央提出三个纵队暂不渡江,集中中原野战军和华东野战军的主力,争取在中原黄淮地区打几个大规模歼灭战的建议。对此,中央军委和毛泽东极为重视,电告陈毅、粟裕赶赴西柏坡,当面听取他们的意见,并迅速作出华野三个纵队暂不渡江留在中原作战的决策。向党中央立下"军令状"回来后,粟裕就大胆、果断地组织指挥豫东战役,集中华野西兵团和冀鲁豫军区部队,采取迂回包围、纵深穿插、分割包围的战术,在中原野战军密切配合下,一举歼敌9万余人。豫东战役的胜利,使中原、华东战场的形势出现新转折,大大加快了我军战略进攻的胜利进程,为顺利转入战略决战创造了良好条件。

1948年9月,在济南战役即将结束时,粟裕及时向中央军委并华东局中原局建议举行淮海战役,攻占两淮和海州,歼灭援敌,这就是"小淮海战役"计划。在战役进行中,他又及时向中央军委和中原野战军提出截断徐蚌线,抑留敌人于徐州地区,力争把国民党军队主力就地逐步歼灭等重要建议。中央军委、毛泽东再次采纳他的建议,统一筹划,使淮海战役发展成为一次大规模的战略决战,成为解放战争时期三个具有决定意义的战役之一。

新中国成立后,先后任中国人民解放军副总参谋长、总参谋长的粟裕,既重视总结中国革命战争的历史经验,又密切关注世界各国军事科学的新发展,提出许多富有战略意义的创见和措施。他经常深入战略要地考察,深入部队和边防、海防前哨调研,为保卫和巩固国防,加强空军、海军和陆军技术兵种建设,加强参谋业务和司令部工作建设,加强合成军队训练和民兵建设,加强外国军事研究等,呕心沥血,对我军的革命化、现代化,正规化建设作出重大贡献。

既是军事科学战线上的一位优秀领导人,又是身体力行的现代军事科学的探索者。1958年以后,粟裕协助叶剑英创建军事科学院,为发展我国军事科学做了大量工作。贤者虚怀与竹同。粟裕常说:"对现代战争来说,我也是个小学生,和大家一样,要努力学习!"20多年间,他重视现代先进科学技术在军事上的应用和影响,从我国国情和军情出发,对军队建设、战略方针、作战指导、战场建设等,对解决现代战争中我军面临的许多新课题,进行了艰苦的有价值的探索和研究。

"沧海一粟,不足挂齿",粟裕总是把功劳归于党和人民,从不计较个人名利与得失。1945年10月,中央曾任命粟裕为华中军区司令员,张鼎丞为副司令员,粟裕再三恳请党中央,自己担任副职。1948年5月,陈毅调中原工作,中央曾决定华东野战军由粟裕领导,他坚持认为"华野离不开陈军长"。1955年,毛泽东说:"论功、论历、论才、论德,粟裕可以领元帅衔。在解放战争中,谁人不晓得华东粟裕啊?"周恩来说:"可是粟裕已经请求辞帅呢。"毛泽东听后感慨万千:"难得粟裕,竟三次辞让。"周恩来紧接着说:"粟裕二让司令,一让元帅,人才难得,大将还是要当的。"毛泽东补充道:"而且是第一大将。"

日前，读《粟裕传》方知，1956年2月17日，粟裕从广州来到湖南，到韶山参观毛泽东故居后，便匆匆返京，从此再未返湘回乡。1983年9月，他不顾病重接见会同县委派来的4位同志，向他们询问家乡的变化及家乡人民的生活，表达了对乡亲们的殷殷关切之情。"沙场名将百战多，运筹帷幄任挥戈。固我长城振山河。为国为民平生愿，无私无畏天下歌。英灵化雨洒清波。"张爱萍将军1984年2月5日有感而发的《浣溪沙·痛悼粟裕同志》写得真切，人格是思想和世界观的修炼、精神和信念的升华，高超的战略思维建立在高尚的人格之上。

一个把"霸得蛮"演绎成战略思维、乐将宏愿付青山之人，是不是第一大将或无冕元帅，要不要葬在八宝山还是蒙山，早已无关紧要，正如陈丕显将军曾在《人民日报》刊文所言："粟裕同志是被历史记着并且用金字刻在史册上的人。"

三十一、心底无私一夫妻

重上战场我亦难,感君情厚逼云端。

无情白发催寒暑,蒙垢余身抑苦酸。

病马也知嘶枥晚,枯葵更觉怯霜寒。

如烟往事俱忘却,心底无私天地宽。

正是念念难忘这首《赠曾志》,边看陶铸的《理想,情操,精神生活》,边读曾志《我在共产党内七十年》,边思考着"心底无私天地宽",从这对革命患难夫妻身上,让人看到一种无私、无畏、无求的"霸得蛮"品质。

陶铸 1908 年生于湖南祁阳县,1926 年入黄埔军校学习,加入中国共产党,并表示:我今生政治方向是定了的,决不考虑个人的得失,准备献出自己的一切! 无论是战争年代还是和平建设时期,无论是顺境还是逆境,他都初心不改,矢志不渝,英勇斗争,无私无畏。1927年8月,陶铸随叶挺部队参加南昌起义,12月参加广州起义,锤炼了坚强的革命意志和斗争胆略。1929年到福建从事兵运工作,当时国民党厦门监狱关押着40多名"政治犯",中共福建省委决定武装劫狱,他多次化装深入监狱了解情况,成功救出被关押的同志。谁料4年后的一天,陶铸在上海被捕。在狱中,他边同敌人展开斗争,边系统研读政治、经济、历史、文艺等著作。后来,陶铸戏称自己是"监狱大学毕业的"。

无私无畏、敢于担当,党无论安排什么工作,总是无条件服从,以无畏的勇气、超群的毅力打开局面。陶铸1937年12月至1938年5月,组织领导湖北应城县汤池农村合作训练班,先后培训大批抗日青年干部。武汉失守后,他立即返回鄂中,参与组织发动游击战争,树起一面新四军的抗日旗帜。1940年到延安,他不顾个人安危,化装深入晋绥前线敌据点附近调查,总结经验,发展武工队,主动出击,粉碎敌人"扫荡"。1946年至1948年,他深入农村、发动群众,进行土地改革,建立基层政权和地方武装,开展大生产运动,逐步把辽吉、辽北地区建设成巩固的解放区。在辽沈战役中,他代表中共中央东北局督察和组织后方勤务,并组织分区部队配合主战场作战。在平津前线,他同国民党守军傅作义进行和平谈判,组织改编起义军队,为平津战役的胜利和北平的和平解放建立特殊功勋。

新中国成立后,在中南地区工作17年,为建设祖国南大门宵衣旰食、尽心竭力。陶铸注重发展工业,领导建立一批工厂企业;注重农业科学研究,在培育良种、发展经济作物等方面下了很大工夫;注重加强城乡基础设施和环境建设,改善城乡居民住宅环境;重视医疗卫生事业,鼓励医学生到农村一线,为增进人民身体健康贡献力量。

习仲勋在《陶铸文集》的序言中说:"陶铸又是我们党的一位理论家和宣传鼓动家。"延安期间,他参与选编的《六大以前——党的历史材料》和《六大以来——党内秘密文件》,是延安整风运动中的重要学习材料;主持编写的《官兵关系》《军民关系》《领导作风》三本工作手册,是当时指导人民军队思想政治工作的重要文献。胡乔木《在怀念共产主义的老战士陶铸同志》中写道:1960年,在参加编辑《毛泽东选集》第四卷的工作期间,每篇文章在毛泽东同志亲自主持下开会定稿,他也都参加。1961年春,毛泽东在广州主持制定《农村人民公社工作条例(草案)》,他被指定参加起草工作。

高度重视宣传思想工作和文化建设的陶铸,在不断的实践中提出许多富有创见的思想观点。针对社会主义建设时期宣传工作的地位作用,他提出宣传工作是解决人民内部矛盾的重要手段,应围绕大规模经济建设这个中心展开,为提高共产党员的素质而努力,并形象地把经济建设和思想文化建设比喻为"车之两轮、鸟之两翼",缺一不可。在贯彻"二为"方向和"双百"方针上,他提出要端正创作思想,自觉遵循和运用精神产品生产的特殊规律,坚持层次性、多样化、趣味性的和谐统一,把最好的精神食粮奉献给人民;并大力支持文艺创作,《欧阳海之歌》《南海长城》等作品,把政治性和艺术性有机地结合起来,获得良好社会反响。在知识分子问题上,他指出"我们不能老是讲人家是资产阶级知识分子,我看要到此为止了。现在他们是国家的知识分子,民族的知识分子,社会主义的知识分子",留下一段为知识分子"脱帽加冕"的佳话。利用去北京开会的机会,他到琉璃厂买宣纸和墨,送给关山月等画家;在广东专门成立"高知"办公室,帮助高级知识分子解决副食品供应问题,对拒绝跟随国民党去台湾的著名历史学家陈寅恪,经常看望和关怀,成为尊重知识分子的典型事例。在舆论宣传上,他主张正面宣传为主,强调主要报道成绩,重点抓好典型事物和新生事物的宣传,同时要展开建设性批评,倡议创办《羊城晚报》,建起珠江电影制片厂。1965年,他领导举行中南区戏剧观摩演出,历时一个半月,有3000多名戏剧工作者参加,先后演出50多个剧目,成为当时文化界的一件盛事。

"时时刻刻地想着:我能够为群众做些什么? 我为群众做了些什么?"在中南局工作期间,陶铸每年抽出三四个月以至更多时间,深入工厂、农村、学校,深入山区、海岛和生产第一线,解决问题,总结经验,指导工作。1959年,广东各地刮起一股"一平二调"风,搞"穷过渡",他先后到东莞、曲江等地考察,运用调查报告等形式,向干部群众反复说明一定要保持清醒头脑,不能空谈"过渡",扎扎实实地发展生产。到各地调研,他总是事先"约法三章",不准迎送、不准请客、不准送礼,与群众同吃、同住、同劳动。他的母亲长期住在农村,组织上打算让她迁入城镇落户,陶铸不仅予以拒绝,还说:"农村老人那么多,你们都给迁了,再考虑我母亲。"就这样,陶母在病逝前一直住在农村。他的堂弟、侄儿等10多位亲属,也一直在家务农。

《理想,情操,精神生活》一书,共收集《松树的风格》《革命的坚定性》等10篇文章。在《松树的风格》中,陶铸写道:每一个具有共产主义风格的人,都应该像松树一样,不管在怎样恶劣的环境下,都能茁壮地生长,顽强地工作,永不被困难吓倒,永不屈服于恶劣环境。

1978年,陶斯亮刊发了《一封终于发出的信——给我的爸爸陶铸》一文。其中有一段话,读后让人揪心:

分别的日子终于到了,再有一个多小时您就要被押送合肥。您知道此去离泉台只有一步,您再也见不到妈妈和我,妈妈也知道这是你们的诀别,可你们这对为共产主义共同战斗了四十多年,共度忧患,感情笃深的老夫妻竟然没有掉一滴泪……

笔者在想,终身追求"要求于人的甚少,给予人的甚多"的奉献精神,陶铸、曾志夫妻的人生,正是松树风格的最好写照。

1998 年 8 月 19 日,同乡好友彭儒在《凌霜傲雪一枝梅——回忆战友曾志》中写道:曾志 1911 年出生,家住在宜章县城里,父亲是长沙法政大学的毕业生,思想开明,算是当时的新派人士。我的父亲是宜章(石奇)石村的一位开明乡绅,当过县议员。我们两家一直有很好的关系,经常像走亲戚一样互访。曾志很小的时候,她的父母就为她订了婚,她未来的公公家很富有,在长沙任省议员。他曾接曾志到长沙的教会学校读书,还请英文教师为她补习,节假日回家都用小汽车接送。依照曾志家的经济条件和社会地位,她完全可以不必选择革命——这条充满艰苦和牺牲之路,完全可以按照父母的安排过上安逸舒适的生活。

风雨如晦年代,一个出身豪门的美少女,为何选择出生入死的革命之路? 曾志从 15 岁进入湖南农民运动讲习所,参加湘南暴动、上井冈山、驰骋闽东、转战延安、奋战东北……到担任沈阳市委组织部长、广州市委工业书记、中组部副部长等职,她的一生可谓出生入死、艰险坎坷,蒙受 8 次党纪处分和前后 40 年的政治审查,但她始终如一,不改初衷,愈老志愈坚。曾志说过:我的女儿总问我一个问题:爸爸死得那么惨,你在"文化大革命"中受了那么大的罪,你怨不怨毛主席?"这是个很肤浅的问题。我跟随主席半个世纪,并不是靠个人感情和恩怨,而是出于信仰。我对我选择的信仰至死不渝,我对我走过的路无怨无悔。"至死不渝、无怨无悔,现在读来,字字重千钧!

都说湘女多情,但是时代无情。青年曾志清纯秀丽,围绕这位美丽女性展开的爱情篇章,却是荡气回肠的儿女情长、离合悲欢。她的第一任丈夫,是其革命引路人、湘南特委组织部长夏明震,也就是《就义诗》作者夏明翰烈士之弟。在领导湘南暴动中,夏明震壮烈牺牲。第二任丈夫,是参加过南昌起义、湘南暴动的蔡协民。他们相识于挥师井冈山途中,后在赣南、闽西、漳州、厦门、福州等地并肩战斗。这段维系4年的婚姻,最终"劳燕分飞"。第三任丈夫,是时任福州中心市委书记的陶铸。他们的爱恋,始于地下工作为避人眼目的"假扮夫妻"。这段一开局就颇有传奇色彩的爱情,历经36年风雨兼程,以同样的传奇悲壮落幕。

世界上最伟大的是母爱,但在艰苦的战争年代,曾志不得不一次次泣血含泪、放弃母爱。1928年11月,她在井冈山生下第一个孩子,迫于战争环境,只能将未满月的亲骨肉送人。鲜为人知的是,他是夏明震的"遗腹子"。夏家几乎满门抄斩,兄妹4人先后献身革命。但苍天有眼,夏家没有断后。1931年7月,急需活动经费的厦门中心市委,擅自决定将她刚出生60多天的第二个儿子,"卖"给一个有钱人,换得100块大洋。这种事在新中国是绝对不能接受的,但对那时的共产党人来说,既然把一切献给了党,当然也包括儿子。1933年5月,她再次忍痛将出生才13天的第三个儿子送人……1941年出生的女儿陶斯亮,比3个兄长幸运得多。

2011年7月1日,《人民日报》刊发的《曾志之子石来发——志愿护林井冈山》一文指出,曾志深情地对儿子说:"你是井冈山人民在艰难岁月里养育成人的,你养父一家为了你的成长,含辛茹苦,经历各种难关,付出了极大的心血和代价,前辈的革命遗志还需要你继承,井冈山的革命传统需要你们发扬光大。"

了解自己身世的石来发回到井冈山,他牢记母亲的谆谆教导,在井冈山上担任了几十年的护林员。计划经济时期,在井冈山务农的孙子石金龙一家生活非常艰难,便向曾志提出能不能帮他解决商品粮户口,可身为中央组织部副部长的奶奶拒绝了儿孙的请求。曾志在临终前,让陶斯亮将锁在抽屉里的87个信封拿出来,这是她一生中除了生活开支外积攒下来的所有工资收入,全部捐给了希望工程。

阅读《我在共产党内七十年》,想着陶铸的"心底无私天地宽",总觉得曾志是一个诸多"矛盾"的聚合体:她外表秀美柔弱,却内心无比坚强;她一生追求崇高,却甘于平凡俭朴;她备受磨难委曲,却信仰坚定如磐……也许正是这些锤炼了她无私、无畏、无求的"霸得蛮"品质,也正是这些构成一对革命家夫妻可亲、可敬、可歌的人格魅力所在。

三十二、湖对岸的三周一叶

数日来,笔者一有空便听台湾女作家林海音的《城南往事》,说也怪,好几次梦回外婆家的洞庭湖畔:凌云塔下,哥哥和表兄手握钓竿,细声细语交谈着,当一条黑鱼拉出水面的一刹那,我突然听到一种不同于当地的口音,就好奇地问身边的表姐,他们是哪里人?表姐纤手一指,住在湖对岸的益阳人。

湖南方言包括湘、赣、客家方言和西南官话等,可谓"十里不同音,百里不同俗"。益阳与岳阳仅一湖之隔,两地究竟有着怎样的差异?笔者自小便想着,许多年后,读到《暴风骤雨》,语文老师让背记作者的简介,才知道周立波、周扬、周谷城、叶紫,共同打造出"三周一叶"益阳文化名片,呈现"霸得蛮"的品质:眼纳千江水,胸起百万兵。

"人往往总有一两个和自己比较亲近,相知又最深的人",周扬在《怀念立波》中写道。两人均生于1908年,属叔侄关系。据1928年修撰的《周氏族谱》载,益阳周氏系三国东吴周瑜之后,于明成化年间自江西吉水徙居于此。

周扬、周立波初次相识于1926年,当时周扬就读上海大夏大学,周立波是长沙省立一中的学生。上下古今都能谈一通的周扬,给周立波不仅讲了马克思主义,而且谈了那时流行的新思想——尼采的哲学,特别向他介绍了鲁迅、郭沫若及其作品。

两人初次见面,为何谈起尼采的超人哲学? 20世纪20、30年代,对于追求进步的青年来说,尼采的超人哲学、克鲁泡特金的互助理论,同马克思主义一样吸人眼球。鲁迅、郭沫若都译介过尼采的《察拉图斯,成拉的序言》,郭沫若的译名为《查核图司屈那》,鲁迅早期的一些作品明显有着尼采思想的痕迹。

听君一席话,胜读十年书。周立波后来这样说:"从这时起,我开始了一些社会活动,和同学们组织了一个文艺团体:《夜钟社》;又觉得革命很好,很热闹,想找CY(共产主义青年团)。"1927年四五月间,周立波报名参加共青团,谁料未曾办理入团手续,便发生"马日事变",只好回益阳。这时的上海,已发生四一二反革命政变。在一片白色恐怖中,经夏钟润介绍,周扬加入中国共产党。哪知这年暑假回家再返校时,党组织遭到破坏,夏钟润去了日本,他只好借口休学,再回益阳。白色恐怖、环境骤变,反而让两位相识不久的好友,在老家聚会。

1928年,周立波随周扬到上海。周扬1929年赴日本,去找入党介绍人夏钟润,因与日本进步友人的交往,被当地警署拘留一次,幸亏好友谭林通等的保释,才得以脱身。1929年秋,周立波考入上海劳动大学。在地下党员的影响与帮助下,他不再只是读圣贤书的周绍仪,经常与进步同学到闹市参加"飞行集会"和散发传单,还随身带着一把小刀,以备必要时和密探、巡捕等搏斗,后被校方发觉,开除了学籍。对于这些冒险举动,周扬虽不赞成,但对他革命志向比天高非常赞赏,便邀约其共同来译书——苏联早期的小说《大学生私生活》,就是两人共同翻译的。周绍仪改名周立波,也是从这部译作的署名开始。立波二字采用英语LIBERTY(自由)的译音,表示他对自由的向往与追求。

1931年九一八事变后,周立波到神州国光社印刷所当校对。1932年一·二八事变,他在张贴罢工宣言时,因与蛮横的工头打斗,被巡捕房拘留,后转至上海提篮桥监狱。

周扬1931年回国,参加左翼戏剧家联盟,1932年重新入党,并转入中国左翼作家联盟。周立波被捕,他心急如焚,先是去找神州国光社的总编辑胡秋原,请他出面保释,遭到拒绝,后又东拼西凑三四十块光洋,请红色律师潘震亚出庭辩护。大律师虽义正词严陈词申辩,但周立波仍被反动法庭判刑两年半。

24岁的周立波,把监牢当成接受共产主义教育的特殊课堂。周扬不时秘密去探监,见他坚持在狱中继续进修英文,便送去一本《英汉双解字典》。1934年出狱,周立波返回老家休养一个多月,再次潜回上海,周扬先介绍他进入中国左翼作家联盟,后加入中国共产党。

谈到中国左翼作家联盟,还得说起另外一位益阳人:生于1910年的叶紫,原名余鹤林。鲁迅曾为叶紫的《丰收》作序:"作者还是一个青年,但他的经历,却抵得太平天下的顺民的一世纪的经历。"
6位亲人闹革命、5人被杀,余家从此一贫如洗,叶紫只得中途辍
学,四处漂泊,于1929年流浪至上海,参加左翼文艺运动。他1930
年加入中国共产党,1931年奉命到浙江搞武器被捕,1933年在《无
名文艺月刊》创刊号上发表短篇小说《丰收》,1935年被收入《奴隶
丛书》。

叶紫与鲁迅的交往,始于1934年。那时,他参与主办《中华日
报》副刊《动向》,鲁迅在《动向》上发表杂文20多篇,两人便有了书
信联系。这年12月19日,应鲁迅之邀,叶紫参加在上海广西路梁园
豫菜馆举行的活动,一见如故。后来,他虚心请教,许多作品先送鲁
迅审阅修改,再投稿发表。1936年,叶紫因病住院,鲁迅得知后送去
50块大洋。2天后,鲁迅辞世,叶紫在医院里得知噩耗,悲痛万分,含
泪写下《哭鲁迅先生》的悼词。

1937年八一三事变后,叶紫一家离开上海,回到益阳,在贫病中
度日。1939年2月,他在给张天翼的信中说:"一个月中,我曾断粮
三次,几乎饿坏。"在饿着肚子、缺医少药的情形下,他不仅坚持创
作,而且自学中医,为穷人看病。这年10月,叶紫丢下手头正在创作
的长篇小说《太阳从西边出来》,在疾病、焦虑、无奈和苦闷中离开了
人世。

周扬的一生,可谓伴随各种大论战、大批判。20世纪30年代,
关于"国防文学"和"民族革命战争的大众文学"两个口号的论战,他
是争论一方的主将。延安时期,关于王实味及其作品《野百合花》的
争论,他是一篇主要的、带总结性的文章的作者。新中国成立前夕,
他在第一次文代会上作解放区文艺工作的报告。新中国成立后,文
艺界一波未平,一波又起,一波更比一波高。"文化大革命"前夕,他

概括了新中国成立以来文艺界的五次大论战、大批判:一是1951年批判电影《武训传》,二是1954年批判《红楼梦研究》,三是1955年批判胡风,四是1957年批判丁玲、冯雪峰,五是60年代批判田汉、夏衍、阳翰笙。这五次大论战、大批判,他都不是或不都是发动者,却是主要的前线指挥者和论战的总结者。

党的十一届三中全会召开后,周扬在"文化大革命"以前文艺界历次运动中的作用,也在人们的重新思索和审视中。而这种思索和审视,周扬走在前面。从监狱释放之初,还在待罪的他,就毅然前往冯雪峰的病榻前探视问候,两位年轻时的战友尽释前嫌。为此,冯雪峰写下脍炙人口的寓言:《锦鸡与麻雀》。

1977年底,周立波与周扬在北京重逢,他按捺不住激动的心情,于1978年1月14日,题诗两首赠周扬及其夫人苏灵扬。一首是《回忆五十年前初到上海赠运宜》:"五十年前到沪时,笑谈奔放展英姿。毕生驰骋文园里,赢得清芬裕后知。"另一首为《回忆灵扬二十弃学入"左联"》:"少小年华旧布装,倾心革命沐朝阳。毅然抛却绮罗梦,换取清贫稻菽香。""我的笔是停不了的,这归根到底也是为了党和人民的利益。"他还立下宏愿:晚年要继续创作两部长篇小说,一部以三五九旅南征抗日的英雄事迹为题材;另一部计划以农业现代化为题材,与《暴风骤雨》《山乡巨变》连起来,组成反映中国农村伟大历史性变革发展的"三部曲"。

都说历史不能假设!这不禁让笔者想起周谷城的名言:治历史不是为分析而分析。生于1898年的周谷城,毕生从事文化教育事业,学识渊博,治学严谨,善于独立思考,勇于创新,不看风造史作违心之论,深受学界尊敬。

1917年,周谷城考入北京高等师范学校,像海绵吸水般拼命学习各种新知新学。1921 年,他在湖南省立第一师范学校教书时,认识了在一师附小任主事的毛泽东,并结成好友。新中国成立后,两人每次见面,毛泽东第一句话总是:"又碰到了。"这朴实的话语,浸润着老朋友间不同寻常的友谊。周谷城 1926 年写出《论租谷》等文章,1927 年出版《农村社会新论》一书,运用剩余价值理论分析农村中的阶级剥削,在当时产生较大社会影响。1939 年,他运用"历史完形论"撰写的《中国通史》,通篇彰显独到之见。

"民主党派是好的,周谷城始终是好的。"在一次谈话时,邓小平曾这样说。上海某校托周谷城请邓小平题写校名,一次在北京的会场里,周谷城正好坐在邓小平的后排,他见身旁的一位同志与邓小平更熟悉,便托这位同志代讲。邓小平回过头来,微笑着问:"是哪一位要题字?"听说是周谷城,他马上拿出笔,题好校名交给周谷城。

晚年的周谷城,关注环太平洋地区史研究和文化史研究,提出环太平洋地区的发展将是 21 世纪人类文明发展的一个重要区域,并主持创立"中国太平洋历史学会"。1984 年,他在《中国文化史研究的意义和希望》中指出,中国历史悠久,历史文献之多,超过世界上任何一个文明古国,要建设高度发达的社会主义"两个文明",继承和发扬我国文化的好传统好风格,就需要以马克思主义为指导做好中国文化史、中国科学史的研究工作。

1994 年 5 月 5 日,江泽民到华东医院看望周谷城。97 岁高龄的周谷老,早早坐在轮椅上迎候。看到老人这么精神,江泽民握着他的手亲切地说:今天看到你很高兴,我们是关心你的,你比我想象的还要好,这样我就放心了。

人们常说,往事如烟,并不如烟。读罢"三周一叶",笔者觉得往事还如火:忆起过去如火的斗争和论辩、如炙的痛楚与悔恨,当下心情依然似火。其实,如烟也好,如火也罢,依稀如烟总没有逝尽,炽热如火总不似当年。拉开时间的距离,再来回首往事,更清楚、更冷静、更坦然、更宽容,体现"霸得蛮"的品质。

三十三、边战斗来边生产

家喻户晓的《南泥湾》，是一首由贺敬之作词、马可谱曲的陕北民歌。每当听到"花篮里花儿香，听我来唱一唱……又战斗来又生产，三五九旅是模范，咱们走向前，鲜花儿送模范"这一优美旋律，大都会跟着哼唱，联想起王震率领三五九旅把"处处是荒山"的南泥湾建成"陕北的好江南"的画面。

湖南浏阳市出烈士，出将军，出领袖。谭嗣同、唐才常、胡耀邦、王震、杨勇等认准的理和事，九头牛拉不回，天生的倔强。

王震生于 1908 年，1922 年到长沙当铁路工人,1926年奉命执行护送毛泽东的任务,1927年加入中国共产党。战争时期是革命猛将,和平时期是建设闯将,他勇于并善于开创工作新局面,把"霸得蛮"的品质诠释为敢于决战、敢于冲锋、敢于胜利,是党内一位著名的实干家。

1938年,日本改变侵华战略,在华北疯狂"扫荡"我敌后抗日根据地,试图向陕甘宁边区发动军事进攻。国民党顽固派对我边区实行军事包围和经济封锁,正如毛泽东指出,国民党封锁我们,我们面对严重的困难。"是饿死呢?解散呢?还是自己动手呢?饿死是没有一个人赞成的,解散也是没有一个人赞成的,还是自己动手吧!"

革命需要生产,生产就是革命。1941年初,王震奉命率部进驻位于延安城东南45公里处的南泥湾。明末清初,这里水源充足、人烟稠密、土地肥沃,到了同治年间,因社会动荡,成了杂草丛生、荆棘遍野、人迹稀少、野兽出没的"烂泥湾"。这年3月召开誓师大会,王震和全体官兵立下豪言壮语,"一把镢头一支枪,生产自救保中央",三五九旅开进方圆几十里荒无人烟的"烂泥湾"。

3月的南泥湾,春寒料峭,寒风刺骨,战士们没有地方住,只能用树枝搭草棚凑合过夜。面对生产资金匮乏、生产工具缺乏,王震鼓励广大官兵发扬自力更生、奋发图强的精神,从旅长到战士,无一例外开荒种田,参加劳动生产。他身先士卒,带领部队掀起你追我赶的劳动竞赛,一名叫李位的模范班长,在一次开荒竞赛中,创造日开荒三亩六分七的最高纪录。随着生产工具的改良和生产技术的提高,又涌现一个名叫郝树才的战士,以一天开荒四亩二分三的好成绩,被毛泽东亲切地称为"气死牛"。

宣传思想工作是做人的工作的,官兵在哪儿重点就应该在哪里。让扛枪打仗的战士们开荒种地,是人民军队的首创,但一时难免会产生一些思想波动。有的战士认为"当兵是来打日本鬼子的,不是来种地的",也有的觉得"后方生产不如在前方打仗光荣"。如何做到既不影响部队战斗力,又能缓解战士们的消极情绪?王震组织部队利用农闲的时节,开展大练兵活动。平时劳动生产中把枪架在地头上,一有情况就拿起迅速投入战斗,数次击退国民党顽固派对边区的袭扰。美军观察组组长包瑞德上校观察后,情不自禁竖起大拇指称赞:这在世界上任何地方都是了不起的。

1943 年秋,毛泽东视察南泥湾,边走边问,一个小时的车程整整走了 3 个小时。看着战士们一个个神采奕奕的样子,他高兴地说:"国民党要困死我们、饿死我们,他们越困,你们越胖了。"据统计,从1942 年到 1944 年,陕甘宁边区共开垦荒地 200 多万亩,到 1945年,边区农民大部分做到"耕三余一",部分做到"耕一余一",达到种一年可留一年的余粮。到 1944 年,三五九旅除吃用全部自给外,达到"耕一余一",成为全军大生产运动的标杆。这既保卫了延安的南大门,又保证了党中央后勤生活给养,毛泽东亲笔题词称赞"有创造精神"。

阅读《王震传》,其中有句话让人难以忘怀:一生中最高兴的事,是护送毛泽东到长沙;最满意的事,是奉党中央之命率三五九旅官兵开发南泥湾。王震带领三五九旅之所以用歌声和汗水唤醒沉睡的土地,绘就一幅"平川稻谷香,肥鸭满池塘,到处是庄稼,遍地是牛羊"的画卷,冲破日军和国民党的经济封锁,奠定我军屯垦基础,毛泽东说出了答案:他政治可靠、能够完成任务、勇敢、不怕牺牲。

政治坚定、有勇有谋、不惧牺牲的王震,是湘赣苏区、湘鄂川黔革命根据地、晋绥抗日根据地和雁北抗日根据地的创建者之一。1929年,他参加湘赣革命根据地创建工作,率部有力配合中央苏区反"围剿"斗争,荣获一枚三等红星奖章。1933年的九渡冲战斗中,他带领战士直插敌人阵地后方山崖,歼敌500多人,俘敌1000余人,被中革军委赞为"湘赣省的空前胜利,是在河西战线上严厉地打击了敌人的第四次'围剿',配合了中央红军的伟大胜利"。1934年7月起,他与萧克率红六军团西征,80余天急行军5000多里,参与指挥十万坪战斗,歼敌3000余人,取得红二、红六军团会师后第一个重大胜利。随后,他参与指挥陈家河、桃子溪、忠堡、板栗园等战斗,沉重打击敌人,有力配合中央红军长征,为创建、发展和巩固湘鄂川黔革命根据地作出重要贡献。

1935年6月,红二方面军与红四方面军会师。王震与任弼时、贺龙等坚决反对和抵制张国焘分裂红军、分裂党的行径,坚决执行党中央北上抗日的正确方针,10月实现红军三大主力胜利大会师。1937年抗日战争全面爆发,他随一二〇师东渡黄河,奔赴山西抗日前线,配合忻口战役有力打击敌军,参与创建晋西北抗日根据地的斗争。其后,他挥师向晋察冀边区挺进,创建以恒山为依托的雁北抗日根据地。1938年8月,他奉命回师陕北,为巩固陕甘宁根据地做出特殊贡献。

1944年10月至1946年秋,王震和王首道率八路军南下支队执行开辟新根据地的战略任务,谱写了一部革命英雄主义的壮丽史诗,被誉为"第二次长征"。他们率部长途跋涉、英勇转战,途经8个省份,跨越半个中国,行程两万余里,先后突破敌人100多条封锁线,进行大小战斗300余次。1947年春,他从晋绥回师陕北,与兄弟部队一起取得陕北三战三捷,继而展开陇东三边战役和榆林、沙家店等战役,使西北战场的局面发生了根本转变。

1949年,王震主动请缨进军新疆,迅速接管千里边防,彻底改变国民党时代"有边无防"的状况。面对社会秩序混乱、经济萧条、民生凋敝、百废待兴的现状,他一手抓剿匪、土改和建党、建政,一手抓经济、社会、文化等事业的恢复与发展,率部白手起家,进行大规模生产建设,为新疆的长期稳定和后来的全面发展创造了良好开端。他认真贯彻执行党的民族政策,领导剿匪、土改等工作,改造和团结起义部队,指挥军队屯垦戍边、兴修水利、发展工业和各项事业,迅速稳定新疆的社会秩序,实现新疆财政经济状况的好转,为促进各族人民的团结,巩固新疆边防,倾注全部精力。新疆军区生产建设兵团,就是在王震积极建议下创建的。

主政新疆仅几年的王震,为什么能为实行民族区域自治创造基本条件,为新疆的长期安定和发展奠定基业?除了他具有敢于决战、敢于冲锋、敢于胜利的精神,还因为湖南人身上有着一种天然的"新疆情结"。

1985年12月1日,《人民日报》刊发消息:为纪念左宗棠逝世一百周年,全国左宗棠研究学术讨论会于11月23日至27日在长沙召开。29日,王震接见了与会者。提起左宗棠,让人不禁想起100多年前的那场"海防"与"塞防"之争,1875年新疆告急,阿古柏自立汗国。沙俄侵占伊犁,英国意在西北。清代重臣李鸿章坚持"海防"重于"塞防":乾隆年间平定新疆,倾全国之力,徒然收数千里旷地,增加千百万开支,实在得不偿失。依臣看,新疆不复,与肢体之元气无伤,收回伊犁,更是不如不收回为好。

自古燕赵多慷慨悲歌之士,湘黔多坚忍不拔之人。出生于湖南湘阴的左宗棠慷慨陈词:"我朝定鼎燕都,蒙部环卫北方,百数十年无烽燧之警……是故重新疆者所以保蒙古,保蒙古者所以卫京师。"寸寸国土寸寸金。光绪二年(1876),64岁的左宗棠带着当年林则徐绘制的新疆地图,率领 6 万湖湘子弟抬棺出征。祁连山冰封白雪寒风冽冽,湖湘子弟视死如归,冲锋陷阵、血染沙场,一年后收复新疆全境。1879 年,湖南岳阳人杨昌浚去新疆,见一路柳荫匝地,写下《恭诵左公西行甘棠》:"大将筹边尚未还,湖湘子弟满天山。新栽杨柳三千里,引得春风度玉关。"

与其说是山河破碎成就左宗棠的名节,不如说是左宗棠的爱国情怀铸就民族的骄傲。当年,王震在长沙会见左犹麟、左景伊、左景鉴等左氏四代曾孙们,一定会想到,正是左宗棠收回伊犁和特克斯河上游两岸领土,捍卫了民族的尊严,这是个人的荣耀和骄傲,更是国家之福,民族之幸。西汉史学家司马迁称湖南人"剽悍",《隋书》称之为"劲悍",民谚曰:无湘不成军。真正难能可贵的是,刚劲勇悍加上九死而不悔的爱国深情。左宗棠是这样,王震亦如此。

十万大军进三江,千里荒原变良田。1993 年 10 月 15 日,由江泽民题写的"王震将军率师开发北大荒纪念碑"及王震半身塑像,在他当年率领官兵挺进北大荒的第一站——黑龙江密山市正式落成。从天山山脉到东南大地,从北大荒到海南岛和西南边陲,王震为我国农垦事业大发展树立起不朽的丰碑,为建设和保卫边疆建立了不可磨灭的功绩,是新中国农垦事业的开创者和领导者。

1956 年 5 月起,王震率领农垦战线十几万转业官兵、大批支边青年和工程技术人员,奔赴新疆、黑龙江、广东、海南、云南等地,克服常人难以想象的困难发展农垦事业,创建一大批军垦农场和地方国营农场,使之成为建设边疆、保卫边疆的一支主要力量,成为国家生产粮食和油、棉、橡胶等经济作物的重要基地,并创造了农工商贸一条龙的成功经验。他的足迹遍布北大荒、海南岛、塔里木和准噶尔盆地等地,领导我国农垦事业从无到有、从小到大,成为社会主义农业的一支重要力量,锤炼出艰苦奋斗、勇于开拓的农垦精神。党的十一届三中全会后,他主张正确评价毛泽东的历史地位和毛泽东思想,积极倡导引进国外先进技术和管理经验,是最早带队考察经济特区的中央领导人之一,也是海南建省和扩大沿海开放的积极倡议者之一。

1978 年以后,王震曾 8 次赴新疆视察工作,建议并促成党中央、国务院、中央军委批准恢复新疆生产建设兵团。1983 年 9 月 1 日,他写下遗嘱:"凡可作科研标本者,取下作科研用,余下送去火化。骨灰撒在天山上,永远为中华民族站岗,永远向往壮丽的共产主义。"1992 年 10 月 22 日,接见国际奥比斯组织主席奥利弗·傅达一行,他又在一张写有"我身后捐出眼睛角膜给中国人民"的表格上,郑重签上"王震"两字。敢于决战、敢于冲锋、敢于胜利的"霸得蛮"品质,不仅体现在战时,他曾 7 次身负重伤,更是表现在平时,视死如归、一往无前是王震身上的一种精神、作风和气概。

三十四、共产党人自身的明镜

刑威不能屈，烈火出纯钢。

节节皆忠骨，寸寸是刚肠。

句句腾正气，字字发奇香。

宜作军民范，永为邦国光。

身为中国佛教协会会长的赵朴初，1978
年为何在《人民日报》刊发《读许光达同志遗
诗感赋》，那许光达的遗诗是什么？带着几
多疑惑与好奇，阅读《许光达传》，千里寻党、
新婚别离等人生的悲欢与离合，活脱脱地呈
现一个"铁"字，既概括了这位开国大将的精

髓，又诠释了"霸得蛮"的品质。毛泽东曾称赞他，"这是一面明镜，是共产党人自身的明镜！"

长沙这座有着 2000 余年悠久文化历史的古城，早在春秋时期就是楚国雄踞南方的战略要地之一。在中国近现代史上，更是涌现出一批著名的政治家、军事家和文学家。说长沙，让笔者想起 1990 年初次到花明楼的所闻：1961 年 4、5 月，刘少奇回到家乡，先后在宁乡、长沙两县蹲点调查 44 天。为听到群众的真实心声，他来到施家冲生产队，请来 8 位社员，让秘书给每个人敬上一杯热茶后说："今天请大家讲讲心里话，公共食堂办不办，粮食怎样分配，还有你们的生产生活情况，都请讲讲真心话。"说完，他摘下蓝布帽，露出满头银发，恭恭敬敬地面向群众鞠了一躬。接着说道："我怕耽误你们的工，让随我来的同志去帮助你们劳动。我们的同志不会做事，帮半天不够，明天再帮半天。"脱帽、鞠躬、派人帮工，霎时，国家主席的心与群众的心紧紧地贴在了一起，几位社员的心里话，就像倒螺壳一样滚滚而出。

许光达 1908 年生于长沙县，因家境贫寒，很小就做了放牛娃。可他十分渴望读书，常到一所私塾的窗外"偷学"。一个寒风刺骨的日子，又冷又饿的他，晕倒窗下，但许光达好学的精神，深深打动私塾先生邹希鲁，准许其免费就读。他 1921 年考入长沙师范学校，常和同学上岳麓山，瞻仰黄兴、蔡锷、刘道一等辛亥革命先驱的墓地，感受他们为国为民的壮志豪情；1925 年 5 月加入中国共产主义青年团，9月转为党员；1926 年由党组织选送报考黄埔军校，从此南征北战、忘我工作，为民族独立、人民解放和国家富强作出卓越贡献。

从绝不退党到千里寻党，彰显铁的信仰。正在黄埔军校武汉分校读书的许光达，一天刚要走出教室，同学廖昂就递上一张"学员政治面貌登记表"——国民党反动派的"清党"伎俩。当时,选择国民党,意味着升官、发财、过好日子;而选择共产党,意味着吃苦、流血,甚至牺牲。拿起那起"学员政治面貌登记表",许光达毫不犹豫写下"死也不退出中国共产党"。

1927年8月2日,许光达和6名共产党员接到九江党组织的指示:速赴南昌,参加起义。当他们追赶上部队,许光达却在三河坝战役中负伤。伤愈后,他接连赶到潮州、汕头,谁料革命失败了、队伍打散了。从九江到南昌再到宁都,虽说心急似火,但目标明确、希望在前;如今,革命失败、队伍打散,他感觉自己像一只失去方向的孤舟,在茫茫的大海里漂流,不知向何处。许光达后来回忆说:"在老乡家养伤20多天,伤口既愈,即别老乡,到潮州,乘火车到汕头,又乘船到上海。到上海的时间约在11月。"

几经挫折,从1927年11月到1929年5月,许光达当矿工、做苦力,跨长江、渡黄河,一心向党、四处寻党。许延滨曾问父亲:"是什么力量支撑着您千里寻党呢?"许光达回答道:"因为我坚信,胜利非共产党莫属。"

这期间,还有一段新婚别离的插曲。1928年,许光达在安徽寿县参与筹划国民党第33军学兵团暴动失败后,辗转潜回长沙,与老师邹希鲁的女儿邹靖华完婚。新婚第10天,他便消失在屋后竹林里,留下一段"一封家书诉十年"的佳话,见证了铁的爱情。

原来,打算与许光达同去西北冯玉祥部队的7名党员中,有一人被捕叛变,幸亏在长沙警备队的亲戚给他送信,才得以逃脱。4年后,邹靖华收到鸿雁传书:"桃妹子吾妻:余一切皆安,勿念。托人寄上法币一百元,以作求学之资。人不念书,不易明理,做人亦难,望设法求学,以慰我念,并祈求岳父大人相助。"鸿雁传书是方向,也是动力,邹靖华不仅考上长沙师范学校,1938年更是涉险赴延安,夫妻10年重逢,喜极而泣。

　　我俩的结婚整整已经有了十年,然而相聚的时间仅仅只有两个月零二十一天。不知流过了多少的伤心泪,也曾受尽了艰苦与辛酸,丝毫也不能摧毁我们铁的心愿。在生命的途上还会遇着狂风巨涛,像从前一样的冲破,我们永远的骄傲自豪!

　　1952年,党中央决定大批干部转业到地方工作。根据邹靖华的情况,原本可以留在部队,但许光达动员她响应党的号召。邹靖华一时难以接受:"军队是你我成长的摇篮。我们的青春是从军队开始的,我们的革命道路是从军队起步的,我们的事业是在军队里建设的,怎么舍得离开呢?"许光达劝道,国家进行大规模的经济建设,需要人啊……你带了头,是为了我在干部面前说话更有号召力。邹靖华这位1938年参军的老战士,只好带头脱去军装。

　　金戈铁马,一代名将许光达,参加和指挥过许多重要战役战斗。他1930年参与组建中国工农红军第六军,率部参加巩固洪湖苏区的斗争和红二军团南征中的津市、澧州等战斗。1931年的马良坪战斗中,他指挥若定,以一个团兵力与敌十几个团周旋,牵制敌人,巧妙突围。

　　1932年,许光达负重伤被送往苏联治疗,后入莫斯科国际列宁学院中国班学习。他首先着力攻克俄文关,很快就能用那带有湖南腔的俄语与人交谈,并读懂俄文书籍。几十年后,当晚辈问及"怎么记住那些俄文单词"时,他幽默地说:"воскресенье,是星期天,我就记住'袜子搁在鞋里'该休息了。"1934年6月,他又转入特别班学习汽车、坦克等专业。

1937年抗日战争全面爆发,许光达立即回国,运用机智灵活的战略战术,在晋西北、晋中等地区广泛开展群众性的游击战,挫败日军的"扫荡"和"蚕食",巩固和扩大了抗日根据地。他积极从事马克思主义军事理论研究,发表了《战术发展的基本因素》等文章。1947年,他率3纵队西渡黄河,转战陕北,先后参加了高家堡、沙家店等战役。1948年4月,国民党军从延安、洛川弃城逃跑,他审时度势,抓住战机,指挥部队连续三昼夜追击敌军,获得重大战果。1949年,在围歼胡宗南部主力的扶郿战役中,他率部迂回敌后,断敌退路,对保证战役全胜起到重要作用;继而挥师西进,攻破兰州南山敌军主阵地,抢占黄河大桥,与第十九兵团协同作战全歼城中守敌,解放兰州;随后挺进河西走廊,17天推进700公里,斩关夺隘,摧枯拉朽,为大西北的全部解放作出重要贡献。

1950年6月,毛泽东点将许光达出任装甲兵司令员。当时全军只有2个战车师,2个战车团,543辆陈旧的坦克大多是从国民党军队手中缴获的,有的已经破烂不堪、不能动弹。部队中的原国民党军队人员需要改造,解放军培养的官兵懂得坦克技术的又为数不多。面对繁重任务,许光达不辞辛劳,呕心沥血,在主持制定装甲兵部队整编中,将原战车第一师第三团调出,组建坦克学校,不到半年时间便完成从领导机关至坦克部队的组建和整编,初步构建起这一新的兵种体系。

1951年,志愿军坦克第一师入朝作战,"铁"的战斗,大扬国威。钢铁意志决定战争胜负,更是"铁甲司令"硬核精神。许光达穿越敌人火力封锁线,走遍多个连队,对坦克部队的作战使用和技术保障进行深入调研。在掌握大量第一手资料后,他回到国内指导部队从实战需要出发修改训练计划,重点解决夜间驾驶、防空、伪装和乘员间的协同等问题,提出"战车部队是技术兵种,不能掌握技术就没有战车部队",强调"一切工作都要围绕着技术工作,离开了技术工作,既无建设可言,也就没有装甲部队"。根据坦克先遣团干部建设情况,他还向中央军委建议,干部必须经过院校培养,不要由战士直接提拔,使装甲兵成为全军第一个实行院校毕业生当军官的部队。

1965年7月,许光达读到一份事故报告:坦克某师工兵营班长王杰为掩护参训民兵壮烈牺牲,而他的目光没有停止在事故两字上,感到事故的后面有非常宝贵的东西,即人的思想觉悟和献身精神。于是,他要求有关方面把事情彻底搞清楚,并向总政作了报告。调查证明,王杰确是一位临危不惧、舍己救人的好战士。后来,周恩来、朱德为王杰题了词,国防部命名王杰生前所在班为"王杰班"。

1955年中国人民解放军授衔前夕,获知党中央、中央军委决定授予自己大将军衔的消息,许光达几次找到贺龙等提出降衔申请,但均未获同意。无奈之下,他提笔向毛泽东写下:

军委毛主席、各位副主席:授我以大将衔的消息,我已获悉。这些天,此事小槌似的不停地敲击心鼓,我感谢主席和军委领导对我的高度器重。高兴之余,惶惶难安。我扪心自问:论德、才、资、功,我佩带四星,心安神静吗?……在中国革命的事业中,我究竟为党为人民做了些什么?……我对中国革命的贡献,实事求是地说,是微不足道的……

在中央军委召开的一次会议上,彭德怀说:"这样的报告,许光达一连写了三份。"没有镜子看不清面目,难以整容颜、正衣冠。毛泽东高扬起这份"降衔申请书"说,"不简单哪,金钱、地位和荣誉,最容易看出一个人,古来如此!"接着,他又脱口而出:"五百年前,大将徐达,二度平西,智勇冠中州;五百年后,大将许光达,几番让衔,英名天下扬"。

老话讲,闻鼙鼓而思良将。许光达"自请降衔"的"轶事"虽然过去近70年,但"德、才、资、功"仍不失为选拔任用干部的一个重要标准,很是值得各级党组织思考和借鉴。只有将有德、有才、有资、有功的人选拔出来,弘扬务实、清廉、为民之风,去除浮躁、贪腐、利私之气,才能真正做到"不让扎实干事的老实人吃亏,不使投机钻营者得利",切实培养造就一支忠诚干净担当的高素质干部队伍。

铁的党性,主动让衔感世人,也体现在家风家教中。许光达与邹靖华团圆后,又经历各种磨难。因缺医少药,一岁多的女儿玲玲永远地"睡"去。夫妻从严要求后一代,"不许打我的牌子"。对于兄弟手足也是铁面无私,国家三年经济困难时期,许光达的四哥和六弟饥饿难耐来京求助,想在身为"装甲兵之父"的兄弟家中度过饥荒。他坚持按照装甲兵党委"来队家属只住三天"的规定,留其在家住了三天,就让他们带着家里仅有的几十斤全国粮票返乡,六弟在回家途中病饿而死。后来,侄女来信想在北京找份工作,许光达委婉地批评她不安心农村的思想,鼓励其好好念书,为建设家乡出力,并承担了几个侄儿、侄女读大学的费用。

"文化大革命"期间,虽遭残酷迫害,但许光达始终保持共产党人的铁骨,在《毛泽东选集》扉页上写下:"百战沙场驱虎豹,万苦艰辛胆未寒。只为人民谋解放,粉身碎骨若等闲。"历史宛如一面镜子,可以辨是非、明得失。北宋司马光写《资治通鉴》,无非是想在帝王和官僚面前架起一座历史宝鉴。反复阅读赵朴初所说的遗诗和《读许光达同志遗诗感赋》，铁的信仰、爱情、战斗、党性，与"纯钢""刚肠"相映生辉，湖湘子弟那"霸得蛮"的品质，又有谁说不是"共产党人自身的明镜"?!

三十五、心中始终装着人民群众

"耿旅长回来了"，1991年耿飚来陇东看望曾并肩战斗的人民群众。当晚，他所住的县招待所门口人声鼎沸，老百姓从四面八方赶来看望他，但有的是来告状……离开甘肃庆阳县那天早晨，在接见县里主要领导和到场的省顾委负责同志时，他没有批评任何人，只是讲了一段催人泪下的革命故事：

50年前，我们三八五旅在这里驻防时，部队的一个战士犯了严重错误。旅部决定按纪律将该战士枪毙。当我们在操场上准备执行纪律时,来了一大群老百姓替那个战士求情。我坚决要执行纪律。谁知竟连受害者的父母都跪倒在地向我求情,紧接着一操场的群众全都跪倒,哭着请求饶了这个战士,让他戴罪立功。怎么劝他们也不起来。最后,我们流着泪接受了群众的请求。讲到此处,他话音一顿,环顾四周,大声问道:"现在我要问问今天在座的你们这些人,不管哪一个,如果做错了事,老百姓还会不会替你们求情?"

"老百姓还会不会替你们求情?"耿飚之问,道明一个理:必须心中始终装着人民群众,只有把人民群众当亲人,人民群众才会把我们当亲人,体现"霸得蛮"的品质。

湖南株洲古称建宁,因此地多楮木,且"楮""株"同音,故又名"楮洲"。远古时期,株洲地区就有先民生息繁衍,炎陵县鹿原陂安葬着中华民族的始祖炎帝神农氏。株洲是革命老区,革命史迹地众多,如攸县的谭震林墓,醴陵的李立三故居、左权将军纪念碑等。

耿飚1909年生于醴陵市,7岁随父母逃荒至湘南常宁县,13岁在铅锌矿当童工。日前,笔者翻阅《耿飚回忆录》,了解他的革命活动和戎马生涯,眼前呈现一个个激动人心的历史画面:震惊中外的湖南水口山大罢工,十万农军扑长沙,五次反"围剿"的激烈战斗,长征路上的艰难险阻,燃遍长城内外、大河上下的抗日烽火,晋察冀军民从日寇占领下收复张家口,解放华北重镇石家庄、国际名城北平,进军大西北……

在《耿飚回忆录》中,作者记叙了周恩来给自己留下的许多美好印象:在长征路上和陕北窑洞中对他的亲切指示,命令他从延安带领美军观察组到晋察冀抗日根据地去时的谆谆嘱咐,新中国成立初期拟任命他为驻联合国军事代表时的风趣谈话……

在《耿飚回忆录》中，作者寄托着对烈士们的无限敬意和深情哀思。无论是被敌人杀害在状元洲上的青年女共产党员和工人纠察队、农民赤卫队的队员，还是牺牲在国内革命战争和抗日战争战场上的游击队、红军、八路军和人民解放军中的战友，以及党和人民军队的领导人宋乔生、徐彦刚、黄公略、左权等，他都以饱蘸无产阶级革命感情的笔触，记述并歌颂了他们"为有牺牲多壮志，敢教日月换新天"的高尚情操和英勇献身精神……

翻阅《耿飚回忆录》，重温革命故事，反思耿飚之问，让人想起一心为民的"咬牙干部"——宋任穷。1909年生于浏阳县的他，1926年加入中国共产主义青年团，同年底转为中国共产党党员。

1927年，宋任穷跟随毛泽东上井冈山，从此"咬牙"干革命。1928年冬，敌人开始重兵"围剿"井冈山根据地，彭德怀等决定撤离井冈山，由宋任穷率领特务连做后卫，负责断后。由于众寡悬殊，特务连被打散，但他咬紧牙关，凭借坚强的意志，历尽千辛万苦，于1930年2月重新找到红军，再上井冈山。

全面抗战打响后，冀南地区的战略地位非常重要。日军每到一处，均实施烧光、杀光、抢光的"三光"政策，到处制造无人区，形势极为严峻。为保存力量，上级建议把冀南区领导机关搬到平汉线以西办公。但冀南根据地需要继续驻守，宋任穷主动担起留驻冀南地区、开辟平原抗日根据地的重任。

留下来容易，活下去困难，想守好根据地难上加难。1942年至1943年，日军经常组织大规模的"扫荡"和"合围"，是冀南抗战最艰苦的时候。常言道：福无双至，祸不单行。除了战斗频繁激烈，还遇上历史罕见的自然灾害。先是百年不遇的旱灾，白花花的盐碱地颗粒无收;后是虫灾,顷刻之间寸草不留,冀南地区 500 多个村的庄稼全被蝗虫吃掉。日军还放水淹地,造成水患。灾荒过后痢疾、霍乱等瘟疫盛行,饿殍遍野。面对天灾人祸带来的巨大痛苦与压力,宋任穷没有被压倒,为度过灾荒,带领干部战士到附近的村子组织群众生产自救,开渠筑堤以引水灌溉,开辟荒地种植粮食。没有牲口,他带领干部群众人力拉犁种地,有次累得吐血,一条腿也因得不到及时治疗全部溃烂。

"挖陷阱,握好枪,你钻地道,我上房;严守制高点,构成一片火力网。别看杨庄村民是庄稼汉,打得鬼子哭爹叫娘见阎王。"这首《杨庄地道战歌》,既形象描绘了敌我作战的场面,又震慑了敌人。边生产,边战斗,宋任穷广泛发动军民组成挖地道突击队,经过七八个月昼夜不停地奋战,终于挖通从杨庄通向武家河、玉庄等十几个村子的地道。地道口和通风眼的位置都很隐蔽,内有翻口,能够防水、防毒、防烟,不仅能藏人,还能藏武器弹药、兵工生产设备和医疗器材等。

时时事事不忘统一战线,尊重党外朋友,以自己的言行感化和团结党外人士,是中国共产党的优良传统和一大优势。新中国成立后,在云南工作的宋任穷,面对层层障碍,顶住压力,致力于民族团结,消除民族隔阂,"咬牙"搞建设。

根据云南的特点,宋任穷提出"加强民族团结,消灭历史造成的隔阂,工作稳步前进"的工作方针。20 世纪 50 年代初期,他两改横幅,留下一段令人深思、受益无穷的统战佳话。那时,云南起义的部队称暂编十二军、十三军。通过民主运动,他们要求正式编入中国人民解放军。云南军区决定将其与中国人民解放军十二军、十三军合编,即 4 个军合编为两个军。开会那天,志丹体育场中悬挂着巨幅标语:"中国人民解放军暂编十二、十三军改编大会"。首先登上主席台的宋任穷一看觉得不妥,立即让布置会场的同志把"改编"改成"合编"。当天开晚会,看到"部队合编欢迎晚会"的大横幅后,他又说不妥,马上叫工作人员将"欢迎"二字改成"联欢"。

事后有部属问:"改编"跟"合编"、"欢迎"跟"联欢"意思都差不多,为何非改不可?宋任穷严肃地告诫他,共产党人说话、做事、写文章,都要认真贯彻党的方针政策。中国共产党是执政党,居领导地位,尤其要注重统战政策,团结党外人士。这两处改动堪称"神来之笔",让受改编部队官兵心欢、眼悦,有利于团结战斗。

高度重视为搞好民族团结做好知识准备和打好群众基础,宋任穷积极组织力量为西南服务团编写西南各省有关情况资料。同时,他抓紧组建民族事务机构,推动民族地区建政工作,强化民族团结。他还着手组建各种参观访问团,把少数民族干部送到各地考察学习,增强各族人民的爱国之情。除此之外,他组织制定《进入云南接管工作纲要》,结合当地少数民族的不同情况,提出关于土改等领域的措施,帮助云南地区发展民族经济和文教卫生事业,使云南的社会环境更趋安定,党、政、军、群齐心协力搞建设,各民族和睦相处一家亲,像石榴籽一样紧紧抱在一起。

1956年起,宋任穷主要负责我国原子能事业的建设和发展工作。仅有小学文化的他,从元素周期表开始,边学边建,不辞辛劳地深入一线,在地质队、矿山、建设工地和研究所进行调查研究,"咬牙"谋发展。苏联单方面撕毁援助中国核工业的协定后,他带领团队白手起家,克服各种困难,较快地实现自力更生的大转变。1964年10月16日,我国第一颗原子弹在新疆罗布泊爆炸成功,他饱含泪水给毛泽东打电话:成功了,我们的原子弹爆炸成功了!

记录宋任穷"咬牙"干革命、搞建设、谋发展的故事,回答耿飚之问的同时,眼前总浮现电影《长津湖》里的镜头。因为,笔者2013年到株洲市知道有两位湘籍"宋"姓开国上将后,一直关注宋时轮、宋任穷为民众服务的事迹。

宋时轮1907年生于醴陵市,1925年考入黄埔军校,1926年加入中国共产主义青年团,1927年转为中国共产党党员。1992年2月9日,宋任穷、廖汉生、张震三位将军在《人民日报》撰发《党的忠诚战士 我军的卓越将领》一文,称赞宋时轮:"他既是一位功勋卓著的战将,又是一位军事教育训练专家、军事科技研究工作的卓越领导者和造诣颇深的军事理论学者,对革命战争和我军建设做出了重要贡献。"

"战场上'尸横遍野',双方伤亡之大,战场景象之惨烈,为第二次国内革命战争时期所罕见",1932年红一方面军主力在广东南雄发起水口战役,聂荣臻后来这样回忆击溃粤军15个团后的情形。在这场战役中,宋时轮率领独立第三师驰援处境一度十分危急的红五军团,与兄弟部队一起沉重打击南进的粤军,基本稳定了中央苏区南翼。在中央红军第四次反"围剿"作战中,他指挥所部与兄弟部队并肩作战,一举全歼国民党军第52师,后又率部连续作战,歼灭国民党军第59师。这一仗共歼敌近两个师,俘敌近万人。蒋介石对此十分伤心,在给陈诚的手谕中写道:"惟此次挫失,凄惨异常,实有生以来惟一之隐痛。"

1948年6月,为配合开封战役,宋时轮奉命率华野第十纵队进到河南上蔡地区,协同中原野战军一部,阻击由平汉路东侧北进的胡琏兵团,与敌血战6昼夜,有力保障了开封之战的胜利。紧接着,他率部进入杞县城。6月29日,被称为蒋军"五大主力"之一的邱清泉兵团,向桃林岗阵地发起攻击,宋时轮指挥部队顽强阻击,经过7昼夜激战,歼敌5000余人,受到陈毅、粟裕等的高度评价。

毛泽东盛赞:中国人民志愿军第九兵团"在极困难条件之下,完成了巨大的战略任务"。1950年11月7日,宋时轮率领第九兵团入朝,担任东线作战任务。21日,15万人秘密集结到长津湖等地区,在美军眼皮底下而未被发现,后被西方军事学家称为"当代战争史奇迹之一"。此时天降大雪,到27日志愿军发动进攻时,气温骤降至零下40多摄氏度。这一役,第九兵团第二十七军全歼"联合国军"美第7师第31团,创造我军有史以来唯一一次消灭美军建制团的纪录。在抗美援朝第二次战役中,宋时轮指挥东线作战,共歼敌1.39万余人,给美"王牌军"陆战第1师以沉重打击。

电影《长津湖》为何曾一度火爆全国?抗美援朝初期,由于美军的封锁,后勤供应不上,部队严重缺粮,有时一天只能吃上一顿稀饭,不少战士得了浮肿病、夜盲症。宋时轮得知情况后痛心地说:"绝不能让战士们饿着肚子打仗!"悲壮的长津湖之战中,第二十七军八十师二四二团第五连,除一名掉队者和一个通信员以外,全连干部战士呈战斗队形全部冻死在阵地上,这成为宋时轮心中永远的痛。1952年,第九兵团从朝鲜回国,车行至鸭绿江边,他下车向长津湖方向默立良久,然后脱帽弯腰,深深鞠躬,泪流满面。

昆剧《宝剑记·夜奔》有唱词:男儿有泪不轻弹,只因未到伤心处!宋任穷饱含泪水给毛泽东打电话,向长津湖方向的泪流满面,耿飚讲的那段催人泪下的革命故事,均呈现了"霸得蛮"的品质,犹如一记记重拳捶打在胸间,让人去反思"老百姓还会不会替你们求情"?

三十六、"三善"好帮手

中国人民志愿军司令员邓华将军：

　　值此中国人民志愿军入朝作战四周年之际，我谨以朝鲜人民军全体将士和我个人的名义，向您和中国人民志愿军全体指挥员、战斗员致以热烈的祝贺，并预祝您在今后的事业中取得更加光辉的成果。

　　　　　　朝鲜民主主义人民共和国
　　内阁副首相兼民族保卫相次帅　崔庸健
　　一九五四年十月二十四日于平壤

从井冈山到太行山，从白山黑水到天涯

海角，从鸭绿江到三八线，邓华为什么能纵横万里、驰骋疆场？阅读《邓华将军传》《邓华纪念文集》，答案就在：善于学习、善于分析、善于建言。"三善"既是对彭德怀"邓华作战勇敢、细心，出过不少好主意，是个好帮手"的回应，也是对"霸得蛮"品质的回答。

每一段历史航程都有雄才大略的领航先锋和催人奋进的仁人志士。抗美援朝时期，彭德怀、陈赓、邓华、杨得志、杨勇曾相继担任或代理过中国人民志愿军司令员，令人称奇和骄傲的是，他们均为三湘子弟。邓华1910生于郴县，1925年到长沙，先后入岳云中学、南华法政学校，积极参加爱国学生运动，在《论青年人生观》中写道："青年人当舍身报效祖国，挽救国家危亡，解放亿万生灵涂炭！"1927年加入中国共产党，1928年参加湘南起义，后随朱德、陈毅上井冈山，参加了中央苏区历次反"围剿"。1934年6月入红军大学高级指挥科学习，10月随军长征，参加了直罗镇、东征、西征和山城堡战役。

将有必死之心，士无贪生之意。平型关大捷是八路军第一个打得漂亮的歼灭战，打破了日军不可战胜的神话。1937年参加平型关战役后，邓华又参加晋察冀军区反"八路围攻"，参与领导开辟平西抗日根据地。1938年，他率部向冀东挺进，连克延庆、永宁等城镇，配合中共冀热边特委发动和领导冀东20余县及开滦煤矿共20余万人的武装暴动，建立约10万人的抗日武装，初步创立冀东抗日游击根据地。1940年，他领导组建晋察冀军区第五分区，组织领导部队巩固和扩大雁北抗日根据地。1941年起，他组织领导分区军民多次打破日伪军的"蚕食"和"扫荡"，1944年入中共中央党校学习。

四平之战是我军在东北解放战争中少有的打得非常艰苦的攻坚战，被外国记者称为"东方马德里"。邓华参加"四战四平"，在1947年四平攻坚战前夕，他根据自己掌握的第一手敌情，经过综合分析和计算,判断四平守敌的实际兵力远超上级敌情通报中所估之数。深思熟虑后,他提议增派一个纵队,以集中优势兵力歼敌,尽管上级没有采纳这一意见,但他仍然率部浴血奋战。在东北秋季攻势作战中,他率部主动出击,17天连克法库、彰武等5城,歼敌3个师,受到东北民主联军总部通令嘉奖。

1948年9月12日至1949年1月31日,人民解放军先后向国民党军队发起辽沈、淮海、平津三大战役。胸怀全局、敢于担当的邓华,在战场上头脑冷静、实事求是,不唯上、不盲从,经常根据战场实际形势对上级既定作战部署提出更加切合实际的意见,为赢得作战胜利发挥了积极作用。

1981年10月22日,中国军事科学院原副院长高体乾在《人民日报》刊文《邓华同志在辽沈、平津战役中》写道:"攻锦是战略第一阶段的重点,应以二分之一的兵力,即6个纵队在敌援兵未赶到之前拿下锦州。占领了锦州,歼灭了锦州的敌人,打援敌就好办了。如果把主要兵力用于打援、阻援较有把握,但攻锦兵力不够,攻锦时间就要拖长。拿不下锦州,就可能使南北增援之敌会师锦州,形不成分割东北各点之敌、各个歼灭的局面。这条建议他是反复考虑了几次提了出来的。"这次调整兵力部署、增加攻城兵力的建议,得到上级同意,攻克锦州之战进展非常顺利。邓华当时只是一个战役方向的指挥员,按照一般想法,坚决执行上级命令,完成自己战役方向的任务就行了,可他是一个胸中装着全局的指挥员,具有战略眼光和过人胆识。

平津战役中,邓华受命指挥三个纵队攻占塘沽、大沽,封锁平津之敌出海逃亡通道。经过实地察看,他发现地形于我方极为不利,如果强攻则伤亡必大,而且无法全歼敌人。怎么办?《邓华同志在辽沈、平津战役中》写道:"经过考虑,邓华同志拟向平津'前总'提出不打塘沽,转去攻取天津的意见。但他又想,上级命令是打塘沽,作为3个纵队的战役指挥员,提出不好打和不打,显然是不执行命令的表现。因此,不敢轻易提出。第二天,他又与协同作战的兄弟纵队首长共同勘察了地形,对敌我情况进一步做了研究。大家一致认为,在这样的地形和敌情的条件下攻塘沽,部队伤亡太大。如果用3个纵队协同兄弟部队攻取天津更有把握,而且有利于全局。这样,邓华同志又考虑了一天,最后向平津'前总'(总前委)如实的反映了情况和意见。次日,平津前线参谋长刘亚楼及特纵司令员肖华同志及司令部作战处长和参谋人员,又和纵队首长一起重新对地形和敌情进行了勘察,最后一致认为打塘沽得不偿失,攻取天津对封锁北平之敌东逃更为有利。于是,邓华同志和刘亚楼同志共同报告中央军委及平津'前总',详细陈述了地形和敌人守备情况,提出了不打塘沽之敌,转而攻取天津的建议。"这个"建言"得到中央军委和"前总"的同意,毛泽东复电:放弃攻击两沽计划,集中五个纵队准备夺取天津是完全正确的。随后,6个纵队经过10余天扫除外围之敌,做好攻城准备后,以一昼夜的时间攻占天津,10余万守敌被我全歼,彻底截断了北京之敌从塘沽上船南逃之路,也为和平解放北平创造了有利条件。

1950年4月16日至5月1日,邓华直接参加组织指挥海南岛战役,开创我军胜利渡海作战的先例。他创新战法,摧毁国民党由50多艘舰艇、40架飞机、10万守军组成的立体化防御体系,共歼敌5个师3.3万余人,创造用落后的木船战胜现代兵舰的奇迹。

人民群众的力量是无限的。在没有军舰,甚至木船都严重短缺的条件下,邓华组织部队深入群众、广泛动员,短时间内形成了人民群众出工出船支援前线的热潮。同舟共济海让路,百舸争流千帆竞。针对我军缺乏渡海作战实战经验,他组织训练船工水手、机帆船司机,训练步兵登船、多船协作、步炮协同等战术技巧,迅速将陆军练成"海军"。为增强岛上接应力量,获取渡海登陆作战实战经验,他于1949年12月15日向上级报告,"拟提前分批派兵小规模偷渡上岛与岛上琼崖纵队会合"。这一建议,很快得到毛泽东的支持。1950年4月16日黄昏,水文气象组"预报"的东北风"如约"而至,我军2.5万余人乘坐木帆船和少量机帆船,顺风而下,启航渡海。交火之后,仅用数小时就突破敌方强大的海空封锁,于海南岛玉抱港、才芳岭、雷公岛一带强行登陆,与接应部队胜利会师。随后势如破竹,追敌至天涯海角,人民解放军以1:11的伤亡比大获全胜,尽显邓华勇敢、细心、稳健又善于开拓创新的作战风格。

邓华一生中最精彩的篇章,是在朝鲜战场书写的。1950年6月朝鲜战争爆发,7月中央军委为防不测组建新的十三兵团作为战略预备队,10月邓华率十三兵团作为首批志愿军入朝。他参与指挥抗美援朝战争一系列重大战役战斗,有勇有谋,提出许多很有见地的意见建议,有的对整个战局发展起到重要作用。

1993年8月1日,《人民日报》刊发的《无愧无憾的邓华同志》中写道:"早在出国之前,邓华被任命为十三兵团司令员的当月,即以个人名义亲笔起草了一份报告报军委(他一生凡以个人名义签署的信、电、文书大都亲笔起草)……报告说:估计敌主力可能在人民军侧后的平壤或汉城地区大举登陆,前后夹击,人民军将处境困难。我参战时机应选在敌越过三八线之后,这样可减少敌从海上对我的威胁,缩短我供应线,且敌战线拉长拉宽我更好打。报告发出十五天后,美军在汉城地区的仁川登陆。美军接近中朝边境我军参战。我一、二次战役胜利,皆因敌战线拉长拉宽,分兵冒进,被我分割包围歼亡。"这一前瞻性分析受到毛泽东的称赞,认为"这个分析很有见地"。1950年8月31日,邓华在兵团党委会上指出,美军可能在平壤或汉城一带大举登陆,9月15日美军果然在汉城附近的仁川登陆,证实了他准确的战略预判。人民志愿军入朝前,原拟先派2个军、2个炮兵师渡过鸭绿江,邓华基于对敌情的准确掌握,建议4个军、3个炮兵师全部过江,并迅速增调援军。这一建议得到毛泽东和彭德怀的采纳,使我军在过江后能够迅速集中优势兵力歼灭敌人,取得初战胜利。

1954年9月6日,《人民日报》一版刊发消息:【新华社平壤5日电】中国人民志愿军总部发言人宣布,中国人民志愿军司令员彭德怀将军业已辞职。中国人民志愿军现由邓华将军任司令员,杨得志、杨勇二将军任副司令员。这与文章开头崔庸健1954年10月24日给邓华的信是一致的。细心的读者会发现,邓华1980年逝世的悼词中说:在彭德怀同志奉调回国后,任代司令员兼政治委员。

1952年6月,彭德怀回国主持军委日常工作,邓华任志愿军代理司令员兼政治委员,全面主持志愿军工作。此时,朝鲜战场正处于相持阶段。这年10月14日,上甘岭战役打响。第二天,敌出动大规模海空军组成的登陆部队发起猛烈攻击。邓华敏锐地意识到此举是"声东击西",意在配合敌在上甘岭的进攻,诱使我军增援海岸守军,打乱我方部署。鉴于我军此前已对东、西海岸防御兵力作了加强,因此他命令除我相关海岸守军加强部署外,对敌人此举不予理会。事后联合国军透露,这次模拟登陆的目的确为"分散敌方前线兵力"。正是邓华的敏锐和沉稳,使我军在全局部署上有力地配合、支持了上甘岭的鏖战,也使得上甘岭战役成为我军坚守防御作战的光辉典范。

1952年12月,邓华赴京报告战况,着重分析了美军冒险登陆的可能性。毛泽东一见邓华就表示:"你去了,我放心!"并指示,应从敌人肯定要从西海岸登陆的判断出发,加强备战,坚决阻敌登陆,决不允许敌在西海岸登陆,还要求邓华亲自负责西海岸反登陆指挥。回到朝鲜,邓华主持开展细致而扎实的反登陆备战工作,形成固若金汤的海岸防线,彻底粉碎美军登陆的企图,解除我军后顾之忧,在朝鲜东、西海岸实现"不战而屈人之兵"的战略目标,最终赢得了抗美援朝战争的伟大胜利。

日前,看到《邓华上将的红军大学毕业证书》一文,说这张毕业证书为布质,长 12.7 厘米,宽 8.5 厘米,系中革军委于 1934 年 9 月颁发给红军大学第 3 期高级指挥科学员的。邓华一拿到毕业证书就踏上二万五千里长征路,而它能完整地保存至今,不能说不是一个奇迹。女儿邓青不无感慨地说:"也许因为我父亲是一个细心的人吧。"一个细心的人,听起来倒是轻巧,其实是邓华一生善于学习、善于分析、善于建言的体现,呈现"霸得蛮"的品质。

三十七、"三杨开泰"有其二

我国先人把冬至视作"一阳生",十二月谓"二阳生",翌年正月称为"三阳开泰",意为新生事物茁壮成长,大势已定。借此吉祥之意,周恩来1951年在欢送志愿军第十九兵团司令员杨得志和政治委员李志民率部入朝时说:我曾经说过,要把你们"三杨"拿出来,叫做"三杨开泰"!

"三杨",是指杨得志、杨勇、杨成武三位开国上将。其中杨得志、杨勇,都是湖南人,在几十年的军旅生涯中,他们经常并肩战斗,胜似亲兄弟。和平时期绝不是刀枪入库、马放南山的时候,阅读《杨得志回忆录》《杨勇将军传》,从两人六次相对交集中,读懂"霸得蛮"的品质,对于建设一支听党指挥、能打胜仗、作风优良的人民军队,有着许多学习和借鉴之处。

"未曾清贫难成人,不经打击老天真。自古英雄出炼狱,从来富贵入凡尘。醉生梦死谁成气,拓马长枪定乾坤。挥军千里山河在,立名扬威传后人。"这虽是宋朝《隋唐传奇》中对罗成的描述,但告诫人们:自古英雄磨砺以须,倍道而进。17岁那年,杨得志、杨勇均参加红军,均参与中央根据地历次反"围剿"斗争,可称得上两人第一次相对交集。

杨得志,1911年生于醴陵市,自小从父学打铁,14岁随兄长到江西安源煤矿做挑夫,16岁回湖南衡阳当筑路工。1928年2月,他与25名工友参加朱德、陈毅领导的湘南起义,4月参加井冈山会师,10月加入中国共产党。1930年起,他参加井冈山反"进剿"和反"会剿"斗争,随部转战赣南闽西,先后参与大柏地、长汀等战斗和进攻长沙战役。在中央苏区历次反"围剿"中,他率部参加龙冈、漳州等战役战斗,作战勇敢,指挥果断,荣获三级红星奖章。

杨勇,1913年生于浏阳县,1927年加入中国共产主义青年团,参加了10万农军围击长沙的战斗。这年9月20日,毛泽东领导秋收起义部队在文家市里仁学校操场举行会师大会。14岁的杨勇与12岁的姨表弟胡耀邦趴在操场院子的墙头上,聆听毛泽东以司马光砸缸的故事,比喻当时的革命形势后,小哥俩深受启发,决定追随毛泽东一生。1929年春,他加入文家市游击队,1930年参加工农红军,并加入中国共产党。他参加了中央苏区五次反"围剿"作战,荣获三等红星奖章。

长征途中,杨得志和杨勇均为"开路先锋",书写出精彩传奇,受到中央领导的器重。这可称得上他们的第二次相对交集。长征胜利后,红一方面军从出发的 8 万余人减至不足万人,部队合编后仅有三个师,两人职务不降反升,可见他们的军事指挥才能非同一般。

"红军不怕远征难,万水千山只等闲。"红军被迫长征,杨得志带领红一军团第一师第一团担负先遣任务,突破敌人四道封锁线,掩护中央机关,开辟了前进道路;突破乌江,为迅速夺取遵义创造了有利条件。遵义会议后,他率部参加四渡赤水河,巧渡金沙江;组织指挥"十七勇士"强渡大渡河,为红军北上抗日开辟了通路。红军到达陕北,他指挥部队参加直罗镇、东征、西征、山城堡等重大战役,为巩固和保卫陕甘苏区作出重大贡献。

"五岭逶迤腾细浪,乌蒙磅礴走泥丸。"杨勇带领红三军团第四师第十团与兄弟部队一道连续突破国民党军队的封锁线,完成掩护中央领导机关安全渡过湘江的任务。红军转战贵州,他又率部冲锋陷阵,英勇奋战,大战土城、娄山关、遵义、老鸦山,四渡赤水,多次出色完成上级赋予的作战任务。在红一、四方面军北上途中,他率部机智勇敢地掩护中央领导机关迅速脱离险区。毛泽东曾拍着杨勇的肩膀说:你真是员猛将,在关键时刻有那么一股子虎劲!红军到达陕北,他参加了直罗镇、东征、西征、山城堡等战役。

老乡见老乡,两眼泪汪汪。东征胜利回师,杨得志和杨勇一见如故、倍感亲切,杨勇当即称杨得志为"老杨哥",这可称得上第三次相对交集。无论是在平型关大战、坚持冀鲁豫抗日根据地和抗美援朝战争的日日夜夜,还是在朝夕相处的总参谋部,"老杨哥"的亲切称呼,一直伴随至杨勇生命的最后一刻。

英雄惺惺相惜,相识格外亲切。1936 年春,红军东征山西胜利回师,在陕北召开的一次团以上干部会议上,杨得志和杨勇第一次见面。那次会议期间,战友们兴高采烈地在一起会餐,杨得志坐的桌子离杨勇比较近,他们以茶当酒,互祝胜利。两人在交谈中得知是老乡,两家相距不远。杨勇听说杨得志比自己大两岁,就脱口叫了一声:"老杨哥"。以后每次见面,他总是用"老杨哥"的称呼来表达对战友的情谊。

1937 年,红军改编为国民革命军第八路军,后称第十八集团军。杨得志、杨勇均在第一一五师,分别率部参加了著名的平型关战斗,随后他们一度战斗在晋东南一带,共同扩兵,冬季练兵,度过一段十分难忘的时光,这可称得上两人第四次相对交集。

抗日战争初期,他们都是平型关大捷的名将:杨得志率六八五团在辛庄至李庄一线,负责"打头";杨勇率六八六团三营负责"斩腰",进行最激烈的老爷庙争夺战,并英勇负伤。1939 年初,杨得志率部东进冀鲁豫边区,杨勇率部开辟鲁西抗日根据地,虽说分在两个军区,但在共同抵御日寇侵略和打击伪、顽的战斗中,他们紧密配合,互相支援。"岁寒知松柏,患难见真情。"一次在山东东明县的战斗中,杨得志率部攻入纵深地区,部队陷入绝境,面对日军的重重围困,没有人敢去救援。杨勇得知,二话不说,起马带着部队杀入战场,一番浴血奋战,救出杨得志。

1941 年 7 月,鲁西军区与冀鲁豫军区合并,统称冀鲁豫军区。杨得志和杨勇终于可以同在一个单位共事,这是杨勇第一次给"老杨哥"当副手。不料,他俩连个照面也未见着。原来,4 月杨勇就赴延安参加党的七大;后因会议延期,他进入军事学院、中央党校学习。1944 年春,中央军委决定杨勇回冀鲁豫根据地传达延安整风精神,当他回到冀鲁豫军区时,杨得志已于 1 月带领主力部队前往延安,担负守卫黄河河防、保卫延安和保卫党中央的重任。

解放战争时期,虽然杨得志和杨勇分属于不同的战略区,但留下一段"真假杨司令"的美谈。1945年抗日战争胜利,杨得志再回冀鲁豫军区,杨勇才见到阔别4年多的"老杨哥"。可两人并肩战斗没多久,杨得志、苏振华奉命率领晋冀鲁豫军区第一纵队准备去东北。《孙子兵法》云:兵无常势,水无常形。后来由于形势变化,杨得志留在晋察冀军区工作,苏振华带领第一纵队回归晋冀鲁豫军区建制。随后,第一纵队与第七纵队在山东濮县白衣阁合编,成立新的第一纵队,名称还是杨苏纵队,只是司令员由杨得志换成杨勇。

留在晋察冀军区的杨得志,参加解放华北的一系列战斗后,率第十九兵团挺进大西北;而杨勇随刘邓大军南下,逐鹿中原,参加淮海和渡江战役,并率第五兵团挺进大西南。

雄赳赳、气昂昂,杨勇、王平于1953年5月11日踏上抗美援朝征途,16日抵达志愿军总部驻地桧仓时,杨勇老远就看见杨得志,兴奋得直呼:老杨哥!老杨哥!昔日并肩战斗的战友,如今异国重逢,可称得上他们的第五次相对交集。1954年2月,杨勇任志愿军副司令员兼参谋长。由于邓华已经回国,杨勇协助杨得志领导志愿军总部工作;10月,杨得志被任命为志愿军司令员,这是杨勇第二次给"老杨哥"当副手。遗憾的是,杨得志此时在国内,杨勇负责志愿军的主要领导工作。1955年4月,杨勇接任志愿军司令员,是抗美援朝的第五任司令员,也是最后一任,直至1958年回国。

1951年6月12日,杨得志和李志民率志愿军第十九兵团跨过鸭绿江,杀上抗美援朝、保家卫国的第一线。杨得志盯死"联合国军"弱点,扬长避短,在天德山、马良山和上甘岭战役中,顽强阻敌,重创敌军。针对"联合国军"火力强大的特点,他将冀中地道战运用至抗美援朝作战前线,依靠坑道工事抗击敌军重兵进攻,实行积极防御。对此,彭德怀十分赞赏:"这是一个创造。我就不信,他美国人能把地球给砸穿!"第五次战役后,杨得志调至志愿军司令部,协助彭德怀指挥作战,先后组织1952年秋季战术反击作战和1953年夏季的战役反击,取得举世闻名的上甘岭、金城反击战役的伟大胜利。

与杨得志相比,入朝较晚的杨勇,虽然人在国内,却天天盯着朝鲜地图,不断思索,熟记地名,为入朝作战做准备。杨成武因病回国,毛泽东点将杨勇,并不无风趣地说:再送一个羊(杨)到朝鲜,美国佬就彻底认输了。常言道:好饭不怕晚!杨勇指挥5个军15个师,配属7个炮兵团、20辆坦克,打了入朝作战以来规模最大的一仗——金城战役。这一战役,敌我双方兵力对比为1:3,火力对比为1:7,在主攻方向上,志愿军火炮密度达每平方公里108门,相当于第二次世界大战苏德战场的标准。金城战役的重大胜利,迫使美国人不得不在停战协定上签字。

杨得志任总参谋长,杨勇协助他抓全盘工作,也是第三次担当"老杨哥"的副手。这是朝夕相处最长的一次,时间3年,可称得上两人第六次相对交集。

1977年9月开始,杨勇协助邓小平主持总参谋部日常工作。他坚决贯彻党中央、中央军委关于军事工作的一系列指示,积极开展真理标准大讨论,平反冤假错案,推动总参谋部各项建设迈上新台阶。1979年1月,杨得志临危受命,指挥保卫西南边疆的自卫还击战;当月,杨勇来到西线勘察边境形势,"老杨哥"陪同,这是他俩最后一次并肩作战。1980年2月,杨得志主持总参谋部工作,为让"老杨哥"熟悉部队情况,杨勇多次抱病陪同外出视察。即便有些地方刚去过,但仍然坚持陪同前往,他认为自己有责任向"老杨哥"现场汇报、介绍情况。在东北勘察地形时,有一天适逢下雨,他俩不顾雨淋,坚持看完全部军事表演课目,使部队指战员深受鼓舞。1982年2月,杨勇陪同杨得志视察西沙群岛的建设,详细询问指战员的生活情况。"相见时难别亦难",战士们恋恋不舍地说:希望首长再来!杨勇爽朗地回答:一定再来看大家!他和杨得志约定第二年的春天再去西沙,却成了永远的遗憾!1982年底,生命垂危的杨勇拉着杨得志的手说:告诉医生不要用药了,不起作用了,不要再浪费国家和人民的钱了!

今天坐着地铁1号线去上班,笔者突然想起,这可是杨勇1965年主持建设的,联想到他1973年修建天山公路和南疆铁路,感叹他靠的是什么?细一想,湖南人素来爱称"老子",张口"老子说的",闭嘴"老子怕谁"。当然,"此老子"并非"彼老子",而且视为说脏话、没教养。现在看来,也不全然。从漫漫长征路到用兵华北、从鏖战朝鲜战场到建设大江南北,杨得志、杨勇正是凭着这么一股"老子"的劲与气,把"霸得蛮"的品质诠释为英勇善战、不怕牺牲、顾全大局、敢于担当。

三十八、新时期"约法三章"

  邓小平"深谋远虑、字字千钧,使我深切领悟到自己肩负的使命重大。为了不辱使命,我给自己立定了'干实事,少出面,不越权'的'约法三章'",改革开放 30 年之际,95 岁的张震撰文回忆。"干实事,少出面,不越权",是他的"约法三章",也是"霸得蛮"品质的体现。

  张震 1914 年生于湖南平江县,1926 年参加劳动童子团,1928 年参加县少年先锋队,两次参加扑城暴动,1930 年加入中国共产党。平江县曾发生"秋收起义""平江起义"等重大革命历史事件,为中国革命牺牲 25 万优秀儿女,走出 52 位开国将军,上将有苏振华、钟期光、傅秋涛等,中将有刘志坚、钟赤兵、欧阳文等,少将有王赤军、方国安、叶楚屏等,在全国 1614 位开国将帅中,属于第四大将军县,而且大多数将军长寿。张震的出生地长寿镇,据说有一位老人活到了 180 岁,因此而得名。张震确也长寿,去世时 101 岁。他一生身经百战,先后 6 次负伤,为党工作 72 载,见证了中华民族从站起来、富起来走向强起来。

一门"六将",张震 4 子 1 个上将 3 个少将,唯一的女婿也是少将。他与三子张海阳,是中国人民解放军历史上首对"上将父子"。阅读《张震军事文选》,有一段话值得学习与思考:战争年代,我曾有幸直接受到朱德、彭德怀、刘伯承、陈毅、粟裕等杰出军事家的军事指挥艺术的熏陶,在新中国的最高统帅部里,又相继领略过伟大统帅毛泽东和邓小平战略家的风范,深知他们无论是在战争年代还是在相对和平时期,都把军事战略方针视为"军队作战和建设的纲"。因此,到军委工作后,我首先关注的就是军事战略方针问题。这是人生经历的总结,更是一种方法论,正如毛泽东所说:做一个真正能干的高级指挥员,不是初出茅庐或仅仅善于在纸上谈兵的角色所能办到的,必须在战争中学习才能办得到。

一生横戈马上的张震,直至 84 岁才脱下戎装。他曾在何时何地,有幸直接受到朱德、彭德怀、刘伯承、陈毅、粟裕等杰出军事家的军事指挥艺术的熏陶呢?

中国共产党的历史是一部丰富生动的教科书,走好今天的路,就要不断从党的历史中汲取营养和智慧。1930 年 5 月,张震成了红五军中一名小战士,参与并见证两次攻打长沙。第一次,红五军趁敌人兵力空虚之时进攻,顺利攻占长沙,这是红军唯一一次攻占省会城市。同年 8 月,彭德怀奉命率部第二次攻打长沙。为冲破敌人外围防线,有人提出用"火牛阵"的建议。火牛阵本是战国时期,齐国对付燕国的办法。张震把尖刀绑在牛的犄角上,把棉花缠在牛尾巴上,然后浇油、点火、放牛。古代是冷兵器,牛很有优势;热兵器时代,"火牛阵"的威力自然降低了。诚然,攻打长沙没有成功。在中央苏区历次反"围剿"中,他带领队伍冲锋陷阵,立下赫赫战功。1934 年10 月,红军被迫长征,他所在的红三军团成为"开路先锋":血战湘江、四渡赤水、爬雪山、过草地,一路征战,闯过无数艰难险阻。1935年 11 月,他参加直罗镇战役,经过两天激战,歼敌 6000 余人。抗日战争时期,他协助彭雪枫指挥部队作战,在一次战斗中,击落一架飞机,开创了华中敌后抗日斗争击落敌机的先河。1944 年,他指挥宿南战役,历时 40 多天,打掉伪军碉堡 30 多个,歼灭伪军近 2000 人。解放战争时期,他成为粟裕的参谋长,参与指挥莱芜、孟良崮等战役。1953 年,他率部赴朝鲜,先后参与夏季反攻、金城战役,历经 40 多次战斗,歼敌 1.3 万多人。

毛泽东说过:"读书是学习,使用也是学习,而且是更重要的学习。从战争中学习战争——这是我们的主要方法。"文武集于一身的张震,胸中藏有百万兵。他不仅坚持从战争中学习战争,而且始终关注军事战略方针问题,为新时期人民军队军事战略方针的形成和提出作出重要贡献。

"801 会议""802 会议",20 世纪 90 年代初,笔者一到部队就有所耳闻,今日阅读《张震军事文选》方知其战略意义。20 世纪 70、80年代,国际联合反霸统一战线不断巩固和发展,但美国、苏联两个超级大国的争夺日益加剧。有鉴于此,邓小平把"在国际事务中反对霸权主义,维护世界和平"作为头等大事。为此,中央军委专门成立战略委员会,张震协助杨得志筹划军事战略方针调整、筹办全军高级干部战略问题研究班,亦称"801会议"。此前,人民解放军的军事战略方针被概括为8个字:"积极防御,诱敌深入。"党的十一届三中全会以后,粟裕、宋时轮等人对"诱敌深入"提出异议。张震和杨得志、杨勇认为战略方针确有调整的必要,倾向于去掉"诱敌深入",只用"积极防御"。1980年10月15日,邓小平在"801会议"上明确表示:我赞成"积极防御"4个字。

"802会议",因应"801会议"而来。为拓展"801会议"成果,中央军委决定于1981年秋在华北地区举行新中国成立以来规模最大的一次军事演习,对全军高级干部进行一次战役集训,重点研究主要方向上防御作战的组织与实施,被冠之以"802会议"。

作为具体组织者之一的张震,1981年3月初,便召集秦基伟等研究和草拟了大、中、小三种规模的方案。3月10日,邓小平批示"同意第一方案"。8月中旬,总参谋部受领为邓小平准备讲话稿的任务,张震联想起32年前第一次根据邓小平指示,起草"渡江战役纲要"时的情景,觉得写好讲话稿的关键是深刻领会他的一贯思想,于是提议从明确新时期军队使命与任务入手,以建设一支强大的现代化、正规化的革命军队为主题,稿子拟就、不足千字、简洁明了,邓小平很满意。9月12日开始,在张家口以北地区进行实兵演习,由北京军区和空军模拟演练敌军集群坦克进攻、空降反空降、陆军师坚固阵地防御和战役预备队反突击共4个课题。这次演习规模之大、参观人数之多、组织之严密都是空前的,邓小平和中央政治局常委们同观摩的人群一道为近似实战的精彩演习热烈鼓掌。

从"早打、大打、打核战争"的临战状态,转到和平时期建设的轨道上来,是人民军队建设指导思想实行战略性转变,也是新时期军队建设的一次重大改革。人才是建军、作战之本。1985 年 5 月，中央军委决定将军事学院、政治学院、后勤学院，合并成立为中国人民解放军国防大学。文韬武略真儒将的张震深知，培养高中级指挥员，正是为了从根本、从源头上促进我军建设指导思想战略性转变。

对培养军事人才情有独钟，张震曾是抗日军政大学的学员，又在淮北抗日根据地办过抗大四分校，新中国成立后还在南京军事学院学习、工作、生活过 15 年。1986 年 1 月 15 日，国防大学成立大会隆重召开，他郑重地向军旗行礼，并同党委一班人确立起"两步走"的奋斗目标：第一步，从 1986 年到 1990 年，着眼改革，理顺关系，打牢基础，稳步发展；第二步，从 20 世纪 90 年代到 20 世纪末，全面改革，全面发展。

尊师才能重教，张震既坚持开门办学，又重视教研人员的培养，还给予他们很高的尊重。中国人民解放军原副总参谋长熊光楷曾撰文回忆：1986 年 9 月 10 日，国防大学成立后的第一个教师节上，校领导要和老教研人员合影留念，机关把校领导排在前排就座，教研人员排到后排站着。张震看到后立即提出，教研人员常年站在讲台上，现在过教师节了，应该请他们坐下来。于是，留下一张教研人员戴红花坐着，而校领导站在后面甘当绿叶的感人照片。从此，这就成了国防大学每年教师节合影的不成文规矩。

军事战略方针的制定，既要取得于国际战略格局的重大变化，又要依靠于国家经济建设的重大成就，还要根据于军队改革发展的重大进展。1991 年海湾战争爆发，世界新军事革命的飞速发展对军事领域产生极其深刻影响；1992 年召开的党的十四大，对军队建设提出新的更高要求。这迫切需要中央军委找准工作着力点，取得指导国防和军队建设的战略主动权。

经中央军委主席同意,1992 年张震召集在京的军委、三总部领导和驻京各大单位的主要负责人,座谈军事战略问题,并即席谈了一些个人想法:战略方针要服从国家的政治,依照综合国力来确定;不断适应国家安全与发展的需要;要立足于能够打赢一场高新科技条件下的局部战争。为保持我国军事战略方针的鲜明特色和时代特征,他还反复学习毛泽东和元帅们当年研究和平时期军事战略方针的立场、观点和方法,要求总参谋部根据中央军委的意图,抓紧进行研究,1993 年 1 月提交了关于军事战略方针的建议。在随即召开的军委扩大会议上,军委主席代表中央军委正式明确了新时期的军事战略方针,着重强调把军事斗争准备的基点放在打赢现代技术特别是高技术条件下的局部战争上。这是积极防御战略思想的重大发展,也是军队建设指导思想战略性转变的深化。

阅读《张震回忆录》,有句话笔者感触颇深:要求部队保证战士一天必须吃一个煮鸡蛋,来提高营养。为什么是煮鸡蛋,难道不能炒,也不能蒸?军校毕业前夕,笔者和战友们围绕这个感兴趣的话题,反复争辩着。

到中央军委工作的张震,每年都抽出 3—4 个月到部队尤其是基层调查研究,上高原,下海岛,看边防,几乎走遍全军师旅以上作战部队。1997 年已是 83 岁高龄的他,一次问一位连队司务长,一个鸡蛋有多重?司务长回答,最大的 70 克左右,最小的 50 克左右。听得张震很是高兴,认为他是个称职的司务长,并说:煮鸡蛋营养价值高,只有煮鸡蛋才能保证不会被"偷工减料"。

2010 年,我军转到地方工作,与岳阳市驻京办的工作人员有所联系。2011 年春节前夕,他们准备去看望张震,临时来电话问笔者要不要去,本人觉得未经请示,不太合适。但开始更多关注起这位老首长的往事,以此勉励自己。

张震与母亲的故事,让人念念难忘。1928年,张震随部队向江西苏区转移,顺道看望父母和"望儿媳"。8年一晃而去,再次探亲,周恩来特意给张震批了20块大洋,但他到家后才知道,父亲去世了,"望儿媳"改嫁了。来不及悲天悯人的他,把大洋交给母亲,又匆匆赶回武汉。新中国成立后,张震托人打听母亲下落,最终在一个破旧的碉堡里找到。迫于生计的母亲,早已沦为乞丐,可怀里仍抱着张震小时候盖的印花小被。

张震与父母的故事,绝不是孤立的事件。多少共产党员为了革命,长期与父母分别,少年离家老大回,没能见到双亲最后一面;更有多少战士少年离家终未归,父母却在苦苦等待、守候,熬白了头,哭瞎了眼。和平是人民的永恒期望,犹如空气和阳光,受益而不觉,失之则难存。苍天厚土,鉴百年忠贞之心;名山大川,蕴千古英灵之气。"干实事,少出面,不越权"的"约法三章",不仅呈现"霸得蛮"的品质,更是老一辈革命家对晚辈的谆谆教诲。

三十九、云似蘑菇腾地长

　　"东方巨响,大漠天苍朗。云似蘑菇腾地长,人伴春雷鼓掌。欢呼成果崔巍,称扬举国雄飞。纸虎而今去矣,神州日月增辉。"这首《清平乐·记我国首次原子弹试验成功》,既呈现陈能宽壮志雄心为国效力、饱经折辱扬眉吐气的胸襟,又体现"霸得蛮"的品质。

　　湖南张家界因旅游而建市,是世界知名的旅游城市之一。2018年春节,本着"到此一游"的笔者方知,它不仅是湘鄂渝黔革命根据地的发源地,所属的慈利县,还走出一位荣获"两弹一星"功勋奖章的中国科学院院士——陈能宽。

中国人民有勇气、信心、智慧和力量,站在世界科技进步的前列。"两弹一星"的研制成功,充分显示了中华民族的创造能力。1999年,党中央、国务院、中央军委决定,对当年为研制"两弹一星"作出突出贡献的 23 位科技专家予以表彰。其中有两位湘籍科学家,生于1923 年的陈能宽和 1929 年的周光召。

周光召是世界公认的赝矢量流部分守恒定理的奠基人之一,参加领导过爆炸物理、辐射流力学、高温高压物理、计算力学等研究工作,在我国第一颗原子弹和氢弹的理论设计中作出重要贡献。陈能宽有哪些重要贡献,他为何能做到?

阅读《陈能宽院士八十华诞纪念文集》,中国科学院对他有过评价:在我国原子弹、氢弹的研制工作中,领导和组织爆轰物理、特殊材料冶金、实验核物理等学科领域的研究工作,并多次在技术上参与领导和组织国家核试验,为中国核武器的研制和国防尖端科学技术的发展立下功勋。在领导、制订和实施国家 863 计划过程中,为推动中国激光技术领域研究作出重要贡献。他和同事们历经 10 余年的艰辛,改写了中国核武器定型方法的历史,开辟了用冷试验来定型的新途径。我国科学家们屡屡谈及这项技术,无不称赞:陈能宽功不可没!

李大钊说过,知识是引导人生到光明与真实境界的灯烛。陈能宽的人生之所以能达到光明与真实境界,自然离不开知识的灯烛。1937 年全面抗战爆发后,交通大学唐山工程学院被迫从河北唐山辗转内迁,经湖南湘潭进入贵州平越,今为福泉。1942 年,长沙雅礼中学公告保送生名单,陈能宽以优异成绩名列其中。1946 年 6 月,学校在重庆璧山送走辗转流亡期间的最后一届毕业生,共 115 人,也有陈能宽。在校期间,他与土木系女生裴明丽相知相恋。

战乱后的中国百业凋敝,面对与理想严重脱节的现实,路在何方? 1947 年,陈能宽与妻子裴明丽考上由政府资助的自费留学,远赴耶鲁大学。3 年后,获得耶鲁大学物理冶金学博士学位的他,历任约翰斯·霍普金斯大学机械工程系物理冶金副研究员、助理教授。这一时期,他在金属物理领域的研究突飞猛进,与合作者开创性的发现,打消了材料学界对位错理论的质疑。这一里程碑式的发现,引起学术界的极大关注。

中国科学事业取得的历史性成就,是一代代矢志报国的科学家前赴后继、接续奋斗的结果。1949 年留美中国科学工作者协会成立,并发表题为《我们的信念和行动》的宣言,号召留学生尽早回国效力。这年 12 月,周恩来通过北京人民广播电台,代表中国共产党和中央人民政府郑重邀请在海外的留学生回国参加新中国建设。陈能宽与师兄颜鸣皋组织材料专业的中国留学生成立"留美科协金属小组",一边组织学术活动,一边参与协助留学生回国工作。

回国不是任何时候谁想回就能归来。此时的世界,正笼罩在冷战阴云之下,美国政府以维护国家安全为借口,禁止自然科学、工程学、医科等学科的中国留学生返回大陆,并通过"硬软"两手政策操控。这期间,参与过留美中国科学工作者协会的学生相继被传讯、搜查、羁押,1950 年 9 月留美中国科学工作者协会被迫解散。

尽管学生组织遭到破坏,但中国留学生仍自发组织反抗美国政府的禁归令。陈能宽不仅通过书信与李恒德、师昌绪等商量回国策略,而且多次带着家人参加聚会,共同商讨回国大计。然而,百密难免一疏。他们的归国筹备活动,引起美国当局的注意。1952 年底,移民局搜查李恒德家的时候,发现陈能宽的书信,并开始侦查、刺探他和家人的行踪。

每隔两个星期,陈能宽的同事和邻居都会受到联邦调查局的盘问。为摆脱这种令人厌恶的纠缠,他试图"曲线回国",通过英国大学聘任的机会绕道回国,但在离开美国的关键当口,移民局拒绝其离境申请。此外,移民局还以陈能宽曾是留美中国科学工作者协会组织者、订阅中文报纸等理由,控告他危害美国安全。为防止被羁押,他不得不与移民局打上半年官司,致使他绕道英国回国的计划未能成行。

"我和我的爱人都是中国人。我们出国求学的目的当然是为了学成归国,而绝不是想永远侨居美国的。"1954年,陈能宽与移民局的官司胜诉,之后收到移民局发放的永久居留证。已经担任西屋电气公司研究实验室工程师的他,在美国虽有一定事业基础,妻子和几个孩子都在身边,但他报效祖国的信念从未动摇。

许多人对此表示不解,甚或反问:"美国条件这么好,你非走不可吗?科学是没有国界的呀!"陈能宽却回答:"科学是没有国界,但科学家是有祖国的。"

能将此身报中国,心底无私天地宽。日前,笔者看电视连续剧《外交风云》方知,1954年日内瓦会议召开,留学生回国问题是中美磋商的议题之一。在新中国代表团的严正交涉下,美国政府撤销对部分留学生的禁归令。1955年,陈能宽一家辗转旧金山、檀香山、日本、菲律宾、中国香港,历经艰难得以回国。

陈能宽在金属物理学领域独领风骚,引起国际学术界极大关注。他注重理论与实践结合,紧盯金属单晶体的工业应用方向,不断扩大实验规模。1960年,李觉将军找陈能宽谈话,称国家要研制一种"新产品",想让他负责"爆轰物理方面的研究"。陈能宽问:"我是搞金属物理的,搞过单晶体,可是从来没有搞过原子弹。是不是调错人了?"在场的朱光亚、钱三强说,中国人谁也没有研制过原子弹。

原子弹是第二次世界大战末期出现的新式武器,由于其威力巨大,一经使用便震撼全球。没有任何资料,没有其他国家的帮助,中国人为什么要搞原子弹,能搞得出来吗?

20世纪50年代,美国发动侵朝战争,扬言要用原子弹封杀中国,并在日本部署核武器。"你们要保卫世界和平,要反对原子弹,就必须自己拥有原子弹。"面对核垄断、核讹诈、核威胁,1951年,远在法国的核科学家"小居里先生",请他的中国学生杨承宗回国后,给毛泽东捎句口信。

面临严峻的国际形势,必须拥有核武器,制造出属于中国人的核盾牌。1955年1月15日,在我国历史上具有特殊的意义。这一天,毛泽东在中南海主持召开会议,专门讨论创建我国原子能事业。这个没有文字记录,也没有拍摄照片的绝密会议,可资佐证的是周恩来写给毛泽东的一份报告,以及后来会议亲历者的回忆。

"以战止战,以核抑核",新中国发展核武器势在必行。陈能宽不仅接受这项重大而艰巨的任务,而且决心从头学起,全身心投入这一全新的科学领域。随后,他调入北京九所开始接触雷管和炸药,从"实验研究途径"来解决核武器最为关键的爆轰设计。

"爆炸"与"爆轰"跨越科学发展的两个时代,那时中国在爆轰物理学方面的积累几乎一片空白。陈能宽为此"啃"了大量俄文、英文版本的理论书刊,并向同事们推荐这些文献,还组织研讨。在工作程序上,他与同事们经过摸索,形成分头调研有设想—执行中间有目标—完成之后有总结的"三部曲"式工作步骤,将理论、实践与反思相结合,行之有效地推进工作。这套方法不仅被工作组一直沿用,而且培养出大批青年骨干。

"核爆轰实验"进入实战阶段,面对实验条件简陋、铀等原料奇缺、经费不足,却要测试最尖端的爆轰技术等重重困难,陈能宽不能像美国同行那样在一次次实验中从容地获得数据,而是依靠自己在金属物理、材料学等方面的学术功底,创造性地发明了"冷实验"的方法:从概念、理论入手,用简单、安全的实验代替复杂、危险的实验,借助材料科学相似性原理,从钢材料、单个原件开始实验,逐渐到合金、组合件。

当时正值自然灾害频发,团队工作量巨大,却面临粮食供应不足,年轻人常常吃不饱的袭击;试验基地所在的塞外地区经常寒风刺骨、飞沙走石,许多人都长了冻疮。但再大的困难,也不能阻挡陈能宽与同事们争分夺秒、夜以继日推进核武器事业的步伐。

在攻关原子弹最关键的技术之一——聚焦元件的研制中,陈能宽选择难度更大但应用更广的路径。他与刚分配到研究室的新同事刘文翰,用一台手摇计算机,边摇、边记、边修正,推导出公式,再利用实验数据反算,设计出元件后,再拿到工地实验、修正。经过十几次设计论证,团队设计出的起爆元件被正式应用于我国第一颗原子弹。

随着实验规模扩大,陈能宽转战到青海的西北核武器研制基地,大型聚合爆轰试验逐步推进。1963 年 12 月,缩比冷实验爆炸成功,验证了原子弹理论设计。1964 年 6 月,首次实物全尺寸爆轰试验成功。可他何尝不知自己随时面临着生命危险,在给妻子的信中写道:"如果我有什么不幸,你要想得开。当年我们抛弃洋房、轿车,带着儿女回国,正是为了让祖国富强。"

"中国(穷得)三个人穿一条裤子,二十年也搞不出原子弹:中国种的是'蘑菇云',收获的是'鹅卵石'。"可就在苏联毁约停援 5 年后的 1964 年 10 月 16 日,中国第一颗原子弹在大漠深处爆炸。如果赫鲁晓夫获知这一结果,或许会为当初的断言懊恼不已。

紧接着,陈能宽又投身氢弹的攻关中。1967 年 6 月 17 日,罗布泊沙漠腹地一声"东方巨响",震惊世界:中国第一颗氢弹爆炸成功!从第一颗原子弹爆炸,到第一颗氢弹试验成功,美国用时 7 年多,苏联用了 4 年,中国仅用 2 年 8 个月。

"消失这些年是值得的,我们为祖国写篇大论文。"1986 年,陈能宽同邓稼先一起走进人民大会堂,接受国家科技进步特等奖这一最高荣誉时,人们才猛然发现,消失 25 年的陈能宽回来了。这 25 年,科技界以为他早已去世;这 25 年,对于妻儿,他只是个抽象的信箱号码;这 25 年,他无数次手捧父母的照片,遥望家乡的方向。

"谁言寸草心,报得三春晖。"1989 年,陈能宽回到久别的家乡,可日思夜想的父母早已不在,大哥二哥也去世了。年过花甲的妹妹抱着他泣不成声:"哥,这些年你都去哪了? 妈妈生前那么疼你,临走时还在呼唤着你的名字啊。"男儿有泪不轻弹,只是未到伤心处。陈能宽长跪在父母的坟头,热泪盈眶。

1964 年第一颗原子弹爆炸成功,1967 年第一颗氢弹空爆试验成功,1970 年第一颗人造卫星发射成功……中国人民在攀登现代科技高峰的征途中,创造出一个个非凡的人间奇迹。"春蚕到死丝方尽,许身为国终不悔。"这是陈能宽的家国情怀,也是一位中国共产党党员的绝对忠诚,呈现"霸得蛮"的品质。

四十、新时代好战士

　　青年是时代的面孔,时代性格就是青年性格,时代精神就是青年精神。每当听到航空母舰的报道,看到舰载机的消息,就会想起一位新时代好战士——张超。他有如一面明镜,不仅映照着这个伟大时代,而且折射出一代青年的成长、一支军队的转型。

　　张超,1986年生于湖南岳阳县,2004年入伍,2009年入党,曾任海军某舰载航空兵正营职中队长,海军少校军衔,一级飞行员。2016年11月,中央军委追授张超"逐梦海天的强军先锋"荣誉称号。2018年6月,张超被中共中央追授为"全国优秀共产党员";9月,经中央军委批准,增加张超为全军挂像英模。2019年9月,张超被授予"人民英雄"国家荣誉称号。

为何张超能获得这一连串荣誉,而荣誉背后又意味着什么?2020年,笔者写过一篇"千字文"——《4.4秒耗尽29岁生命》,讲述了有灵魂、有本事、有血性、有品德"四有"的新一代革命军人杰出代表的英雄壮举:现场视频和飞参数据显示,从12时59分11.6秒发现故障到59分16秒跳伞,短短4.4秒时间里,张超只有一个动作,就是竭尽全力推操纵杆,力图制止机头上扬,避免战机损毁。然而,因为高度过低、角度太差,他弹射跳伞后,被重重摔在几十米外的草地上。去医院的路上,张超断断续续地说:"我,是不是,再也飞不了了……"短短的话语里,透露出他对飞行事业无限的热爱和对祖国蓝天万分的不舍。经紧急抢救,张超因伤势过重而牺牲,为我军航母舰载飞行事业献出年青的生命。

2022年3月,一位高中同学来中共中央党校(国家行政学院)进修,席间他聊到一件事情,提出一个建议,让笔者以一名老兵的身份开始走近英雄张超、了解英雄事迹,深感张超真乃"超人",始终以赶超的姿态在奋勇前行,以超多的汗水、超强的毅力,收获超常的成绩,体现"霸得蛮"的品质。

同学建议:在张超故里——岳阳县筻口镇成立一个纪念馆。本人十分赞成的,因为筻口镇历来注重弘扬潇湘文化传统,尤其是尚武精神犹盛。抗日战争时期的3次长沙会战告捷,离不开湘北大捷,而湘北大捷,少不了英勇的筻口人民。新中国成立以来,从这里走出来的将军就有3位,更有一位我国农业和经济建设战线的杰出领导人——毛致用。

喝新墙河水长大的张超,正是受潇湘文化的哺育滋养,革命传统的感染熏陶,从小就有当兵志向、飞行梦想。2003年9月,正在读高中的他,不顾亲朋好友"飞行太危险"的善意劝阻,第一个报名参加招飞,历经两次选拔才如愿以偿。张超是勇敢的,但其背后还有一位勇者,那就是他的父亲——张胜华。要知道,张超有三个哥哥先后淹亡、病故,家里只剩下他这根"独苗"。常言道:儿行千里母担忧。而这份慈母的忧和爱,都需要这位可亲的老父亲、可敬的老党员去化解与分享。

《军歌声声》中有句词:"当兵也有苦,当兵也有乐",可当过兵的人更清楚,最苦是至亲。青年人适应新环境的能力强,每天训练累了,洗洗就睡了;可夜深人静,留给亲人们的,却是无尽的牵挂与无限的思念。犹记得当年本人应征入伍,不仅班主任老师不同意,说我一定会考上大学,而且大家庭中的女性长辈"清一色"反对,汽车徐徐离开家乡的那一刻,望着窗外亲人们大都泪流满面。2016年8月3日,《人民日报》刊发了《"飞鲨"英雄情亦真》,清楚记得其中一句话:得知张超牺牲的消息后,张胜华第一句话就是:"孩子给组织添麻烦了,孩子给部队添麻烦了。"简朴的话语,令人肃然起敬,无不为之动容。

"台上一分钟,台下十年功",许多人都认这个"理"。面对英雄壮举,却有人觉得不过是瞬间行为。果真如此?细读张超的先进事迹,就会慢慢懂得:这一瞬间壮举,可要用一生来修行,甚至用生命作交换。从岳阳到长春、从山海关到海南岛、从西沙再到关外、从初教机到高教机、从二代机到三代机、从陆基飞行到舰载飞行,张超飞过8种机型,刷新过多项纪录,是尖刀中的"刀尖"。

"当兵不习武,不算尽义务。"海军南海舰队航空兵某团原飞行中队长聂元垣回忆说：2004年，我们一起考入空军航空大学。2008年，我们一起分配到海军航空兵某训练基地。我知道张超骨子里有一种英雄情结。一拿到分配意向表，他就毫不犹豫地填下王伟生前所在部队——海军南海舰队航空兵某团。"武艺练不精，不算合格兵。"张超比以前抓得更紧、训得更严、练得更苦，在同批飞行员里，他是第一个放单飞、第一个飞夜航、第一个打实弹、第一个担负战备值班的，成为战友们公认的"飞行超人"。

"越是危险时刻越能体现英雄本色，越是面对强敌越能检验使命担当。"在急难险重面前，张超的血性与胆气更表现得淋漓尽致。2013年4月，外军一架侦察机又在我南海周边抵近侦察。平时双机担负战略值班，当天因多项任务叠加，仅剩张超这架备份机。接到指挥所命令后，胸有成竹的张超，驾驶歼—8Ⅱ飞抵目标空域，迅速占据有利位置，按规定进行跟踪监视，形成对外机的有力震慑。外机仗着大飞机的低速性能，故意减小飞行速度，似乎向他挑衅：有本事你就冒着失速的危险减速跟飞吧！歼—8Ⅱ是一种高空高速截击机，低速是其短板，加上这架备份机还带着3个满的副油箱，如果飞行速度过低，可能会造成失速，甚至导致机毁人亡。一眼就看穿对方伎俩的张超，果断放下襟翼，增加飞机升力，调整好飞行姿态，死死咬住外机。为甩掉我机，外机继续减速。张超索性收起襟翼，提高飞机的机动性，在外机侧方连续做小角度蛇形机动。几个回合下来，外机占不到任何便宜，调转航向灰溜溜地"逃"了。

在一线部队时，张超每年春节几乎是在紧张的战备值班中度过，就连结婚的人生大事，也只能利用战备值班间隙完成"任务"。婚礼前一天，他才匆匆赶回家。婚礼上，他说的第一句话是感谢正在一线战备值班的战友，令全体亲友们为之一惊，并开怀大笑。蜜月过不到一周,他又急忙归队,重返战斗岗位。

航空母舰是大国重器,承载着中华民族的百年梦想。2015 年,人民海军决定在三代机部队破例选拔舰载战斗机飞行员,张超第一时间报了名。彼时,我国航空母舰舰载机事业正处于起步阶段——2012 年 9 月,首艘航空母舰辽宁舰入列,11 月 23 日,戴明盟首次成功阻拦着舰;2013 年 5 月,人民海军第一支舰载航空兵部队成立;2014 年底,我国自主培养的首批舰载战斗机飞行员成功完成舰上起降。

对于张超的选择,反对的声音不是没有。毕竟,他已经飞过 6 种机型,单位正准备提拔使用;妻子带着不满 1 岁的女儿刚随军,正需要工作、生活的稳定。可他心里清楚,这次"破例"意味着什么。同班的飞行员 2013 年就开始学习训练,他如果能在 1 年内追上训练进度,就说明新的训练方案可行,舰载战斗机飞行员培训工作将随之换挡提速。

怀揣海天梦想,承载无数期望。2015 年 3 月,张超成为当时中国海军最年轻的舰载战斗机飞行员,开启飞向航母的"加力模式":加入舰载战斗机部队 1 个月,他完成理论改装;6 个月时,他追平训练进度;10 个月时,他第一次驾驶歼—15 飞上蓝天。截至 2016 年 4 月,张超完成上舰前 93.24% 的飞行架次,所有课目的考核成绩均为优等。

母亲和媳妇同时掉在水里先救谁的话题,早已成为人们茶余饭后逗小孩笑料的当下,面对飞行事故,是先救飞机还是力求自保,人们却一直在争论着、纠结着。本人 2005 年在空军航空兵某三代机改装部队,同一位二等飞行事故当事人——余姓团长谈过心;2009 年在空军某飞行表演大队挂职,目睹一起一等飞行事故,曾扪心自问:

难道轻言放弃,会是军人的品格?难道唯求自保,又是军人的选项?

阴阳可隔开生死,但割不断情谊;牺牲能带走生命,但带不走精神。"战机在张超的心里,比生命更重要!"现场视频和飞参数据清楚地显示,在飞机出现大仰角时,他做出的第一反应就是把操纵杆推到头,他想保住飞机,却错过了最佳跳伞时机。"从 12 时 59 分 11.6 秒发现故障到 59 分 16 秒跳伞,整个过程仅用了 4.4 秒,张超娴熟地完成了一系列动作,堪称优秀的战机飞行员。"戴明盟说过,张超肯定知道,歼-15 飞机系统高度集成,发生电传故障,第一时间跳伞才是最佳选择。生死关头,他却做出一个"最不应该"的选择……一位记者写得更为深沉:张超的生命,化为舰载机事业腾飞的铺路石,有着沉甸甸的分量。他的名字,也永远刻在"尾钩俱乐部"的英雄墙上。

舰载机飞行员被称为"刀尖上的舞者",这绝不是随口一说的比喻,而是用鲜血和生命绘就的真实形象。人们有没有想过,改装舰载机可是操纵习惯的彻底颠覆。陆基战斗机着陆是收油门减速,而舰载机着舰要推油门加速,准备挂索不成功,再次起飞逃逸。在挂索的 2 秒钟内,时速从 200 多公里瞬间减到 0,飞行员全身血液急剧涌向头部,看什么东西都是红的。说得直白一点,就是一场"人为控制的坠机"。

"飞鲨"是我国第一代航母舰载机歼-15 的"美称","飞鲨"起降是公认的高危课目,"生死 12 秒"可不是中国军人发明的语言。某西方大国刚刚发展航母时,平均每两天就要摔掉一架飞机,这是对外国军人摔出来的"形象描述"。张超的每一次训练,都是惊心动魄的考验,而每一次平安着陆,都是化险为夷的凯旋。

战时,逢敌敢亮剑;训练,遇险不畏死。舰载机的技术和训练,是大国的核心机密,用钱买不来,只能靠自己。张超是在一无经验、二无教材的条件下,"踩着刀尖过河"! 为了航母,中国人盼红了眼,科学家熬白了头。实现强军梦、强国梦,是飞鲨舞者把"生命先抵押给死神",义无反顾的必行之路。

天地英雄气,千秋尚凛然。新时代好战士——张超走了,如流星般陨落,可他没有黯淡星空,而是照亮整个夜空。他既是一座精神丰碑,更是一块前进路标。如今的飞鲨舞者,正以中国胆量、中国智慧、中国干劲、中国速度,踏上强军之路"新长征",彰显出"霸得蛮"的品质。